2024年北京经济管理职业学院优质教材遴选培育与建设

新编21世纪高等职业教育精品教材

金融类

证券投资分析

主　编　李多全　刘华富

副主编　张　蓓　刘雅丽

中国人民大学出版社

·北京·

图书在版编目（CIP）数据

证券投资分析 / 李多全，刘华富主编. -- 北京 ：
中国人民大学出版社，2025. 7. --（新编 21 世纪高等职
业教育精品教材）. -- ISBN 978-7-300-33507-0

Ⅰ. F830.91

中国国家版本馆 CIP 数据核字第 2025EF7748 号

2024 年北京经济管理职业学院优质教材遴选培育与建设

新编 21 世纪高等职业教育精品教材·金融类

证券投资分析

主　编　李多全　刘华富

副主编　张　蓓　刘雅丽

Zhengquan Touzi Fenxi

出版发行	中国人民大学出版社		
社　　址	北京中关村大街 31 号	**邮政编码**	100080
电　　话	010－62511242（总编室）		010－62511770（质管部）
	010－82501766（邮购部）		010－62514148（门市部）
	010－62511173（发行公司）		010－62515275（盗版举报）
网　　址	http://www.crup.com.cn		
经　　销	新华书店		
印　　刷	北京市鑫霸印务有限公司		
开　　本	787 mm×1092 mm　1/16	**版　　次**	2025 年 7 月第 1 版
印　　张	16.75	**印　　次**	2025 年 7 月第 1 次印刷
字　　数	380 000	**定　　价**	48.00 元

前 言

PREFACE

随着中国经济金融深层次改革的加速推进，中国资本市场的改革步伐日益加快。科创板市场和北京证券交易所的相继成立，金融期货期权市场交易新产品的不断推出，证券发行注册制的逐步推广，交易制度的不断创新，以及量化投资成为证券投资基金及市场交易的重要方式，金融资产管理业务和资产证券化业务得到极大发展，这一切都使得证券分析师行业在金融市场发展中的作用日益凸显，并为证券投资分析的教学实践和理论研究提供了广阔的发展空间。为了应对金融市场的变化，更好地适应中国资本市场的发展，众多专科与本科院校金融专业纷纷开设了“证券投资分析”课程，旨在满足行业发展的需求，培养学生的专业技能。

然而，目前市场上可供选择的教材种类有限，且这些教材普遍存在着一些不足之处。首先，它们往往过于重视理论知识的传授，而忽视了实践操作的重要性，导致理论与实践之间存在明显的脱节。其次，这些教材中所介绍的理论往往直接照搬国外，缺乏对中国证券市场实际情况的深入研究和考量，教材中所包含的案例分析往往缺乏真实性和时效性，内容陈旧，无法适应当前的市场环境。最后，教材内容与我国证券市场的实际发展和需求之间也存在一定的脱节。这些缺陷使得现有的教材与高校实践教学的迫切需求之间存在一定的差距。

为了弥补上述不足，本书主编组织来自一线的教师和具有丰富实践经验的专家，形成了一支强大的编写团队。这些教师和专家不仅拥有丰富的教学经验，还具备多年在沪深股市的实际操盘经验。编写团队广泛地借鉴了各类证券投资分析教材与大众类图书，吸取了其中的精华部分。编写团队从 2019 年 5 月开始就多次进行了研讨，经过反复的沟通和多次的交流，最终确定了本书的编写规划和详细大纲。在此基础上，经过五年多的精心撰写和多次修改，本书终于得以完成。

本书系统地阐述了证券投资的理论基础和分析方法，内容丰富。全书共分为六个项目：证券投资分析的认知与信息的收集、证券价值的评估、宏观经济分析、行业分析、公司分析、技术分析。

本书的编写特色主要体现在以下几个方面：第一，本书的框架清晰、结构新颖、内容全面且丰富，符合我国现实国情；第二，本书注重实用，特别适合沪深股市的实际操作；第三，本书敢于创新，勇于提出新理论、新方法和新观点；第四，本书对理论的讲解深入浅出、通俗易懂，为学生提供了一个全面、系统的学习框架，便于学生理解和掌握；第五，为了进一步提升学习效果，本书在内容编排上注重理论与实践相结合，力求使学生能够将所学知识应用于实际投资活动中。为了培养学生的批判性思维能力，本书在每个任务后都提供了同步检测。这些题目旨在引导学生对所学知识进行深入分析和反思，鼓励他们挑战传统观点，提出自己的见解。通过这种方式，学生不仅能够巩固所学知识，还能够提升自己的独立思考能力。

本书的编写得到了众多专家和学者的支持与帮助，特别感谢他们在案例收集、数据分析和内容审校等方面作出的贡献。同时，我们也期待读者的反馈和建议，以便我们能够不断改进本书的内容，使之更加完善。

证券投资分析是一门不断发展的学科，随着市场的变化和科技的进步，新的理论和方法将不断涌现。我们希望本书能够成为学生和投资者在投资领域不断探索和成长的良伴，帮助他们在风云变幻的资本市场中找到自己的方向，实现投资目标。

编　者

CONTENTS | 目　录

项目一　证券投资分析的认知与信息的收集 …… 1

任务一　证券投资分析的含义、步骤与意义 …… 2
任务二　证券投资分析的方法和理念 …… 6
任务三　有效市场理论 …… 10
任务四　收集证券信息的方法 …… 14

项目二　证券价值的评估 …… 19

任务一　有价证券的价格与价值 …… 20
任务二　货币的时间价值 …… 24
任务三　证券估值方法 …… 30
任务四　债券估值分析 …… 32
任务五　股票估值分析 …… 44
任务六　金融衍生工具投资价值分析 …… 58

项目三　宏观经济分析 …… 68

任务一　宏观经济分析的总体认知 …… 71
任务二　宏观经济对证券市场的影响分析 …… 79
任务三　股票市场供求关系分析 …… 90

项目四　行业分析 …… 99

任务一　行业分析的意义与行业划分的方法 …… 100
任务二　行业的一般特征 …… 118
任务三　影响行业兴衰的主要因素 …… 132

项目五　公司分析 …… 144
任务一　公司基本面分析 …… 145
任务二　财务报告分析 …… 159
任务三　公司重大事项分析 …… 200

项目六　技术分析 …… 213
任务一　技术分析的总体认知 …… 215
任务二　证券投资技术分析主要理论 …… 221
任务三　技术分析指标 …… 244

参考文献 …… 260

项目一 证券投资分析的认知与信息的收集

知识目标

1. 了解证券投资的含义、步骤
2. 了解有效市场理论
3. 熟悉证券投资分析的含义、步骤、意义
4. 熟悉证券投资的方法、理念
5. 掌握证券信息的渠道

能力目标

1. 能运用投资过程理论，指导投资者从事证券投资
2. 能运用证券投资步骤理论，指导投资者掌握证券投资分析的步骤
3. 能根据有效市场理论，分析我国证券市场的有效性
4. 能区分各种证券投资分析方法
5. 学会收集各种影响证券的信息

素养目标

1. 培养学生积极的学习态度、健康向上的人生态度
2. 引导学生形成正确的世界观、人生观、价值观
3. 引导学生养成关心国家大事的习惯，培养学生正确解读国家政策的思考方法
4. 培养学生具备证券市场分析的职业素养

案例导入

格雷厄姆有关投资的寓言故事

为了说明投资者的盲目投资行为，格雷厄姆讲了一则寓言：当一位石油勘探者准备进入天堂的时候，圣·彼得拦住了他，并告诉了他一个非常糟糕的消息："你虽然的确有资格进入天堂，但分配给石油业者居住的地方已经爆满了，我无法把你安插进去。"这位石油勘探者听完，想了一会儿后，就对圣·彼得提出一个请求："我能否进去跟那些住在天堂里的人们讲一句话？"圣·彼得同意了他的请求。于是，这位石油勘探者就对着天堂里的人们大喊："在地狱里发现石油了！"话音刚落，天堂里所有的

人都蜂拥着跑向地狱。圣·彼得看到这种情况非常吃惊，于是他请这位石油勘探者进入天堂居住。但这位石油勘探者迟疑了一会儿才说："不，我想我还是跟那些人一起到地狱中去吧。"格雷厄姆通过这则寓言告诫投资者切忌盲目跟风。证券市场上经常发生的一些剧烈变动很多情况下是由于投资者的盲目跟风行为，而非公司本身收益变动的影响。一旦股市上有传言出现，许多投资者在传言未经证实之前就已快速而盲目地依据这些传言买入或卖出股票，跟风盖过了理性思考，这一方面造成股价的剧烈波动，另一方面常常造成这些投资者的业绩表现平平。

资料来源：本杰明·格雷厄姆. 聪明的投资者［M］. 王中华，黄一义，译. 北京：人民邮电出版社，2016.

思考题：

1. 如何做一个理性的投资者？
2. 读了上面的寓言故事，你有何启发？

任务一 证券投资分析的含义、步骤与意义

一、证券投资的含义与步骤

（一）证券投资的含义

证券投资是指投资者购买股票、债券、基金等有价证券以及这些有价证券的衍生品，以获取红利、利息及资本利得的投资行为和投资过程，是直接投资的重要形式。

这个定义包括三个要点：（1）证券投资的主体即投资者，包括法人或自然人两类；（2）投资对象是股票、债券、基金等有价证券以及这些有价证券的衍生品；（3）证券投资的目的是获取红利或利息以及资本利得。

（二）证券投资的步骤

理性的证券投资通常包括以下几个基本步骤。

1. 确定证券投资目标

由于证券投资属于风险投资，因此客观和合适的投资目标应当是在赚钱的同时，也承认可能发生的亏损，投资目标的确定应包含风险和收益两项内容。例如，老年人一般比较厌恶风险，大多追求资产保值以及能够有利息收入，因此有固定利息收入的国债投资就比较适合他们。年轻人有冒险精神，愿意在承受较大风险的条件下获取较高的收益，因此一些有较高成长预期、价格波动性较大的股票，就可能更为适合他们。中年人有了一定的财产积累，但是既有老人需要赡养，又有培养小孩的负担，他们既想让资产增值，又想有现金收入，所以他们倾向于平衡型的资产配置。

2. 进行证券投资分析

投资的第二步，涉及运用一定的方法对投资过程第一步所确定的金融资产类型中个别证券或证券组合的具体特征进行考察分析。

3. 组建证券投资组合

组建证券投资组合是投资过程的第三步，它涉及确定具体的投资资产和投资者的资金对各种资产的投资比例。在这里，投资者需要注意个别证券选择、投资时机选择和多元化这三个问题。

4. 投资组合的修正

投资组合的修正实际上就是定期重温前三步。由于我们设定的最优投资组合是在分析以往资料的基础上，对未来的风险与收益进行预测，这样就有可能出现在外因影响下，部分证券未能达到预期收益，即随着时间的推移，出现当前持有的证券投资组合不再是最优组合的状况。为此，投资者需要卖掉现有组合中的一些证券和购买一些新的证券以形成新的组合。这一决策主要取决于交易的成本和修订组合后投资业绩前景改善幅度的大小。

5. 投资组合业绩评估

投资组合业绩评估主要是定期评价投资组合的表现，其依据不仅是投资的回报率，还有投资者所承受的风险。通过评价发现现实与投资目标的偏差，经过寻找原因，反馈调整，最终使投资达到预期目标。

二、证券投资分析的含义与步骤

（一）证券投资分析的含义

证券投资分析是指投资者通过各种专业分析方法，对影响证券价值或价格的各种信息进行综合分析，以判断证券价值或价格及其变动的行为，是证券投资过程中不可或缺的一个重要环节。

证券投资分析主要解决如何确定买卖时机、买什么证券，以及如何构建最优证券投资组合三方面的问题。

（二）证券投资分析的步骤

一般来说，比较合理的证券投资分析应该由以下四个步骤构成。

1. 资料收集与整理

资料收集与整理阶段的工作主要包括：（1）证券投资信息资料的收集，也就是证券分析人员通过各个渠道收集各种各样的信息资料。（2）信息资料的分类归档。证券分析人员根据不同的分类标准对所收集的证券投资信息资料进行分类归档，编制分类目录，便于查阅。（3）信息资料的保存和使用管理。大部分信息资料的使用都不是一次性的，而是要重复使用的，因此必须做好信息资料的保存和使用管理工作，确保信息资料能充分发挥作用。

2. 案头研究

证券分析人员首先根据自己的研究主题和分析方向，确定所需的信息资料。其次是利用证券投资分析的专门方法和手段，对占有的资料进行仔细分析。最后是得出结论，也就是得出有关指标与证券价格之间相关关系的正式结论。

3. 实地考察

实地考察是指证券分析人员就自己的研究分析主题到实际工作部门或企业等单位进行实地调查。这主要出于两个目的：一是就信息资料的真实性到实际工作部门或企业进行调查核实；二是就某些阶段性分析结论的公正性和客观性到实际工作部门或企业进行调查核实。

4. 形成分析报告

证券投资分析的最后一个步骤是撰写分析报告，也就是将证券分析人员的分析结论通过书面的形式反映出来。分析报告一般包括以下几个方面的内容：分析研究的主题，所使用的数据来源和数据种类，采用的分析方法和分析手段，形成分析结论的理由，所得出的分析结论及建议，分析结论和建议的适用期限，报告提供者或撰写者，分析报告形成的日期。

三、证券投资分析的意义

（一）有利于实现证券投资净效用最大化的目标

投资者投资证券的目的是什么？作为一个理性的投资者，能否简单地把投资的目标定为赚大钱，答案显然是不能。为什么？因为每一种证券投资在获取收益的同时必须承担一定的风险。

课堂讨论：投资股票的目标就是赚大钱吗？

人类的一切活动都是为了获得某种程度的满足，即经济学上所说的“效用”。证券投资的目标也是获得某种程度的满足，即效用。证券投资的目的是净效用（即收益带来的正效用减去风险带来的负效用之差）的最大化。在风险既定的条件下，投资收益率最大化和在收益率既定的条件下风险最小化是证券投资的两大具体目标。

证券投资的成功与否，往往是看这两个目标的实现程度。但是，影响证券投资目标实现程度的因素很多，其作用机制也十分复杂。证券投资分析正是采用了基本分析和技术分析等证券投资分析方面的专业分析方法和分析手段，通过对影响证券投资回报率和风险诸因素的客观、全面和系统的分析，揭示出其作用机制以及某些规律，用于指导投资决策，从而保证在降低投资风险的同时获取较高的投资收益。

（二）有利于正确评估证券的投资价值

投资者之所以对证券进行投资，是因为证券具有一定的投资价值。证券的投资价值受多方面因素的影响，并随着这些因素的变化而发生相应的变化。投资者在决定投资某种证券前，首先应该认真评估该证券的投资价值，只有当证券处于投资价值区域时，投资该证券才是有的放矢，否则可能会导致投资失败。证券投资分析正是通过对可能影响证券投资价值的各种因素进行综合分析来判断这些因素及其变化可能会对证券投资价值带来的影响，因此它有利于投资者正确评估证券的投资价值。

想一想：投资与投机的区别是什么？

（三）有利于提高投资决策的科学性

科学的证券投资分析是投资者获得投资成功的关键。投资决策贯穿于整个投资过程，其正确与否关系到投资的成败。在投资决策时，投资者应当正确认识每一种证券在风险性、收益性、流动性和时间性方面的特点，借此选择风险性、收益性、流动性和时间性同自己的要求相匹配的投资对象，并制定相应的投资策略。只有这样，投资者的投资决策才具有科学性，从而尽可能保证投资决策的正确性，以使投资获得成功。进行证券投资分析正是使投资者正确认识证券风险性、收益性、流动性和时间性的有效途径，是投资者科学决策的基础。因此，进行证券投资分析有利于减少投资决策的盲目性，从而提高投资决策的科学性。

（四）有利于降低投资者的投资风险

投资者从事证券投资是为了获得投资回报（预期收益），但这种回报是以承担相应风险为代价的。从总体来说，预期收益水平和风险之间存在一种正相关关系。预期收益水平越高，投资者所要承担的风险也就越大；预期收益水平越低，投资者所要承担的风险也就越小。然而，每一种证券都有自己的风险-收益特性，而这种特性又会随着各相关因素的变化而变化。因此，对于某些具体的证券而言，由于判断失误，投资者在承担较高风险的同时，却未必能获得较高收益。理性投资者通过证券投资分析来考察每一种证券的风险-收益特性及其变化，就可以较为准确地确定哪些证券是风险较大的证券，哪些证券是风险较小的证券，从而避免承担不必要的风险。从这个角度讲，证券投资分析有利于降低投资者的投资风险。

同步检测（单项选择题）

1. 证券投资的目的是（　　）。

A. 证券风险最小化　　B. 证券投资净效用最大化

C. 证券投资预期收益与风险固定化　　D. 证券流动性最大化

2. 证券投资是指投资者购买（　　）以获得红利、利息及资本利得的投资行为和投资过程。

A. 有价证券　　B. 股票

C. 股票及债券　　D. 有价证券及其衍生品

3. 下列说法中，正确的是（　　）。

A. 投资者投资证券以盈利为目的，因此，在制定投资目标时，不必考虑亏损的可能

B. 基本分析是用来解决“何时买卖证券”的问题

C. 投资组合的修正实际上是前面几步投资过程的重复，可以忽略不做

D. 组建证券投资组合时，投资者要注意个别证券选择、投资时机选择和多元化三个问题

任务二

证券投资分析的方法和理念

一、证券投资分析的方法

（一）证券投资基本分析法

1. 证券投资基本分析法的含义

证券投资基本分析法又称基本面分析法，是根据经济学、金融学、财务管理学及投资学等基本原理推导出结论的分析方法，是对决定证券价值及价格的基本要素，如宏观经济指标、经济政策走势、行业发展状况、产品市场状况、公司销售和财务状况等进行分析，评估证券的投资价值，判断证券的合理价位，提出相应的投资建议的一种分析方法。

2. 证券投资基本分析法的理论基础

证券投资基本分析法的理论基础如下：

（1）内在价值。证券投资基本分析法认为，任何投资对象都有一种可以被称为“内在价值”的固定基准。内在价值是指资产所有者预期的现金流量的现值，这一价值可以通过对该投资对象的当前状况和未来前景的深入分析来确定。

（2）证券的价值决定其价格，其价格围绕价值波动。价值成为衡量价格合理与否的尺度。

想一想： 证券价格与证券价值的区别是什么？

3. 证券投资基本分析法的内容

证券投资基本分析法包括三大内容：宏观经济分析、行业和区域分析、公司分析。

（1）宏观经济分析。宏观经济分析主要探讨经济指标和经济政策对证券价格的影响。经济指标包括先行指标、同步指标和滞后指标。先行指标对经济状况提供预示性的信息，包括利率水平、货币供给、消费者预期、主要生产资料价格、企业投资规模等。同步指标的变化与总体经济活动的转变同步，如个人收入、企业工资支出、GDP、社会商品销售额等。滞后指标的变化一般滞后于国民经济的变化，如失业率、库存量、银行未收回贷款规模等。经济政策主要包括货币政策、财政政策、信贷政策、债务政策、税收政策、利率和汇率政策、产业政策、收入分配政策等。

（2）行业和区域分析。行业分析主要分析行业所属的不同市场类型、所处的不同生命周期以及行业业绩对证券价格的影响。区域分析主要分析区域经济因素对证券价格的影响。

（3）公司分析。公司分析是基本分析的重点，侧重于对公司竞争能力、盈利能力、经营管理能力、发展潜力、财务状况、经营业绩及潜在风险等进行分析，借此评估和预测证券的投资价值、价格及未来变化的趋势。

(二) 证券投资技术分析法

1. 证券投资技术分析法的含义

证券投资技术分析法是指仅从证券的市场行为来分析和预测证券价格未来趋势的方法，也称趋势分析法。其分析的对象是证券在市场交易中所表现出来的各种行为，其中证券的市场价格和成交量的变化，完成这些变化所需要的时间是市场行为最基本的表现形式。

2. 证券投资技术分析法的理论基础

证券投资技术分析法的理论基础是建立在以下的三个假设之上的：市场的行为包含一切信息、价格沿趋势移动、历史会重演。

3. 证券投资技术分析法的内容

证券投资技术分析法的内容包括：K 线理论、切线理论、形态理论、技术指标理论、波浪理论和循环周期理论。

知识链接：

技术分析流派以价格判断为基础、以正确的投资时机抉择为依据。从最早的直觉化决策方式，到图形化决策方式，再到指标化决策方式，直到最近的模型化决策方式以及正在研究开发中的智能化决策方式，该演进遵循了一条日益定量化、客观化、系统化的发展道路。

(三) 证券组合分析法

1. 证券组合分析法的定义

证券组合分析法是根据投资者对收益率和风险的共同偏好以及投资者的个人偏好确定投资者的最优证券组合并进行组合管理的方法。

2. 证券组合分析法的理论基础

(1) 证券或证券组合的收益由它的期望收益率表示，风险则由其期望收益率的方差来衡量，证券收益率服从正态分布。

(2) 理性投资者具有在期望收益率既定的条件下选择风险最小的证券和在风险既定的条件下选择期望收益率最高的证券这两个共同特征。

(3) 证券市场是有效的，即价格的波动是对所反映信息内容偏离的调整。

3. 证券组合分析法的内容

证券组合分析法的主要内容包括马柯维茨（Harry M. Markowitz）的均值方差模型、资本资产定价模型（CAPM）、特征线模型、因素模型、套利定价模型（APT）及它们在实践中的应用。

(四) 心理分析法

这是一个正在兴起的分析流派，其理论认为证券市场上的投资者并非完全理性的投资者，因此证券市场并非有效的市场，金融市场存在着认知与行为偏差，比如证实偏差、时间偏好、羊群效应等。

心理分析法的主要理论模型有：噪声交易模型、投资者心态模型、泡沫模型、行为资产定价模型、行为组合理论。

心理分析法在投资策略上的运用有反向投资策略、惯性交易策略、成本平均策略和时间分散化策略等。在投资过程中，人是最具主观能动性的，具有投资价值的股票必须有大资金的买进、有投资大众的认可才能够上涨。因此，将心理分析与传统的投资学分析相结合，有助于提高投资收益率。

（五）证券投资基本分析法与技术分析法的比较

每一种证券投资分析方法都有优点、缺点及适用的范围。

1. 基本分析法的优缺点及适用范围

（1）基本分析法的优点：能够比较全面地把握证券价格的基本走势，应用起来也相对简单。

（2）基本分析法的缺点：主要是预测的时间跨度相对较长，对短线投资者的指导作用比较弱；同时，预测的精确度相对较低，比如对何时是最佳的进货时机很少有现成答案。

（3）基本分析法的适用范围：主要适用于选择长期投资的股票、相对成熟的市场——以业绩为投资取向的市场，以及预测精确度相对不高的领域。

2. 技术分析法的优缺点及适用范围

（1）技术分析法的优点：接近市场，考虑问题比较直观；与基本分析法相比，利用技术分析进行证券买卖见效快、获得收益的周期短；应用技术分析法可以定量地给出最佳买卖点（至于这些信号是否准确则另当别论）。

（2）技术分析法的局限性：技术分析法关注的领域相对有限，难以对市场的长期趋势作出准确预测。在股票价格剧烈波动或被操纵的情况下，技术指标可能会出现偏差，导致短线交易者容易受到大型机构的利用，产生技术性误导。此外，技术分析法无法预见到突发性事件。

（3）技术分析法的适用范围：适用于行情小幅波动时对走势的判断；适用于股市低迷期或股票按自然状态波动时的市况判断；在判断选择领涨股、人气股、投机股时具有较高的准确度；对短线个股买卖时点的选择具有极高的判别力；在我国适用于短期行情预测，要进行周期较长的行情预测必须结合其他分析方法；技术分析法的结论仅仅是一种建议，并且是以概率的形式出现。

二、证券投资的理念

投资理念是体现投资者投资个性特征的，促使投资者正常开展分析、评判、决策并指导投资者行为，反映投资者投资目的和意愿的价值观。成功的投资理念是不可能一次形成的，它靠的是累积。投资理念因人而异，成功的投资理念也不是完全相同的。对证券市场的认知产生理念，理念产生交易策略（交易法则），交易策略（交易法则）产生交易。理念处在理解和行动之间。

想一想：投资理念的重要性体现在什么地方？

在我国证券市场的发展过程中，形成了三种主流的投资理念，即坐庄型投资理念、价值培养型投资理念、价值发现型投资理念。这三种类型的投资理念的风险类型不同，风险度也明显有高低之分，其风险是依次降低的。在成熟的证券市场，价值发现型和价值培养型是主要的投资理念。我国证券市场还属于新兴的，因此，坐庄型投资仍然存在，但是价值发现型、价值培养型投资理念正在逐步形成。

（一）坐庄型投资理念

该理念认为，在股市存在大量的庄家，庄家利用资金与信息优势，操控股价获取巨大的收益。当然，这种投资理念也有比较大的风险。作为一般的投资者，正确的做法是找到庄家，通过“与庄共舞”获得收益。

（二）价值发现型投资理念

价值发现型投资理念是一种风险相对分散的市场投资理念。该理念的前提是证券的市场价值是潜在的、客观的。价值发现型投资依靠的工具不是大量的市场资金，而是市场分析和证券基本面的分析，主要成本是研究费用。

价值发现有三层含义：一是价值发现是一种投资于市场价值被低估的证券的过程，证券价值未达到被高估的价值时，投资获利的机会大于风险；二是由于某些证券的市场价值直接或间接与其所在的行业成长、国民经济发展的总体水平相联系，因此在行业发展及国民经济增长没有出现停滞之前，证券的价值还会不断增加，在这种增值过程中又相应分享着国民经济增长的益处；三是对于某类具有价值发现型投资理念的证券，随着投资过程的进行，往往还有一个价值再发现的市场过程，这个过程也许还会将这类证券的市场价值推到一个相当高的价值平台。在价值发现型投资理念下，只要有国民经济增长和行业发展的客观前提，以此理念为指导的投资就能够较大程度地规避市场投资风险。

（三）价值培养型投资理念

价值培养型投资理念是一种投资风险共担的投资理念。它有两种方式：投资者作为战略投资者，通过对证券母体注入战略投资的方式培养证券的内在价值与市场价值；众多投资者参与证券母体的融资，培养证券的内在价值和市场价值。在我国，前者如各类产业集团的投资行为，后者如投资者参与上市公司的增发、配股及转债融资等。

同步检测（判断题）

1. 证券投资基本分析方法主要包括宏观经济分析、行业分析、公司分析三个方面的内容。（　　）

2. 技术分析法的三大假设是市场行为包含一切信息、股价沿趋势移动、历史会重演。（　　）

3. 通过先行指标算出的国民经济转折点大致与总的经济活动的转变时间相同。（　　）

案例分析

猴子的故事

一天，村庄里来了一个陌生人。他告诉村民，他将以每只100元的价格收购猴子。村庄附近的森林里有很多猴子出没，村民开始对它们进行大肆捕捉。收猴人以每只100元的价格，收购了几千只猴子。当猴子的数量减少的时候，村民停止了捕捉。

这时，收猴人放出话来，每只猴子的收购价格提高到200元，村民又重新投入捕猴的行动中。

不久，猴子的数量更少了。村民再次停止捕猴，开始恢复他们的耕作。收猴人把每只猴子的收购价提高到250元，但是森林里的猴子已经很少了，村民努力一天也未必能抓到一只猴子。

后来，收猴人把收购价格提高到500元。不过，他说自己必须回城里处理一些事情，收购猴子的事由他的助手代理。

在收猴人回城之后，助手指着被老板收购到的几千只猴子对村民说："我们来做一笔交易吧。我以每只猴子350元的价格卖给你们，等我的老板从城里回来，你们再以500元的价格卖给他。"

村民们纷纷拿出所有的积蓄买下所有的猴子。但是，他们再也没看见收猴人和他的助手出现。从此，森林里又到处都是猴子的身影。

思考题：

1. 有的人把这个故事运用到股市中，你如何看？
2. 在股市中，如果像收猴子的商人那样赚钱，体现的是什么样的投资理念？

任务三 有效市场理论

一、有效市场理论的提出与前提

（一）有效市场理论的提出

1965年美国芝加哥大学教授尤金·法玛（Eugene F. Fama）在《商业学刊》上发表了一篇题为《股票市场价格行为》的论文，并于1970年深化和提出"有效市场理论"。该理论是现代金融学理论的重要基石，资本资产定价模型（CAPM）、套利定价模型（APT）及期权定价模型（OPT）都是在有效市场理论之上建立起来的。

知识链接

在人类思想的发展历程中，伟大的思想家总是走在时代前面，即他的思想总是超越或是领先他所处的时代。他的思想在刚产生时也许不是那么轰动一时，但是随着时间的推移，它日益显示出其影响力和深远意义，并被实践证明是一种经典性的理论。

尤金·法玛教授可以称得上是金融经济学领域的思想家。法玛教授1939年2月14日出生于美国马萨诸塞州波士顿，是意大利裔移民的第三代。1960年毕业于马萨诸塞州Tufts大学，主修法文，获得学士学位。法玛于1960—1963年在芝加哥大学商学院研究生院攻读MBA，1963年开始攻读博士学位，1964年获得博士学位，其博士论文为《股票市场价格走势》。1995年，比利时鲁汶大学授予法玛荣誉博士学位。

（二）有效市场理论的前提

尤金·法玛认为市场达到有效的重要前提有两个：第一，投资者必须具有对信息进行加工分析并据此正确判断证券价格变动的能力，也就是投资者是理性的。第二，所有影响证券价格的信息都是自由流动的，也就是不存在信息不对称。

二、有效市场理论的内容

（一）有效市场的含义

根据法玛的论述，在资本市场上，如果证券价格能够充分而准确地反映全部相关信息，便称其为有效率。也就是说，如果证券价格不会因为向所有的证券市场参与者公开了有关信息而受到影响，就可以认为市场对信息的反映是有效率的。对信息反映有效率意味着以该信息为基础的证券交易不可能获取超额收益。

有效市场理论实际上涉及两个关键问题：一是关于信息和证券价格之间的关系，即信息的变化会如何影响价格的变动；二是不同的信息（种类）会对证券价格产生怎样的不同影响。

（二）三种类型的信息

法玛定义了与证券价格相关的三种类型的信息：一是“历史信息”，即基于证券市场交易的有关历史资料，如历史股价、成交量等；二是“公开信息”，即一切可公开获得的有关公司财务及发展前景等方面的信息；三是“内部信息”，即只有公司内部人员才能获得的有关信息。

（三）三种效率不同的市场

法玛根据市场对信息反映的强弱将有效市场分为三种，即弱式有效市场、半强式有效市场和强式有效市场。

1. 弱式有效市场

（1）定义：弱式有效市场是指证券价格能够充分反映价格历史序列中包含的所有信息，如有关证券的价格、交易量等。如果这些历史信息对证券价格变动都不会产生任何影响，则意味着证券市场达到了弱式有效。

该理论认为在弱式有效的情况下，市场价格已充分反映出所有过去历史的证券价格信息，包括股票的成交价、成交量、卖空金额、融资金额等。

（2）推论：如果弱式有效市场理论成立，则股票价格的技术分析失去作用，基本分析还可能帮助投资者获得超额收益。

课堂讨论：我国证券市场是弱式有效市场吗？

2. 半强式有效市场

（1）定义：半强式有效市场是指证券价格不仅能够体现历史的价格信息，而且反映了所有与公司证券有关的公开有效信息，如公司收益、股息红利、对公司的预期、股票分拆、公司间的购并活动等。

该理论认为价格已充分反映出所有已公开的有关公司营运前景的信息。这些信息有成交价、成交量、盈利资料、盈利预测值、公司管理状况及其他公开披露的财务信息等。假如投资者能迅速获得这些信息，股价应迅速作出反应。

（2）推论：如果半强式有效市场理论成立，则在市场中利用技术分析法和基本分析法都失去作用，内幕消息可能获得超额收益。

3. 强式有效市场

（1）定义：强式有效市场是指有关证券的所有相关信息，包括公开发布的信息和内部信息，对证券价格变动都没有任何影响，即如果证券价格已经充分、及时地反映了所有有关的公开和内部信息，则证券市场就达到了强式有效市场。

强式有效市场理论认为价格已充分地反映了所有关于公司营运的信息，这些信息包括已公开的或内部未公开的信息。

（2）推论：在强式有效市场中，没有任何方法能帮助投资者获得超额收益，基金和有内幕消息者也一样。

三种效率不同的市场如图 1－1 所示。

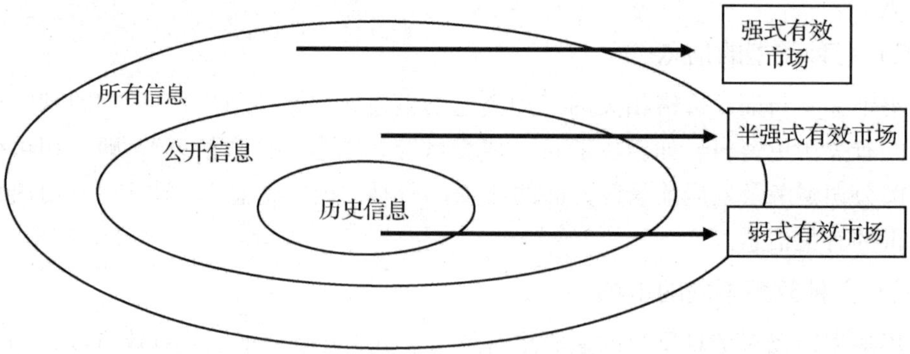

图 1－1　三种效率不同的市场

三、有效市场理论的意义

(一) 理论意义

提高证券市场的有效性，根本问题就是要解决证券价格形成过程中在信息披露、信息传输、信息解读及信息反馈各个环节所出现的问题，其中最关键的一个问题是建立上市公司强制性信息披露制度。从这个角度来看，信息披露制度是建立有效资本市场的基础，也是资本市场有效性得以不断提高的起点。除此之外，还应不断加强对投资者的教育，以提高他们的分析决策能力。

(二) 实践意义

1. 弱式有效市场和技术分析

如果市场未达到弱式下的有效，则当前的价格未完全反映历史价格信息，那么未来的价格变化将进一步对过去的价格信息作出反应。在这种情况下，人们可以利用技术分析和图表从过去的价格信息中分析出未来价格的某种变化倾向，从而在交易中获利。

如果市场是弱式有效的，则过去的历史价格信息已完全反映在当前的价格中，未来的价格变化将与当前及历史价格无关，这时使用技术和图表分析当前及历史价格并对未来作出预测将是徒劳的。如果不运用进一步的价格序列以外的信息，明天价格最好的预测值将是今天的价格。因此在弱式有效市场中，技术分析将失效。

2. 半强式有效市场和基本分析

如果市场半强式有效，那么仅仅以公开资料为基础的分析将不能提供任何帮助，因为针对当前已公开的资料信息，目前的价格是合适的，未来的价格变化与当前已知的公开信息毫无关系，其变化纯粹依赖于明天新的公开信息。在这样的一个市场中，已公布的基本面信息无助于投资者挑选价格被高估或低估的证券，基于公开资料的基本分析毫无用处。

3. 强式有效市场和证券组合管理

对于证券组合的投资者来说，如果市场是强式有效的，投资者会选择消极保守的态度，只求达到市场平均的收益水平。投资者一般模拟某一种主要的市场指数进行投资。

同步检测（判断题）

1. 市场达到有效的唯一前提是所有影响证券价格的信息都是自由流动的。（　　）
2. 在弱式有效市场中，投资者可以寻求历史价格信息以外的信息获取超额回报。（　　）
3. 在强式有效市场中，证券组合的投资者通常采取被动投资策略。（　　）

任务四

收集证券信息的方法

一、证券信息的重要性

证券信息的重要性主要体现在以下方面：第一，证券信息是研判、分析证券投资状态，进行证券投资决策的基本依据；第二，准确、充分、及时地把握证券信息是证券监管有效进行的基本前提；第三，收集、处理和利用证券信息的能力是证券投资成败的关键所在；第四，证券信息产业本身是现代经济、金融的重要构成部分。

二、证券投资信息体系

（一）按信息的属性分类

按信息属性的不同，证券投资信息可分为原始信息、初级信息和高端增值信息。

（1）原始信息：未做过任何加工的各种与证券投资相关的源信息。

（2）初级信息：做过初步加工的信息，如经过处理的数据库信息，带有某种主观认识的新闻报道信息，经过初步的统计归纳及带有粗略、非深层次评析的信息。

（3）高端增值信息：经过复杂加工、可以直接用以指导决策的、带有研究成果性质的信息。

（二）按信息发布的频度分类

按信息发布频度的不同，证券投资信息可分为定期信息和不定期信息。

从上市公司看，最重要的定期和不定期信息是上市公司公布的各种与其生产经营相关的报告与公告，包括年度报告、中期报告、季度报告。

来自上市公司以外的信息多为不定期信息，监管部门、交易所、证券公司等服务机构均会不定期（包括少量定期）地产生大量与证券投资相关的信息。

（三）按信息反映的具体内容分类

按照信息所反映的具体内容的不同，证券投资信息可分为宏观经济信息、行业经济信息和上市公司信息。

（1）宏观经济信息反映着一个国家或地区的宏观经济运行情况。

（2）行业经济信息主要包括诸如行业本身所处发展阶段及在国民经济中的地位、影响行业发展的各种因素及其对行业影响的程度、行业未来发展趋势、行业的投资价值及投资风险等内容。

（3）上市公司信息主要反映公司自身的经营状况与发展前景，包括公司基本面信息和财务信息。

三、证券信息的渠道

来自各个渠道的信息最终都将通过各种方式对证券的价格发生作用，导致证券价格的上升或下降，从而影响证券的回报率。因此，信息的多寡、信息质量的高低将直接影响证券投资分析的效果，影响分析报告的最终结论。

一般说来，进行证券投资分析的信息主要来自以下几个渠道。

（一）公开渠道

1. 政府部门

政府部门是国家宏观经济政策的制定者，是信息发布的主体，是一国证券市场上有关信息的主要来源。我国政府部门中作为证券投资分析信息发布主体的八个部门分别是：国务院、中国证券监督管理委员会、财政部、中国人民银行、国家发展和改革委员会、商务部、国家统计局、国务院国有资产监督管理委员会。其中，四大宏观调控部门包括：财政部、中国人民银行、国家发展和改革委员会、商务部，所发布的信息对证券市场的影响非常大。

2. 证券交易所

证券交易所向社会公布的证券行情、按日制作的证券行情表及按市场内成交情况编制的日报表、周报表、月报表、年报表等，成为技术分析的首要信息来源。

3. 上市公司

上市公司主要提供的是财务报表和临时公告。上市公司作为经营主体，其经营状况的好坏直接影响投资者对其价值的判断，从而影响其股价水平的高低。作为信息发布的主体，上市公司所公布的有关信息是投资者对其证券进行价值判断的最重要信息来源。

4. 证券中介机构

证券中介机构是指为证券市场参与者如发行人、投资者等提供各种服务的专职机构。证券中介机构一般包括证券经营机构、证券投资咨询机构、证券登记结算机构，以及从事证券相关业务的会计师事务所、资产评估事务所、律师事务所、信用评级机构等。

5. 媒体

媒体主要是指各种书籍、报纸、杂志及电视、广播、互联网等。媒体是信息发布的主体之一，同时也是信息发布的主要渠道。

知识链接

在当今数字化信息时代，互联网为我们获取各类经济与金融资讯提供了极大便利。以下是一些在宏观经济分析、行业与公司财务分析资料收集方面极具价值的网站：

（1）国务院发展研究中心网站（https://www.drcnet.com.cn）。该网站汇聚了宏观经济、行业经济、金融类的研究报告与相关数据，其中特色鲜明的国研报告尤为引人注目，为政策制定者、研究者以及关注经济动态的人士提供了深度且专业的见解。

(2) 清华大学中国经济研究中心网站(https://www.ncer.tsinghua.edu.cn)。清华大学在应用经济领域的深厚学术积淀，使得该网站上众多应用经济研究成果可供各界参考，助力经济领域的深入探索与研究。

(3)《人民日报》网站(https://www.people.com.cn)。该网站为综合性权威网站，不仅及时提供各类新闻资讯，还设有经济、金融方面的专栏，为读者提供多元视角的经济解读。

(4) 全景网站(https://www.p5w.net)。该网站的研究报告栏目颇具特色，收录了许多券商研究部门的上千篇研究报告，内容涵盖市场研究、行业研究、公司研究等方面，同时，该网站还提供香港股票市场的相关信息，为投资者和研究者提供全面的市场洞察。

(5) 证券之星网站(https://www.stockstar.com)。作为中国点击率最高的证券网站之一，其数据中心拥有中国所有股票该年度的财务分析评估资料，还设有社会公众对个股的点评板块，为股民和证券爱好者提供丰富的参考信息。

(6) 和讯网(https://www.hexun.com)。该网站设有基金、债券、外汇、房地产等多个特色栏目。通过基金栏目，读者能全面了解到所有基金的评级、最新的资产净值等资料；借助债券栏目，读者可掌握各交易所交易债券的剩余年限、到期收益率、久期与凸性、收益率曲线等关键数据，是一个极具特色与专业性的财经网站。

(7) 中国财经信息网(https://www.cfi.net.cn)。该网站信息更新速度较快，国际财经与基金栏目办得尤为出色，为用户及时传递最新的财经动态和专业的基金相关信息。

(8) 中国证监会网站(https://www.csrc.gov.cn)。通过这个网站，读者能够第一时间了解最新的证券市场法律法规、政策，对证券市场参与者和监管者来说，该网站是获取官方政策信息的重要渠道。

(9) 中国证券业协会网站(https://www.sac.org.cn)。在这个网站上，读者可以查询到从业资格考试、从业资格认定等相关信息，还能浏览券商对发展证券市场的研究论文，为证券行业从业者和学习者提供了丰富的资源。

(10)《中国证券报》网站(https://www.cs.com.cn)。该网站作为证券领域的权威媒体网站，为读者提供证券市场的深度报道、分析评论等内容。

(11)《上海证券报》网站 (https://www.stocknews.com.cn)。作为证券行业重要的资讯平台，该网站能帮助读者及时掌握证券市场的最新动态与各类资讯。

以上这些网站都是获取宏观经济分析、行业与公司财务分析资料的优质来源。此外，各种行情软件中关于各上市公司的资料，各大证券公司网站、基金网站、投资咨询公司网站中的资料等，都与市场紧密相连，非常适合进行市场研究。新浪网的证券板块可以检索到世界主要国家股票市场的行情，对于了解国际证券市场动态具有重要的参考价值。

（二）商业渠道

商业渠道的信息种类繁多，提供的信息量极为庞大，某些商业机构便将各种信息进行筛选、分类，使用者在支付一定费用后，可以利用这些经过整理的信息资料，从而节省时间，大大提高工作效率。商业渠道的信息包括会计公司、投资咨询公司、证券公司、银行、资信评估机构的有偿研究报告、信息数据库等。

（三）实地访查

实地访查是获得证券信息的又一来源，它是指证券投资分析人员直接到有关的上市公司、交易所、政府部门等机构去实地获取进行证券分析所需要的信息资料。由于在证券投资分析过程中需要各种各样的信息资料，有些信息资料可以通过公开的渠道或互联网获得，有些资料无法通过公开的渠道获得，或者通过公开渠道所获得的资料的完整性、客观性值得怀疑，此时就可以通过实地访查去核实。实地访查成本较高，通常将其作为上面两种信息来源的补充。

开心果：国王选法官的故事

西班牙历史上有一位国王名为彼得罗一世，有一天他宣布要公开选拔一名大法官。有三个人报名参加选拔。一个是皇室贵族，一个是追随国王多年的武士，一个是普通教师。国王把这三个人带到王宫后院，那里有一个小湖，远处湖面上漂浮着几个葫芦。国王问那个贵族："湖面上有几个葫芦啊？"贵族走到湖边，仔细数了数，答道："国王，一共有八个。"国王没有说什么。国王转过身来，又问武士："湖面上有几个葫芦啊？"武士甚至根本没有向湖边走近一步，就说："国王，我看到的也是八个。"国王还是没有说什么。国王转过身来，问教师："湖面上有几个葫芦啊？"

教师并没有回答，而是走到湖边，脱下鞋子，游到湖里，把葫芦拿起来，一个一个仔细数了一遍，然后举起手来，大声对国王说："报告国王陛下，一共有四个葫芦！它们都从中间切开了。"

国王说："你才是我需要的大法官。在得出最后结论之前，应该寻找证据证明。我们所看到的不全是真相。"

讨论：读完这个故事，你有何感想？

（四）其他渠道

其他收集资料的渠道有：通过家庭成员、朋友、邻居等的介绍；通过到商场看公司产品的畅销程度；通过调查上市公司的竞争对手等。

信息的收集、分类、整理和保存是进行证券投资分析的最基础工作，是进行证券投资分析的起点。分析人员最终所提供的分析结论的准确性，除了与采用的分析方法和分析手段有关外，更取决于占有信息的广度和深度。

同步检测（多项选择题）

1. 关于证券投资分析的信息来源，下列说法正确的是（　　）。

A. 信息在证券投资分析中起着十分重要的作用，是进行证券投资分析的基础

B. 信息的多寡、信息质量的高低将直接影响证券投资分析的效果，影响分析报告的最终结论

C. 证券分析师从事面向公众的证券投资咨询业务时所引用的信息既包括公开披露的信息资料，也包括虚假信息、内幕信息或者市场传言

D. 来自不同渠道的信息最终都将通过各种方式对证券的价格发生作用，影响证券的收益率

2. 从信息发布主体和发布渠道来看，证券市场上各种信息的来源主要有（　　）。

A. 政府部门　　B. 证券交易所

C. 上市公司　　D. 投资者实地访察

3. 以下关于证券信息收集方式的说法，正确的是（　　）。

A. 传统的信息收集方式比证券采集软件更高效

B. 证券采集软件不能实时抓取各大财经网站、新闻平台的数据

C. 证券采集软件操作简便，新手也能轻松上手

D. 证券采集软件不具备数据储存和处理能力

4. 一般来说，上市公司通过（　　）形式向投资者披露其经营状况的有关信息。

A. 年度报告　　B. 中期报告　　C. 临时公告　　D. 每日报告

基础知识
考核与技能实训

项目二 证券价值的评估

知识目标

1. 掌握证券估值的基本原理
2. 掌握影响债券、股票、金融衍生品价值的因素
3. 理解债券、股票、金融衍生品价值的计算方法

能力目标

1. 会联系实际分析影响各种证券价值的因素
2. 学会计算债券、股票、可转换债券的内在价值与安全边际

素养目标

1. 培养学生尊重市场规律，树立价值投资的观念
2. 培养学生积极的学习态度和精益求精的科学精神
3. 培养学生关心国家大事，具有社会责任感和社会参与意识
4. 培养学生风险防范意识，形成金融从业者的职业道德

案例导入

有关苹果树投资价值的讨论

从前有一位聪明的老人，他有一棵极好的苹果树，只需稍加照料每年就可以结出很多苹果，为老人每年带来100美元的收入。老人变得越来越老了，照料苹果树变得力不从心，因此他决定卖出这棵树。这个老人很有经验，他在《华尔街日报》的商机版上刊登了一则广告，声明他将会把树卖给出价最高的人。

第一个对广告作出反应的人愿意出50美元，他说把这棵苹果树砍掉当烧材卖只能卖50美元，因此他认为这棵树只值50美元。

第二个来拜访老人的购买者出价100美元。她说道："这个价格正是今年苹果熟了以后所能卖的价格。"

第三个购买者是一个刚从商学院毕业的年轻人。他说："我将通过网络销售苹果。我计算过了，这棵树至少还可以产15年苹果。如果我每年可以卖得100美元，那么15年总共是1 500美元，因此我愿意出1 500美元来买你的苹果树。"

第四个购买者是一位会计专业的学生。当老人问道“你打算给我出什么价”时，这位学生没有马上回答，而是先要求看老人的账目。这位老人是一位谨慎的人，他对果树历年的收支都做了仔细的记录，他很高兴地把账本取了出来。在检查完账目之后，这位会计专业的学生说：“你的账目显示这棵树是10年前你以75美元的价格购入的，并且你没有对它提取过折旧。我不知道你这样做是否符合一般会计准则，但假设符合，这棵树的账面价值是75美元，我就出75美元。”

第五个购买者是一位刚从商学院毕业的年轻的股票经纪人。或许是为了检验她所学的知识是否有用，她要求先看看账目。几小时后她回到老人面前，说她打算依据这棵树的收益资本化的价值来出价。

思考题：你认为苹果树的价值是多少？如何评估？

任务一 有价证券的价格与价值

一、有价证券的价格

（一）票面价格

票面价格也称面值，即标注于证券票面上的价格。如国债的票面价格常常每张设定为100元，股票的票面价格则通常为1元。2007年12月26日，紫金矿业A股IPO审核，其每股面值设计为0.1元，这一发行创新方式曾引起市场争议。

（二）发行价格

发行价格是指证券发行时，要求投资者必须实际支付的单位证券的价格。证券的发行价格可以等于票面价格，也可以不等于票面价格。中国银行H股、A股发行价格如表2-1所示。

表2-1 中国银行H股、A股发行价格

股票代码	03988	601988
股票类型	H股	A股
发行时间	2006年5月	2006年6月
发行价格	2.95港元	3.08元
发行数量	2 940 387.8万股	649 350.6万股
价格（2024年8月29日）	3.54港元	4.91元

想一想：发行价格与票面价格有何关系？

（三）账面价格（每股净资产）

账面价格是指上市公司财务报表上反映出的每股实际拥有的净资产额，账面价格可以真实地显示每单位股份的含金量。表 2－2 为沪深部分上市公司每股净资产。

表 2－2　沪深部分上市公司每股净资产（2025 年 1 月 15 日）　　单位：元

名称	每股净资产	收盘价	名称	每股净资产	收盘价
中国移动	61.72	108.39	美晨科技	0.10	2.08
宁德时代	53.82	250.87	*ST 仁东	0.10	4.91
中国平安	49.86	49.11	海航控股	0.10	1.65
华宝新能	49.14	77.01	宏达新材	0.10	3.49
古井贡酒	45.20	175.55	神雾节能	0.11	3.91
凯莱英	45.18	73.63	飞马国际	0.12	2.19
招商银行	41.46	40.64	中公教育	0.12	3.17
安旭生物	40.53	37.91	松发股份	0.12	39.04
科达利	40.53	92.12	ST 中嘉	0.12	2.40
达梦数据	40.50	372.77	佳创视讯	0.12	5.52

每股账面价格＝资产净额/普通股股本数＝(资产－负债)/普通股股本数

想一想：（1）两只其他因素都相同的上市公司股票，每股净资产较大者是不是更好？（2）为什么具有相近账面价格的股票，市场价格差距如此之大？

（四）市场价格

市场价格也称市场行情，是指各类证券在市场上流通时实际的成交价格，简称市价。根据产生该价格的时间，市场价格又可进一步分为开盘价格、收盘价格、最高价格、最低价格、平均价格等。图 2－1 所示为平安银行的市场价格。

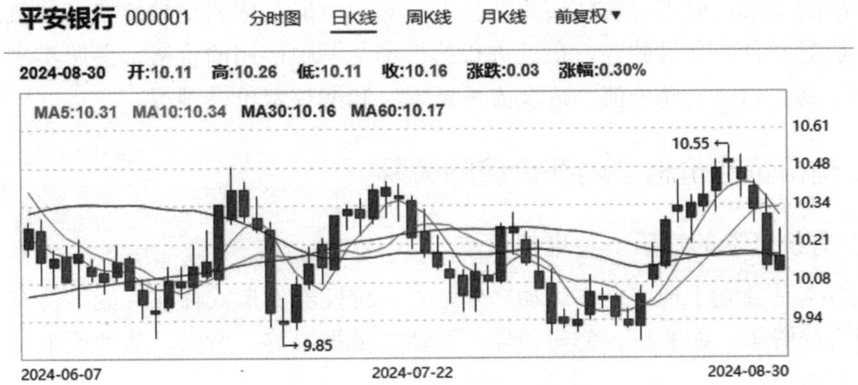

图 2－1　平安银行的市场价格

二、有价证券的价值形式

（一）内在价值

内在价值是由本杰明·格雷厄姆提出的，他认为："内在价值是一个非常难以把握的概念，一般来说，内在价值是指一种有事实（如资产、收益、股息、明确的前景）作为根据的价值，它有别于受到人为操纵和心理因素干扰的市场价格。"

知识链接

股市一向被人视为精英聚集之地，华尔街则是衡量一个人智慧与胆识的场所。1934 年年底，本杰明·格雷厄姆终于完成了他酝酿已久的《有价证券分析》这部著作，奠定了他作为一个证券分析师的不朽地位。格雷厄姆的金融分析学说和思想在投资领域产生了极为巨大的影响，如今活跃在华尔街的数十位上亿元的投资管理人都自称为格雷厄姆的信徒，就连巴菲特也称本杰明·格雷厄姆为恩师。

（二）公允价值

公允价值是一个会计术语，是指熟悉情况的买卖双方在公平交易的条件下所确定的价格，或无关联的双方在公平交易的条件下一项资产可以被买卖的成交价格。

传统的成本计量方法无法准确衡量金融工具的价值，为了解决金融工具的计价问题给企业的会计处理、所得税征收、基金申购、赎回等带来的麻烦，人们引入了公允价值的概念。

我国财政部颁布的《企业会计准则第 22 号——金融工具确认和计量》中有如下规定：

（1）金融工具存在活跃市场的，以市场报价作为金融工具的公允价值。活跃市场中的报价是指易于定期从交易所、经纪商、行业协会、定价服务机构等获得的价格，且代表了在公平交易中实际发生的市场交易的价格。

（2）金融工具不存在活跃市场的，企业应当采用估值技术确定其公允价值。采用估值技术得出的结果，应当反映估值日在公平交易中可能采用的交易价格。估值技术包括参考熟悉情况并自愿交易的各方最近进行的市场交易中使用的价格、参照实质上相同的其他金融工具的当前公允价值、现金流量折现法和期权定价模型等。

三、有价证券价格与内在价值的关系

（一）有价证券的性质——虚拟资本

虚拟资本是独立于现实资本运动之外，以有价证券的形式存在，能给持有者按期带来一定收入的资本，如股票、公司债券、不动产抵押单等。所以，从性质上说，有价证券是虚拟资本。

（二）有价证券价值与价格的关系

1. 有价证券内在价值的决定

作为虚拟资本的有价证券，本身无使用价值，其内在价值来源于其产生未来收益的能力。其内在价值的运动形式具体表现为：（1）其市场价值由证券的预期收益和市场利率决定，不随职能资本价值的变动而变动；（2）其价值与预期收益的多少成正比，与市场利率的高低成反比。

2. 有价证券内在价值与市场价格的关系

（1）有价证券市场价格是由其内在价值决定的，基本上围绕内在价值上下波动。

（2）有价证券市场价格波动，既受到有价证券的供求的影响，也受到货币的供求的影响。这正如格雷厄姆的市场先生原则："股票市场中好像有一个'市场先生'，他的情绪很容易狂躁不安，有时会过度乐观，有时又会过度悲观。有时他的热情或恐惧会一下子云消雾散。如果你仅因为'市场先生'的夸夸其谈就付诸行动的话，你一定会输棋。最好滤去杂念，把精力集中到企业的内在价值等基本因素上去。投资者必须有耐心、有原则地等待正确的买入机会，坚持价值投资的原则。从短期来看，市场是一台投票机；但从长期来看，它是一台称重机。"

知识链接

安德烈·科斯托兰尼的妙喻

安德烈·科斯托兰尼（Andre Kostolany，1906—1999年）被誉为"德国的沃伦·巴菲特""20世纪最杰出的投资大师"。他在论述股市中价值与价格关系时，用了这样的妙喻：有一个男子带着狗在街上散步，像所有的狗一样，这条狗先跑到前面，再回到主人身边，接着又跑到前面，看到自己跑得太远，又再折回来。在整个过程中，狗就这样反反复复地跑。最后，人与狗同时抵达终点，男子悠闲地走了一千米，而狗跑来跑去，走了四千米。

3. 安全边际

格雷厄姆和多德在其经典著作《证券分析》一书中数次提及"安全边际"的概念。格雷厄姆说："我把投资成功、永不亏损的秘密精炼成四个字的座右铭——安全边际。"投资者所要投资股票的买入价格和内在价值之间有一定的差距，买入价格越低于内在价值，股票持有的风险就越小，因此安全的边际就越大。

按照他们的理论，安全边际是指证券的市场价格低于其内在价值的部分，任何投资活动均以之为基础。对于不同的证券的安全边际，格雷厄姆也给出了答案：就债券或优先股而言，它通常代表盈利能力超过利率或者必要红利率，或者代表企业价值超过其优先索偿权的部分；对普通股而言，它代表了计算出的内在价值高于市场价格的部分，或者特定年限内预期收益或红利超过正常利息率的部分。

课堂讨论：中国有一句古话：富贵险中求。你认为这句话对吗？

中国有一句古话"小心驶得万年船"。买入股票时，安全边际越大，风险就越小。正如巴菲特所认为的，最理想的安全边际是：用 4 毛钱的价格去购买价值 1 元钱的股票。如果巴菲特计算出一只股票的价值仅仅略高于市场价格，那么巴菲特就不会买入。巴菲特喜欢用大桥来做比喻：建设一座大桥，假设建造时设计可承受的最大载重量为 30 吨，但是只准许载重 20 吨以下的卡车通过。为什么？为了保证绝对安全。大桥通行坚持安全边际原则，才能保证绝对安全。股票投资同样也要坚持安全边际原则，这样才能保证绝不亏损。

开心果：一次特殊的实验

一位教授选择了十个人进行心理测试。教授说："我带你们去穿过一间黑屋子，大家要跟着我走，后面的人搭着前面人的肩膀一起走。"

大家都走过去了，觉得很平坦，没什么。教授走到另一端，开了一盏灯。大家一看，吓了一跳。原来他们刚刚走过的是一座独木桥，独木桥下是一个很大的鳄鱼池，十几只鳄鱼大张着嘴游来游去。教授说："刚才什么都看不见，你们都勇敢地跟我走过来了。现在有了灯，你们再勇敢地跟我走回去。"大家都吓得站不起来了，谁也不敢走了。教授费尽口舌，最终才有三个人抱着桥板，哆哆嗦嗦地爬回去了，其他人说什么也不肯走。这时候，教授又开了一盏灯，大家这才看清，在独木桥和鳄鱼池之间还有一层浅颜色的安全防护网。教授说，看见安全防护网了，现在你们可以走回去了吧。有五个人站起来小心翼翼地走过去了。但是，最后还有两个人，说什么也不走。他俩不停地问："教授，这个安全防护网结不结实啊？"教授抱起一个大石头往下一扔，安全防护网稳稳地接住了大石头，这表明安全防护网很结实。这两个人才放下心来，小心翼翼地走了回去。

讨论：读完上述故事后，你认为投资中安全边际重要吗？

同步检测（单项选择题）

1. 下列各项中，不属于虚拟资本的是（　　）。

A. 股票　　B. 债券　　C. 基金　　D. 知识产权

2. （　　）是指证券的市场价格低于其内在价值的部分，任何投资活动均以之为基础。

A. 安全边际　　B. 公允价值　　C. 剩余价值　　D. 超额价值

任务二

货币的时间价值

情境导入

老师：你有一位亲戚想给你 1 万元来帮助你，你有两种选择：一是现在给你 1 万元；二是 1 年以后给你 1 万元。你如何选择，为什么？

学生1：要现在的1万元，马上存入银行可以得到利息。

学生2：我也要现在的1万元，因为东西越来越贵，今天1万元买到的东西，肯定比明年的多。

学生3：我也要现在的1万元，因为今天拿到的1万元是确定的，1年后说不定亲戚会变卦。

上述案例说明，今天到手的资金比预期未来获得的相同金额的资金有更大的价值，我们把这种现象称为货币的时间价值。

一、货币时间价值的定义

货币时间价值是指货币在周转使用中随着时间的推移而发生的价值增值。它包含四层含义：(1) 货币时间价值是货币在周转使用中产生的，是货币所有者让渡货币使用权而参与社会财富分配的一种形式。(2) 通常情况下，货币的时间价值相当于没有风险和没有通货膨胀条件下的社会平均资金利润率。(3) 货币时间价值以商品经济的高度发展和借贷关系的普遍存在为前提条件。(4) 货币时间价值在投资项目决策中具有重要的意义。

二、货币时间价值的计算

货币时间价值是通过计算不同时期货币的“现值”和“终值”来体现的。

(一) 货币时间价值的相关概念

1. 现值

现值（PV）又称本金，是指一个或多个发生在未来的现金流量相当于现在时刻的价值，其实也就是资金现在的价值。

2. 终值

终值（FV）又称本利和，是指一个或多个现在或即将发生的现金流量相当于未来某一时刻的价值。

3. 利率

利率（i）又称贴现率或折现率，是指计算现值或终值时所采用的利息率或复利率。利率分为单利与复利。单利计算利息的特点是指对本金计算利息，对利息不再计算利息。复利不同于单利，它是指在一定期间按一定利率将本金所生利息加入本金再计利息，即“利滚利”。

4. 期数

期数（n）是指计算现值或终值时的期间数。

(二) 单利的终值与现值

1. 单利利息的计算

$$I=PV \cdot i \cdot n \tag{2.1}$$

2. 单利终值的计算

$$FV=PV+PV \cdot i \cdot n=PV(1+i \cdot n) \tag{2.2}$$

3. 单利现值的计算

单利现值是终值的逆运算，公式为：

$$PV=FV/(1+i\cdot n) \quad (2.3)$$

【例 1】 假设银行的 1 年期存款利率为 12%。小王将本金 1 000 元存入银行，1 年以后按照单利计算，利息、终值、现值是多少？

（1）单利利息的计算。

$$I=PV\cdot i\cdot n=1\,000\times12\%\times1=120(\text{元})$$

（2）单利终值的计算。

$$FV=PV+PV\cdot i\cdot n=1\,000+120=1\,120(\text{元})$$

（3）单利现值的计算。

$$PV=FV/(1+i\cdot n)=1\,120\div(1+12\%\times1)=1\,000(\text{元})$$

（三）复利的终值和现值

1. 复利终值的计算

（1）复利终值计算公式的推导。

假设某人将 10 000 元存入银行，年存款利率为 6%，经过 1 年时间的终值为：

$$FV_1=10\,000\times(1+6\%)=10\,600(\text{元})$$

若此人不提走现金，将 10 600 元继续存入银行，则第二年末的终值为：

$$FV_2=10\,000\times(1+6\%)\times(1+6\%)$$
$$=10\,000\times(1+6\%)^2=11\,236(\text{元})$$

同理，第三年末的终值为：

$$FV_3=10\,000\times(1+6\%)^2\times(1+6\%)$$
$$=10\,000\times(1+6\%)^3=11\,910.16(\text{元})$$

依此类推，第 n 年末的终值为：

$$FV_n=10\,000\times(1+6\%)^n$$

（2）复利终值的计算公式。

$$FV=PV\cdot(1+i)^n \quad (2.4)$$

【例 2】 某人将 10 000 元投资于一个项目，年回报率为 10%，则经过 5 年后按照复利计算的本利和是多少？

$$FV=PV\cdot(1+i)^n$$
$$=10\,000\times(1+10\%)^5$$
$$=16\,105.10(\text{元})$$

2. 复利现值的计算

复利现值是计算终值的逆运算：

$$PV=\frac{FV}{(1+i)^n} \tag{2.5}$$

【例 3】 某人拟在 5 年后获得本利和 10 000 元，假设投资报酬率为 10%，按照复利贴现，他现在应投入多少元？

$$PV=\frac{10\ 000}{(1+10\%)^5}=6\ 210$$

3. 复利的名义利率与实际利率

复利的计息期不一定总是一年，有可能是季度、月或日。当利息在一年内要复利几次时，给出的年利率 r 称作名义利率。

若每期付息 m 次，则到期本利和变为：

$$FV=PV\cdot(1+r/m)^{mn} \tag{2.6}$$

实际利率和名义利率之间的关系是：

$$1+i=(1+r/m)^m$$

式中：r——名义利率；

m——每年复利次数；

i——实际利率。

【例 4】 本金 1 000 元，投资 5 年，年利率 8%，每季度复利一次，求实际利率。

$$1+i=(1+8\%\div4)^4$$

$$i=(1+8\%\div4)^4-1=1.082\ 4-1=8.24\%$$

知识链接

金融中的特殊数“e”

在历史上，自然对数的底 e 曾与一个商人借钱的利息有关。

有个商人向财主借钱，财主的条件是每借 1 元，一年后利息是 1 元，即连本带利还 2 元，年利率 100%。利息好多呀！财主好高兴。财主想，半年的利率为 50%，利息是 1.5 元，一年后还 1.52=2.25 元。半年结一次账，利息比原来要多。财主又想，如果一年结 3 次、4 次……岂不发财了？

财主算了算，结算 3 次，利率为 $\frac{1}{3}$，1 元钱一年到期的本利和是：$\left(1+\frac{1}{3}\right)^3=$ 2.370 7 元；

结算 4 次，1 元钱到一年时本利和是：$\left(1+\frac{1}{4}\right)^4=2.441\ 40$ 元；

财主还想，一年结算1 000次，其利息是：$\left(1+\frac{1}{1\,000}\right)^{1\,000}$。

这么大的数，年终肯定发财了。可是，财主算了算，1元钱结账1 000次，年终还的金额只有：2.716 92元。这令财主大失所望，他以为结账次数越多，利息也就增长得越快。财主根本不知道，$\left(1+\frac{1}{n}\right)^{n}$的值是随$n$的增大而增大，但增加的数额较少，并且不管结算多少次，连本带利的总和不可能突破一个上限。数学家欧拉把$\left(1+\frac{1}{n}\right)^{n}$的极限记作e，e=2.718 28…，即自然对数的底。

（四）复利终值与单利终值的差别

【例5】 100元按年利率10%计息，5年后的本息和是多少？

（1）单利。

$$FV=100\times(1+5\times10\%)=150(\text{元})$$

（2）复利。

$$FV=100\times(1+10\%)^{5}=161.05(\text{元})$$

（3）两者相差11.05元。

【例6】 1626年，荷属美洲新尼德兰省总督彼得·米纽伊特（Peter Minuit）从印第安人手中买下了曼哈顿岛，出价是24美元。假设印第安人把这笔钱投资于年收益6%的某项投资，到2026年它的终值是多少？

（1）复利。

$$FV=24\times(1+6\%)^{(2\,026-1\,626)}=318\,095\,369\,845(\text{美元})$$

（2）单利。

$$FV=24\times[1+6\%\times(2\,026-1\,626)]=600(\text{美元})$$

三、现金流贴现与净现值

（一）现金流的含义

现金流是现代理财学中的一个重要概念，投资项目、企业和有价证券都存在现金流。所谓现金流，就是在不同时点上流入或流出相关投资项目（企业或有价证券）的一系列现金。从财务投资者的角度看，买入某个证券就等于买进了未来一系列现金流，证券估值也就等价于现金流估值。

（二）现金流的时间轴

我们通常用时间轴来描述有价证券的现金流。例如，某公司按面值（100元）平价发行5年期公司债券，年息10%，每年付息一次，到期还本。对于购买该债券的投资者而言，其现金流时间轴如图 2－2 所示。

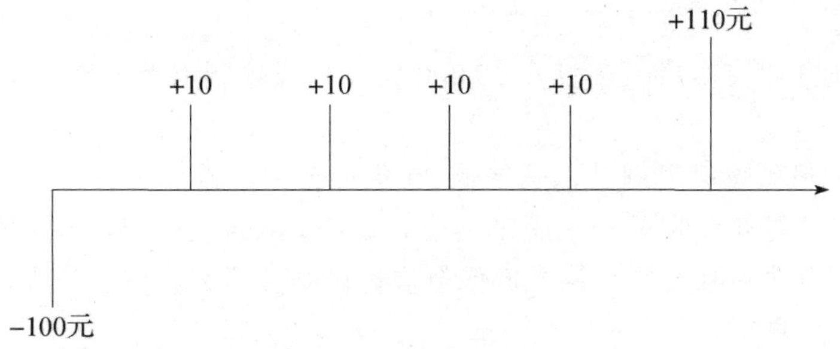

图 2－2　现金流时间轴

在图 2－2 中，我们把投资者支出用于购买债券的 100 元画在时间轴的下方，用负号表示，即为初始现金流出。随后 4 年每年收到利息 10 元和第 5 年本息 110 元是因持有债券带来的现金流入，画在时间轴上方，用正号表示。

（三）现金流的贴现

简单地看，投资者今天用 100 元的现金换回了未来 5 年总计 150 元的现金。可是，在了解货币时间价值之后，我们已经知道，不能把未来 5 年的现金流简单相加进行比较。正确的做法是，根据一定的贴现率把所有未来现金流入的现值加在一起与今天的现金流出进行比较，然后得出结论。

如果年贴现率为 20％，每年保持不变，则未来现金流入的现值为：

$$\frac{10}{1+20\%}+\frac{10}{(1+20\%)^2}+\frac{10}{(1+20\%)^3}+\frac{10}{(1+20\%)^4}+\frac{110}{(1+20\%)^5}=70.09(\text{元})$$

如果年贴现率为 10％，每年保持不变，则未来现金流入的现值为：

$$\frac{10}{1+10\%}+\frac{10}{(1+10\%)^2}+\frac{10}{(1+10\%)^3}+\frac{10}{(1+10\%)^4}+\frac{110}{(1+10\%)^5}=100(\text{元})$$

如果年贴现率为 5％，每年保持不变，则未来现金流入的现值为：

$$\frac{10}{1+5\%}+\frac{10}{(1+5\%)^2}+\frac{10}{(1+5\%)^3}+\frac{10}{(1+5\%)^4}+\frac{110}{(1+5\%)^5}=121.65(\text{元})$$

换言之，如果贴现率为 20％，则投资者相当于花 100 元现金购买 5 年期债券换来 70.09 元现值，从现值角度看，亏了 29.91 元；若贴现率为 10％，则现金流入与现金流出的现值正好相等；若贴现率为 5％，则相当于赚了 21.65 元的现值。

（四）现金流净现值的计算与意义

我们也可以把现金流入的现值（正数）和现金流出的现值（负数）加在一起，得到该投资项目的净现值。在上例中，不同的贴现率条件下，购买该债券所获得的净现值分别为－29.91 元、0 元和 21.61 元。

公平交易要求投资者现金流出的现值正好等于现金流入的现值，或者说，该投资行为所产生的现金流的净现值等于 0。

同步检测

一、计算题

1. 胡雪岩于某年在阜康钱庄投资 10 000 元，投资报酬率为 5%，计算 10 年后投资价值为多少？

2. 帮助刘老根做理财规划时，确定他 20 年后退休，需要准备退休金 100 万元。你经过分析确定，以刘老根的风险承受度而言，一个期望收益率为 10%的投资组合比较适合他的需要，你准备为他建立一个退休金信托账户。那么，你应该告诉他现在应拿出多少资金投进该账户？

二、案例分析

玫瑰花债务案

1984 年，法国与卢森堡两国之间发生了一件轰动全球的债务案。让人意想不到的是，这起纠纷竟然是由一束玫瑰花引起的。1797 年，拿破仑偕夫人访问卢森堡，在参观卢森堡一所小学时，向女校长赠送了一束玫瑰花，价值 3 个金路易，他还在致辞中说："只要法国存在一天，每年的今天我都将派人送上一束玫瑰花，作为法卢友谊的象征。"可是拿破仑后来并没有兑现这个诺言，然而卢森堡政府没忘。时隔 187 年后的 1984 年，卢森堡政府要求法国政府赔款。法国政府的官员们哭笑不得，想不到卢森堡把一束玫瑰花当真起来。赔款的数目怎么算呢？卢森堡政府提出，自 1798 年起，按每年 3 个金路易、加上 0.5%的利息，并以复利计算。法国政府官员开始很不以为然，以为不过是区区小数，可是当电子计算机将结果打印出来时，官员们全都傻眼了，这项赔款竟高达 138 万法郎，于是一件国际债务案由此产生了。

同学们，你们知道这项巨额债务是如何计算出来的吗？

任务三 证券估值方法

一、证券估值的含义

证券估值是投资者运用分析方法对证券内在价值的评价与估计。从投资的角度看，证券交易的过程实际就是用货币交换价值的过程。证券估值是证券交易的前提和基础。

二、证券估值的方法

证券估值一直是证券投资分析中的核心问题。证券分析师在分析证券的过程中采用不同的价值哲学、估值技术，因而产生了各种不同估值方法。其主要分为以下几类：绝对估值法、相对估值法、资产价值法和其他估值方法。

（一）绝对估值法

绝对估值法认为证券作为一种金融产品，其价值与一般消费品的价值不同。一般消费品的价值是由成本决定的，所以一般采用成本定价法；人们购买金融商品是为了获得预期的收益，所以金融商品的内在价值是由预期收益决定的，具体来说，预期收益就是未来的现金流，那么，金融商品的内在价值就是现金流的现值，也就是收入资本化。由于选取现金流的角度不同，现金流贴现的方法也有所不同，贴现现金流估值法基本框架如表 2－3 所示。

表 2－3 贴现现金流估值法基本框架

模　型	指　标	贴现率
红利贴现模型	预期红利	必要回报率
企业自由现金流贴现模型	企业自由现金流	加权平均资本成本
股东现金流贴现模型	股东自由现金流	必要回报率
经济利润估值模型	经济利润	加权平均资本成本

（二）相对估值法

著名科学家爱因斯坦告诉我们，任何事物都是相对的。这可能是相对估值法的哲学基础。对某个证券不能孤立地进行估值，而是参考可比证券的价格，相对地确定待估证券价值。相对估值法实际上就是以比率为基础，以倍数为表现形式的分析方法。这种方法一般包括以下步骤：

（1）求出证券的市场价格与某个财务指标之间存在的倍数关系。

（2）把这个倍数关系与某个标杆进行比较。

（3）判断这个倍数关系与标杆有多大差距。

（4）相对于标杆来说，判断这只股票的价值。

市盈率、市净率、经济增加值与利息折旧摊销前收入、市值回报增长比、市售率等均属于相对估值法常用指标，具体如表 2－4 所示。

表 2－4 相对估值法常用指标

指　标	指标简称	适　用	不适用
市盈率	P/E	周期性较弱的企业，一般制造业、服务业	亏损公司、周期性公司
市净率	P/B	周期性公司，重组型公司	重置成本变动较大的公司、固定资产较少的服务行业
经济增加值与利息折旧摊销前收入比	EV/EBIDA	资本密集、准垄断或具有巨额商誉的收购型公司	固定资产更新变化较快的公司
市值回报增长比	PEG	IT 等成长性行业	成熟行业
市售率	P/S	销售收入和利润率较稳定的公司	销售收入不稳定的公司

（三）资产价值法

根据企业资产负债表的编制原理，企业的资产价值、负债价值与所有者权益价值三者之间存在下列关系：

所有者权益价值＝资产价值－负债价值

因此，如果可以评估出三个因素中的两个，则剩下的一个也就可以计算出来了。常用的具体方法包括重置成本法和清算价值法，分别适用于可以持续经营的企业和停止经营的企业。

（四）其他估值方法

在金融工程领域，常见的估值方法还包括无套利定价法和风险中性定价法，它们在衍生产品估值中得到广泛应用。

1. 无套利定价法

如果市场是有效率的市场，市场价格必然因套利行为而作出相应的调整，重新回到均衡的状态。这就是无套利的定价原则。

根据这个原则，在有效的金融市场上，任何一项金融资产的定价，应当使得利用该项金融资产进行套利的机会不复存在。

2. 风险中性定价法

风险中性定价法的核心在于构造了一个风险中性世界，即不管个体投资者各自的风险偏好水平和期望回报率的差异如何，统一以风险中性偏好和无风险利率来代替，进而进行金融资产定价。在无套利的前提下，定价是唯一的，风险中性世界中定出的价格也是现实世界中的价格，所以可以在风险中性世界中对现实世界里的衍生证券进行定价。

同步检测（判断题）

1. 证券的估值就是对证券价格的估计。（ ）
2. 证券估值就是通过各种方法判断证券的价值。（ ）
3. 绝对估值法实际上就是收入资本化。（ ）
4. 相对估值法就是通过把证券的价格和它的参照物相比较来判断证券的价格是否合理。（ ）

任务四
债券估值分析

一、分析债券价值

（一）影响债券价值的因素

1. 影响债券价值的内部因素

内部因素是指与债券本身相关的因素。债券自身有六个方面的基本特性影响着其定价。

（1）期限。

一般来说，在其他条件不变的情况下，债券的期限越长，其市场变动的可能性就越大，其价格的易变性也就越大，投资价值就越低。

（2）票面利率。

债券的票面利率越低，债券价格的易变性也就越大。在市场利率提高的时候，票面利率较低的债券价格下降较快。但是，当市场利率下降时，其增值潜力也较大。

（3）债券的嵌入式期权条款。

通常情况下，债券条款中可能包含发行人提前赎回权、债券持有人提前返售权、转股权、转股修正权、偿债基金条款等嵌入式期权条款。这些条款极大地影响了债券的未来现金流模式。一般来说，凡是有利于发行人的条款都会相应降低债券价值；反之，有利于持有人的条款则会提高债券价值。

知识链接

债券的提前赎回条款与债券的偿债基金条款

债券的提前赎回条款赋予债券发行人一项选择权，它允许发行人在债券发行一段特定时间后，依据事先约定的赎回价格，在债券到期前对部分或全部债务进行偿还。这一条款在财务层面给发行人带来显著优势，发行人能够以较低利率发行新债券，用以替换那些利率较高且已被赎回的旧债券，进而有效降低融资成本。不过，对于投资者来说，提前赎回限制了他们的再投资机会，并且极有可能致使再投资的利率处于较低水平，所以承担这种风险需要获得相应的补偿。由此可见，那些具有较高提前赎回可能性的债券，应当提供更高的票面利率和到期收益率，其内在价值也就相应更低。

偿债基金条款要求债券发行人定期提取一定金额的资金作为确保债务偿还的基金。一般而言，该基金的存在能够有效降低债券的偿还风险，为投资者提供了更多的保障，也使得债券在市场上更具吸引力。

（4）债券的税收待遇。

投资者拿到的实际上是税后现金流，因此，在同等条件下，可免税债券（如政府债券）与可比的应纳税债券（如公司债券、资产证券化债券等）相比，价值要高一些。

知识链接

债券的税收待遇

在不同的国家，由于施行的法律不同，因此不仅不同种类的债券可能享受不同的税收待遇，而且同种债券在不同的国家也可能享受不同的税收待遇。债券的税收待遇的关键，在于债券的利息收入是否需要纳税。由于利息收入纳税与否直接影响着投资的实际收益率，因此，税收待遇成为影响债券价值的一个重要因素。

（5）债券的流动性。

债券的流动性是指债券可以迅速出售变现的性质。如果某种债券按市价卖出很困难，持有者会因该债券的流动性差而遭受损失，这种损失包括较高的交易成本以及资本损失，这种风险也必须在债券的定价中得到补偿。流动性好的债券与流动性差的债券相比，具有较高的内在价值。

（6）债券的信用等级。

债券的信用等级是指债券发行人按期履行合约规定的义务、足额支付利息和本金的可靠性程度，又称信用风险或违约风险。一般来说，除政府债券以外，一般债券都有信用风险，只不过风险大小有所不同而已。信用越低的债券，投资者要求的到期收益率就越高，债券的内在价值也就越低。

2. 影响债券价值的外部因素

（1）基础利率。

基础利率是债券定价过程中必须考虑的一个重要因素，在证券的投资价值分析中，基础利率一般是指无风险债券利率。政府债券可以看作现实中的无风险债券，它风险最小，收益率也最低。一般来说，银行利率应用广泛，债券的收益率也可参照银行存款利率来确定。

知识链接

真实无风险利率

真实无风险利率（RRFR）是指无通货膨胀、无风险时的均衡利率，即货币的时间价值反映了投资者延期消费要求的补偿，也可理解为在投资期间通胀率为零的有支付保障的债券（称为无风险债券）利率。影响真实无风险利率的客观因素是经济中存在的投资机会，这种投资机会取决于经济的长期真实增长率。经济的快速增长使资本有更多和更好的投资机会，并使投资产生正的收益率。通常情况下，经济的真实增长率和真实无风险利率之间存在着一种正向关系。

（2）市场利率。

市场利率是投资债券的机会成本。在市场总体利率水平上升时，债券的收益率水平也应上升，从而使债券的内在价值降低；反之，在市场总体利率水平下降时，债券的收益率水平也应下降，从而使债券的内在价值增加。

（3）其他因素。

影响债券价值的外部因素还有通货膨胀水平以及外汇汇率风险等。通货膨胀的存在可能会使投资者从债券投资中实现的收益不足以抵补由于通货膨胀而造成的购买力损失。当投资者投资于某种外币债券时，汇率的变化会使投资者的未来本币收入受到贬值损失。这些损失的可能性也都必须在债券的定价中得到体现，使债券的到期收益率增加，债券的内在价值降低。

（二）债券估价原理

债券估值的基本原理就是现金流贴现。债券投资者持有债券，会获得利息和本金偿付，然后，把这些现金流入用适当的贴现率进行贴现并求和，就可得到债券的理论价格。

债券的现金流是由债券的上述内在因素决定的。债券的贴现率是投资者对该债券要求的最低回报率，也称必要回报率。其计算公式为：

债券必要回报率＝真实无风险利率＋预期通货膨胀率＋风险溢价

真实无风险利率也就是基础利率，预期通货膨胀率是对未来通货膨胀的估计值，两者加在一起称为名义无风险利率。

风险溢价是指投资者因承担投资风险而获得的补偿。投资债券的主要风险有违约风险（信用风险）、流动性风险、汇率风险等。

（三）债券估值模型

1. 债券估值的总公式

根据现金流贴现的基本原理，不含嵌入式期权的债券理论价格计算公式如下：

$$P=\sum_{t=1}^{T}\frac{C_t}{(1+y_t)^t} \tag{2.7}$$

式中：P——债券的理论价格；

T——债券距到期日时间长短（通常按年计算）；

t——现金流到达的时间；

C——现金流额；

y——贴现率（通常为年利率）。

2. 附息债券的定价公式

（1）附息债券的定义。

附息债券是指在债券券面上附有息票的债券，或是按照债券票面载明的利率及支付方式支付利息的债券。息票上标有利息额、支付利息的期限和债券号码等内容。持有人可从债券上剪下息票，并据此领取利息。现在债券一般采用电子化形式。附息债券是指一般会在偿还期内按期付息，如每半年或一年付息一次的债券。

（2）一年付息一次债券的定价公式。

对于普通的按期付息的债券来说，其预期货币收入有两个来源：到期日前定期支付的息票利息和票面额。其必要收益率也可参照可比债券确定。因此，对于一年付息一次的债券来说，若用复利计算，其内在价值决定的公式为：

$$\begin{aligned}P&=\frac{C}{1+r}+\frac{C}{(1+r)^2}+\cdots+\frac{C}{(1+r)^n}+\frac{M}{(1+r)^n}\\&=\sum_{t=1}^{n}\frac{C}{(1+r)^t}+\frac{M}{(1+r)^n}\end{aligned} \tag{2.8}$$

如果按单利贴现，其内在价值决定的公式为：

$$P=\sum_{t=1}^{n}\frac{C}{1+rt}+\frac{M}{1+nr} \tag{2.9}$$

式中：P——债券的内在价值（理论价格）；

C——每年支付的利息；

M——票面价值；

n——所余年数；

r——必要收益率；

t——第 t 次计息。

想一想：如果债券的期限比较长，能否用数列的知识求债券的内在价值？若能，请写出公式。

【例 7】 某公司欲购买一张面值为 1 000 元、票面利率为 8%、每年付息一次、5 年期的债券。若该公司要求的最低投资收益率为 10%，该债券目前市价为多少时公司才能进行投资？

$$P=\frac{1\,000\times8\%}{(1+10\%)}+\frac{1\,000\times8\%}{(1+10\%)^2}+\frac{1\,000\times8\%}{(1+10\%)^3}+\frac{1\,000\times8\%}{(1+10\%)^4}+\frac{1\,000\times8\%}{(1+10\%)^5}+\frac{1\,000}{(1+10\%)^5}$$
$$=924.18(\text{元})$$

计算结果表明，这种债券的市价必须低于 924.28 元，该投资者才能购买。

(3) 半年付息一次的债券定价公式。

对于半年付息一次的债券来说，由于每年会收到两次利息支付，因此在计算其价格时，要对公式 (2.8) 和公式 (2.9) 进行修改。第一，年利率要被每年利息支付的次数除，即由于每半年收到一次利息，年利率要被 2 除。第二，时期数要乘以每年支付利息的次数，例如，到期时，其时期数为年数乘以 2，用公式表示如下：

$$P=\sum_{t=1}^{n}\frac{C}{(1+r)^t}+\frac{M}{(1+r)^n}\quad(\text{按复利贴现})\tag{2.10}$$

$$P=\sum_{t=1}^{n}\frac{C}{1+rt}+\frac{M}{1+nr}\quad(\text{按单利贴现})\tag{2.11}$$

式中：C——半年支付的利息；

n——剩余年数乘以 2；

r——必要收益率；

P——债券的价格。

公式 (2.10) 是用复利计算的半年付息一次的债券价格公式，公式 (2.11) 是用单利计算的半年付息一次的债券价格公式。

3. 零息债券的定价公式

(1) 零息债券的定义。

零息债券是指不计利息，折价发行，到期还本的债券。

(2) 零息债券按复利贴现的定价公式。

$$P=\frac{FV}{(1+y_t)^T}\tag{2.12}$$

式中：FV——零息债券的面值；

P——债券的理论价格；

T——债券距到期日的时间长短（通常按年计算）；

t——现金流到达的时间；

y——贴现率（通常为年利率）。

想一想： 如果零息债券按单利贴现，其公式是什么？

【例 8】 某债券面值为 1 000 元，期限为 5 年，以贴现方式发行，期内不计利息，到期按面值偿还，若老张要求的投资收益率为 10%，其价格为多少时，老张才能购买？

$$P=\frac{1\ 000}{(1+10\%)^5}=621(\text{元})$$

计算结果表明，只有当该债券价格低于 621 元时，老张才能购买。

4. 累息债券定价

（1）累息债券的定义。

累息债券与附息债券相似，这类债券也规定了票面利率，但是债券持有人必须在债券到期时一次性获得本息，债务人在债券存续期间不支付利息。

（2）累息债券的定价公式。

①如果累息债券按单利计息、按单利贴现，其内在价值决定公式为：

$$P=\frac{M(1+i\cdot n)}{(1+r\cdot n)} \tag{2.13}$$

②如果累息债券按单利计息、按复利贴现，其内在价值决定公式为：

$$P=\frac{M(1+i\cdot n)}{(1+r)^n} \tag{2.14}$$

③如果累息债券按复利计息、按复利贴现，其内在价值决定公式为：

$$P=\frac{M(1+i)^n}{(1+r)^n} \tag{2.15}$$

④如果累息债券按复利计息、按单利贴现，其内在价值决定公式为：

$$P=\frac{M(1+i)^n}{(1+r\cdot n)} \tag{2.16}$$

式中：P——债券的内在价值（理论价格）；

i——票面利率；

M——票面价值；

n——所余年数；

r——必要收益率。

一般情况下，累息债券按单利计息、按复利贴现来计算其内在价值。

【例 9】 A 公司欲购买 B 公司发行的利随本清、不计复利的债券。该债券面值为 1 000 元，5 年期，票面利率为 10%，当前市场利率为 8%。若该债券目前发行价格为

1 015 元，A 公司应否购买该债券？

由公式（2.14）可知：

$$P=\frac{1\ 000\times(1+10\%\cdot 5)}{(1+8\%)^5}=1\ 020(\text{元})$$

因为该债券价值为 1 020 元，大于目前买价 1 015 元，所以 A 公司可以投资。

二、债券的收益率指标及利率的风险与期限结构

（一）债券收益率的含义及影响因素

1. 债券收益率的含义

债券收益率是衡量债券投资收益的一个常用指标，是债券收益与其投入本金的比率，通常用年利率表示。债券的投资收益不同于债券利息，债券利息仅指债券票面利率与债券面值的乘积，它只是债券投资收益的一个组成部分。除了债券利息以外，债券的投资收益还包括价差和利息再投资所得的利息收入，其中价差可能为负值。

2. 影响债券收益率的因素

（1）基础利率。

基础利率是投资者所要求的最低利率，一般使用无风险的国债收益率作为基础利率的代表，并应针对不同期限的债券选择相应的基础利率。

（2）风险溢价。

债券收益率与基础利率之间的利差反映了投资者投资于非国债的债券时面临的额外风险，因此也称风险溢价。可能影响风险溢价的因素包括：

①发行人种类。不同的发行人代表了不同的风险与收益率，它们以不同的能力履行合同义务。例如，工业公司、公用事业公司、金融机构、外国公司等不同的发行人发行的债券与基础利率之间存在一定的利差，这种利差有时也称市场板块内利差。

②发行人的信用度。债券发行人自身的违约风险是影响债券收益率的重要因素。债券发行人的信用程度越低，投资人所要求的收益率就越高；反之则较低。

③提前赎回等其他条款。如果债券发行条款包括了提前赎回等对债券发行人有利的条款，则投资者将要求相对于同类国债来说较高的利差；反之，如果条款对债券投资者有利，则投资者可能要求较小的利差。

④税收负担。债券投资者的税收状况也会影响其税后收益率。

⑤债券的预期流动性。债券有不同程度的流动性，其流动性越大，投资者要求的收益率越低；反之，则要求的收益率越高。

⑥到期期限。由于流动性偏好，一般来说，债券期限越长，收益率越高。当然也有例外的情况，即收益率倒挂，一般出现在经济下行期。此外，可赎回和可转换条款的存在会降低债券的有效期限，因此对收益率也存在影响。

（二）债券收益率指标

由于投资目的不同，债券的收益率计算方式繁多，以下介绍主要的债券收益率指标。

1. 票面收益率

债券票面收益率又称名义收益率，是债券票面上的固定利率，即年利息收入与债券面额的比率。如一张面值 10 000 元的债券，票面上标有年利息率 10%的字样，这 10%就是该债券的票面收益率。有的债券票面上未写明利息率字样，但附有息票，息票上载明每期支付的利息，用利息除以本金，就可以得到利息率，即票面收益率。

2. 当期收益率

在投资学中，当期收益率被定义为债券的年利息收入与买入债券的实际价格比率。该指标反映每单位投资能够获得的债券年利息收益，不反映每单位投资的资本收益。公式为：

$$Y=\frac{C}{P}\times 100\% \tag{2.17}$$

式中：Y——当期收益率；

C——债券的年利息收入；

P——买入债券的实际价格。

这个指标的缺点是：

(1) 零息债券无法计算当期收益。

(2) 不同期限附息债券之间，不能仅仅根据当期收益率高低来评定其优劣。

3. 到期收益率

债券到期收益率是指买入债券后持有至期满得到的收益，包括利息收入和资本损益与买入债券的实际价格之比率。这个收益率是指按复利计算的收益率，它是能使未来现金流入现值等于债券买入价格的贴现率。它相当于投资者按照当前市场价格购买并且一直持有到满期时可以获得的年平均收益率。

对于一年付息一次的债券来说，计算内部到期收益率时要用到下列公式：

$$P=\frac{C}{1+Y}+\frac{C}{(1+Y)^2}+\cdots+\frac{C}{(1+Y)^n}+\frac{M}{(1+Y)^n} \tag{2.18}$$

式中：P——债券的市场价格；

C——每年支付的利息；

M——票面价值；

n——所余年数；

Y——必要收益率。

已知 P、C、M 和 n 的值，代入上式，在计算机上用试错法便可算出 Y 的数值。

【例 10】 票面金额为 1 000 元的两年期债券，第一年支付 60 元利息，第二年支付 50 元利息，现在的市场价格为 950 元，该债券的到期收益率为多少？

$$950=\frac{60}{(1+Y)}+\frac{50}{(1+Y)^2}+\frac{1\,000}{(1+Y)^2}$$

用试错法可求得：

$$Y=8.337\%$$

4. 持有期收益率

在投资学中，持有期收益率被定义为从买入债券到卖出债券期间所获得的年平均收益（包括当期发生的利息收益和资本利得）与买入债券实际价格的比率。它与到期收益率的区别仅仅在于末笔现金流是卖出价格而不是债券到期偿还金额。其计算公式为：

$$Y=\frac{C+(P_1-P_0)/N}{P_0}\times 100\% \tag{2.19}$$

式中：Y——持有期收益率；

C——每年利息收益；

P_1——债券卖出价格；

P_0——债券买入价格；

N——持有期限。

【例 11】 假定某投资者以 1 000 元的价格购买了年利息收入为 80 元的债券，持有两年后以 1 060 元的价格卖出，那么该投资者的持有期收益率为：

$$Y=\frac{80+(1\,060-1\,000)\div 2}{1\,000}\times 100\%=11\%$$

5. 赎回收益率

赎回收益率是针对可赎回债券而言的。可赎回债券都附加可赎回条款，允许发行者在到期日之前以特定的价格赎回债券，这一价格称为赎回价格。通常在预期市场利率下降时，发行人会发行可赎回债券，以便未来用低利率成本发行的债券替代成本较高的已发行债券。

赎回收益率是使预期现金流量的现值等于债券价格的利率，通常以首次赎回收益率为代表。首次赎回收益率是累计到首次赎回日止，利息支付额与指定的赎回价格加总的现金流量的现值等于债券赎回价格的利率。

从计算方法来说，赎回收益率与到期收益率基本上相同，但是有两个方面需要调整：一是在计算赎回收益率时，期限不是按债券的到期日而是按预期赎回日进行计算；二是最后一笔现金流不再是债券的本金或面值，而是债券的赎回价格。

赎回收益率可通过下面的公式用试错法获得：

$$P=\sum_{t=1}^{n}\frac{C}{(1+Y)^t}+\frac{M}{(1+Y)^n} \tag{2.20}$$

式中：Y——赎回收益率；

P——债券发行价格；

C——每年利息收益；

n——直到第一个赎回日的年数；

t——第 t 次计息；

M——赎回价格。

【例 12】 某债券的票面价值为 1 000 元，息票利率为 5%，期限为 4 年，现以 950 元的发行价向社会公开发行，2 年后债券发行人以 1 050 元的价格赎回，第一赎回日为付息日后的第一交易日，则赎回收益率计算如下：

$$950=\sum_{t=1}^{2}\frac{50}{(1+Y)^{t}}+\frac{1\,050}{(1+Y)^{2}}$$

用试错法计算，该债券的到期收益率为10.26%。

（三）债券利率的风险结构与期限结构

1. 利率的风险结构

利率的风险结构，是指因信用风险的不同，不同借款人所适用的利率水平也存在差异。这一结构反映了市场对借款人违约风险的评估，以及基于此所进行的风险定价。

在实际操作中，信用评级是判定不同债券违约风险程度的常用手段。为了补偿投资者承担的风险，信用评级较低的借款人通常需要支付更高的利率。这意味着，信用风险越高，市场所要求的利率溢价就越大。不同信用等级债券之间的收益率差异，也就是“信用利差”，体现了市场针对不同违约风险所要求的风险溢价。例如，国债通常被视为无风险资产，其利率常被用作基准利率。相比之下，信用风险较高的公司债券，需要在基准利率的基础上增加一定的风险溢价。风险债券（如公司债券）的收益率，可以通过不同期限国债的收益率，加上适当的收益率差来计算。

在经济繁荣阶段，低信用等级债券与无风险债券之间的收益率差往往较小。但是，当经济步入衰退或萧条期，信用利差会迅速扩大，进而导致低信用等级债券的价格大幅下跌。

2. 利率的期限结构

（1）收益率曲线与期限结构。

收益率曲线是在以期限为横轴、以到期收益率为纵轴的坐标平面上，反映一定时点上不同期限债券的收益率与到期期限之间关系的曲线。债券的利率期限结构是指债券的到期收益率与到期期限之间的关系。该结构可通过收益率曲线反映出来，如图2-3所示。

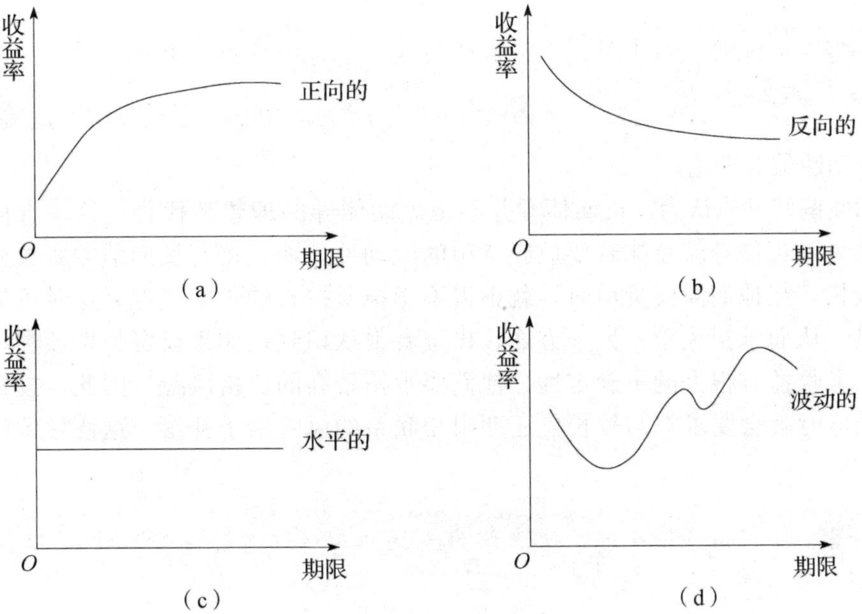

图2-3　债券的利率期限结构

（2）收益率曲线的基本类型。

利率期限结构主要包括四种类型。在图 2-3 中，图（a）显示的是一条向上倾斜的利率曲线，表示期限越长的债券，其利率越高，这种曲线形状被称为正向的利率曲线。图（b）显示的是一条向下倾斜的利率曲线，表示期限越长的债券，其利率越低，这种曲线形状被称为反向的利率曲线。图（c）显示的是一条平直的利率曲线，此时长短期债券的收益率基本相等，表示债券到期收益率保持不变，并不随到期期限的变化而变化。图（d）显示的是波动的利率曲线，债券收益率没有明显的规律，不同期限的债券收益率呈现波动状态。从历史资料看，在经济周期的不同阶段都可以看到这四种类型的利率曲线。

（3）利率期限结构的理论。

对于利率期限结构，不同的理论有不同的说法。

①市场预期理论。

市场预期理论又称无偏预期理论。该理论认为，如果债券市场是完全竞争的，而且是均衡的，即在特定时期内，市场所有的债券都取得相同的即期利率，在长期债券和短期债券可以相互替代的情况下，利率期限结构完全取决于对未来即期利率的市场预期。

如果人们预期利率会上升，长期利率就会高于短期利率，则利率期限结构呈上升趋势，例如，当经济从衰退走向复苏与繁荣时，人们预期未来即期利率上升，则利率期限结构呈上升趋势；如果人们预期未来即期利率下降，则利率期限结构呈下降趋势，例如，在经济衰退初期，人们预期未来利率会下降，则长期利率水平会比较低；如果人们预期未来即期利率和现在相比不会发生大的变化，利率期限结构将保持不变，例如，当经济周期从高涨、繁荣即将过渡到衰退时，人们预期利率保持不变，那么长期利率和短期利率相等。

想一想：小王借钱给小李，根据市场预期理论，如果小王觉得以后利率要上升，那么小王该怎么办？

②流动性偏好理论。

流动性偏好理论认为，长期债券并不是短期债券的理想替代物。这一方面是由于投资者认为购买债券就意味着要放弃货币的流动性，而且持有长期债券所放弃流动性的时间较长，当他们需要货币时，就不得不卖掉所持有的长期债券，这时可能无法卖个好价格，从而承担风险；另一方面，投资者也认识到，如果投资长期债券，基于长期债券未来收益有很大的不确定性，他们要承担较高的价格风险。因此，投资者在接受长期债券时就会要求对与较长偿还期限相联系的风险给予补偿，这便导致流动性溢价的存在。

想一想：小王借钱给小李，小王认为借钱的期限越长，他得到的收益就应该越高，你认为小王的看法正确吗？

流动性溢价便是远期利率和未来的预期即期利率之间的差额。债券的期限越长，流动性溢价越大，体现了期限长的债券拥有较高的价格风险。因此，在流动性偏好理论中，远期利率不再只是对未来即期利率的无偏估计，它还包含了流动性溢价。因此，利率曲线的形状是由未来利率的预期和延长偿还期所必需的流动性溢价共同决定的。流动性偏好下的期限结构如图 2－4 所示。

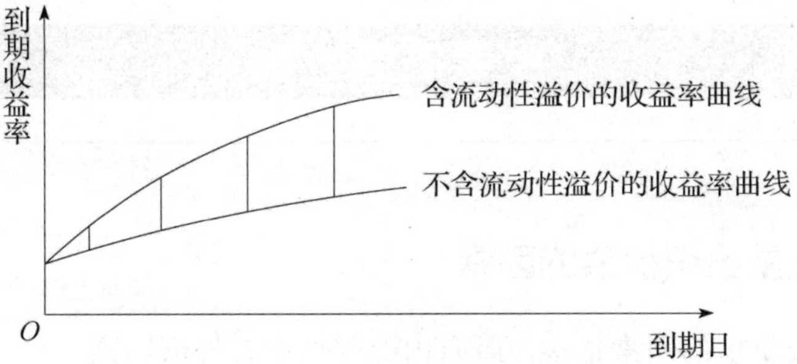

图 2－4　流动性偏好下的期限结构

③市场分割理论。

该理论认为，长期债券与短期债券是在不同的相互分割的市场上进行交易的，它们各自达到平衡。市场分割理论认为预期理论的假设条件在现实中是不成立的，因此也不存在预期形成的收益曲线；事实上，整个金融市场是被不同期限的债券所分割开来的，而且不同期限的债券之间完全不能替代。

该理论认为，在贷款或融资活动进行时，贷款者和借款者并不能自由地在利率预期的基础上将证券从一个偿还期部分替换为另一个偿还期部分。当长期债券供给曲线与需求曲线的交点的利率高于短期债券供给曲线与需求曲线的交点时，债券的收益率曲线向上倾斜；相反，当长期债券供给曲线与需求曲线的交点的利率低于短期债券供给曲线与需求曲线的交点时，债券的收益率曲线向下倾斜。

总而言之，从上述三种理论来看，期限结构的形成主要是由对未来利率变化方向的预期决定的，流动性溢价可起到一定作用。有时，市场的不完善和资本流向市场的形式也可能起到一定的作用。在现实中，期限结构的每日变动似乎与市场分割理论一致，而长期的变动则更符合市场预期理论和流动性偏好理论。

同步检测

一、计算题

1. 有一张债券的票面价值为 100 元，票面利率为 10%，期限为 5 年，到期一次还本付息，如果目前市场上的必要收益率是 8%，试分别按单利和复利计算这张债券的价格。

2. 有一张债券的票面价值为 100 元，每半年支付利息 5 元，期限为 2 年，如果目前市场上的必要收益率是 10%，请分别用单利和复利方法计算其价格。

二、判断题

1. 债券的风险越大，所要求的收益率就越高。　（　　）

2. 债券的到期收益率更能准确反映投资债券的收益情况。　（　　）

3. 一般来说，债券的期限越长，所要求的收益率就越高。 （ ）

4. 解释利率期限结构的理论有市场预期理论、流动性偏好理论和市场分割理论。（ ）

任务五 股票估值分析

一、影响股票投资价值的因素

影响股票投资价值的因素很多，既有内部因素也有外部因素。

（一）影响股票投资价值的内部因素

一般来说，买股票其实就是选择投资发行股票的公司，股票的投资价值，实际上就是发行股票的公司的投资价值。其主要影响因素包括公司的净资产、盈利水平、股利政策，以及股份分割、增资与减资、资产重组等。

1. 公司净资产

公司净资产代表公司本身拥有的财产，也是股东们在公司中的权益。因此，公司净资产又称股东权益。在会计核算上，相当于资产负债表中的总资产减去全部债务后的余额。净资产由两部分组成：一部分是公司开办当初投入的成本，包括溢价部分；另一部分是公司在经营过程中创造的，也包括接受捐赠的资产。公司净资产除以发行总股数，即得到每股净资产。

公司净资产是决定股票投资价值的重要基准。从理论上讲，公司净资产应与股价保持一定比例，即公司净资产增加，股价上涨；公司净资产减少，股价下跌。

2. 公司的盈利水平

公司的盈利水平体现了公司业绩的好坏，特别是上市公司未来的盈利能力是决定上市公司股票内在价值的最基本因素。盈利水平最重要的指标是净资产收益率。毛利率、营业费用、营业利润率、销售净利率、总资产收益率也是考虑盈利水平的指标。

知识链接

各种盈利水平指标

（1）净资产收益率：公司税后利润除以净资产得到的比率，用以衡量公司运用自有资本的效率。

（2）毛利率：毛利是指商业企业商品销售收入减去商品原进价后的余额。毛利是净利的对称，又称商品进销差价。因其尚未减去商品流通费和税金，还不是净利，故称毛利。毛利率＝毛利/销售收入×100%，毛利率可以在一定程度上帮助我们区分固定成本与可变成本。

(3) 营业利润＝营业收入－营业成本－税金及附加－销售费用－管理费用－财务费用－资产减值损失＋公允价值变动收益＋投资收益。

(4) 营业利润率：营业利润率＝营业利润/销售收入×100%。

营业利润率用来衡量包括管理和销售活动在内的整个经营活动所形成的获利能力有多大。

(5) 销售净利率：销售净利率是指净利与销售收入的百分比，即净利除以销售收入，净利是指税后利润。销售净利率指标反映每一元销售收入带来的净利润的多少，表示销售收入的收益水平。

(6) 总资产收益率：总资产收益率的高低直接反映了公司的竞争实力和发展能力，也是决定公司是否应举债经营的重要依据，它与净资产收益率一起分析，可以根据两者的差距来说明公司经营的风险程度。总资产收益率＝净利润÷平均资产总额×100%。

一般情况下，如果预期上市公司盈利增加，那么公司可分配给股东的股利就会相应增加，股票的投资价值就会增加，股票的市场价格就会上涨；反之，如果预期上市公司盈利减少或者公司盈利状况堪忧，那么公司可分配的股利就会相应减少，股票的投资价值就会打折扣，股票的市场价格就会下降。

但要注意，股票的投资价值与公司的盈利水平正相关，是同时发生的，但是，股票市场价格的涨跌和公司盈利的变化并不完全同时发生，股票的市场价格最终是要反映其盈利水平的。

3. 公司的股利政策

(1) 股利的含义。

股利是指股份公司按发行的股份分配给股东的利润。股息、红利合称股利。股份公司通常在年终结算后，将盈利的一部分作为股息按股额分配给股东。股息是指公司根据股东出资比例或持有的股份，按照事先确定的固定比例向股东分配的公司盈余；红利是指公司除股息之外根据公司盈利的多少向股东分配的公司盈余。显然，股息率是固定的，而红利率是不固定的，由股东会根据股息以外盈利的多少而作出决议。

想一想：送股、转股、配股有何区别？股票股息与现金股息有何区别？

(2) 股利政策的含义。

股利政策是指公司股东大会或董事会对一切与股利有关的事项所采取的较具原则性的做法。股利政策的内容主要包括五个方面：一是股利支付率的高低政策，即确定每股实际分配盈余与可分配盈余的比率的高低；二是股利支付具体形式的选择，即确定合适的分红形式：现金股利、股票股利，还是通过回购股东的股票发放现金给股东；三是股利支付率增长政策，即确定公司未来股利的增长速度，它将制约某一时期股利支付率的高低；四是选择什么样的股利发放政策，是采取稳定增长股利政策，还是剩余股利政策，抑或是固定股利政策；五是股利发放程序的策划，如发放频率、股利宣告日、登记日、除息日和发放日的确定等。

（3）股利政策对股票投资价值的影响。

公司的股利政策直接影响股票的投资价值。在一般情况下，股票价格与股利水平成正比。股利来自公司的税后利润，但公司盈利的增加只为股利分配提供了可能，并非盈利增加股利一定增加。股利政策体现了公司的经营作风和发展潜力。公司对股利的分配方式也会给股价带来影响。每年的年中与年末的“高送转”题材的炒作体现股利政策对股票价格与价值的影响。

知识链接

“高送转”是什么？

“高送转”一般是指大比例送红股或大比例以资本公积金转增股本，比如每10股送6股，或每10股转增8股，或每10股送5股转增5股。“高送转”的实质是股东权益的内部结构调整，对净资产收益率没有影响，对公司的盈利能力也并没有任何实质性影响。“高送转”后，公司股本总数虽然扩大了，但公司的股东权益并不会因此而增加。在净利润不变的情况下，由于股本扩大，资本公积金转增股本与送红股将摊薄每股收益。

在公司“高送转”方案的实施日，公司股价将做除权处理，也就是说，尽管“高送转”方案使得投资者手中的股票数量增加了，但股价也将进行相应的调整，投资者持股比例不变，持有股票的总价值也未发生变化。

由于投资者通常认为“高送转”向市场传递了公司未来业绩将保持高增长的积极信号，同时目前市场对“高送转”题材的追捧，也能对股价起到推波助澜的作用，投资者有望通过填权行情，从二级市场的股票增值中获利，因此，大多数投资者都将“高送转”看作重大利好消息，“高送转”也成为半年度报告和年度报告出台前的炒作题材。在董事会公告“高送转”预案前后，几乎每家公司的股价都出现了大幅上扬。

值得关注的是，有的公司在公布“高送转”预案后，公司股价表现不一，甚至大相径庭。有的在预案公告日开盘几分钟后即涨停，但有的在预案公告日几乎跌停，还有的在预案公告后数日内连续大跌。究其原因，“高送转”公司股价走势与大盘波动、公司经营业绩、股价前期走势、预案是否提前泄露等多种因素有关，因此，炒作“高送转”的风险不可小觑。

4. 股份分割

（1）股份分割的含义。

股票分割又称股票拆细，即将一张较大面值的股票拆成几张较小面值的股票。

例如，陈某拥有1 000股波音公司（BA）的股票，当公司宣布2∶1股票分割后，陈某原有的1 000股股票便会变为2 000股。如果1股股票原先价格是40美元，那么分割后的价格便为20美元。在股票未分割前它的价值是40 000美元，分割后它的总价值还是40 000美元。

（2）股票分割的作用。

总的来说，股票分割对公司的资本结构不会产生任何影响，一般只会使发行在外的股票总数增加，资产负债表中股东权益各账户（股本、资本公积、留存收益）的余额都保持不变，股东权益的总额也保持不变。股票分割给投资者带来的不是现实的利益，但是投资者持有的股票数增加了，给投资者带来了今后可多分股息和更高收益的希望，因此股票分割往往比增加股息派发对股价上涨的刺激作用更大。

股票分割的作用：第一，股票分割会使公司股票每股市价降低，买卖该股票所必需的资金量减少，易于增加该股票在投资者之间的换手，并且可以使更多的资金实力有限的潜在股东变成持股股东。因此，股票分割可以促进股票的流通和交易。第二，股票分割可以向投资者传递公司发展前景良好的信息，有助于提高投资者对公司的信心。第三，股票分割可以为公司发行新股做准备。公司股票价格太高，会使许多潜在的投资者力不从心而不敢轻易对公司的股票进行投资。在新股发行之前，利用股票分割降低股票价格，可以促进新股的发行。

5. 增资与减资

（1）增资与减资的含义。

公司增资是指公司成立以后通过股权融资增加公司资本的行为。公司增资主要分为融资型增资和结构型增资。

公司融资型增资是指公司通过接受认购者交纳股份金额的方式进行的公司增资行为，其目的是募集资金，如发行新股。

公司结构型增资是指通过调整公司资产结构的方式来增加公司资本的行为，如公积金转增股本、可转换债券转为股份。公司增资主要有发行新股和增加每股面值两种途径。

公司减资，可以按公司现实中资产减少情况分为实质减资和形式减资两类。

实质减资是指公司在减少资本的同时会将部分比例资产返还给股东而进行的减资。形式减资又称名义上减资、计算上减资，是指公司业绩不佳、严重亏损等原因使得实际资本与注册资本在数额上相差太大，为使两者达到平衡而减少公司的账面资本额，但是不返还资产给股东的减资行为。公司减资主要有以下途径：股份回收、减少每一股的面值、合并股份、对股东已经缴纳的资本进行相应退还、对未付的股份款项进行免除。

（2）增资和减资对股票价格的影响。

公司因业务发展需要增加资本额而发行新股，在没有产生相应效益前将使每股净资产下降，因而会促使股价下跌。但对那些业绩优良、财务结构健全、具有发展潜力的公司而言，增资意味着将增加公司经营实力，会给股东带来更多回报，股价不仅不会下跌，可能还会上涨。

公司宣布减资，多半是因为经营不善、亏损严重、需要重新整顿，所以股价会大幅下降。

6. 资产重组

（1）资产重组的含义。

资产重组是指企业改组为上市公司时将原企业的资产和负债进行合理划分和结构调

整，经过合并、分立等方式，将企业资产和组织重新组合和设置。狭义的资产重组仅仅指对企业的资产、负债的划分和重组，广义的资产重组还包括企业机构和人员的设置与重组、业务机构和管理体制的调整。目前所指的资产重组一般都是指广义的资产重组。

资产重组可以采取多种途径和方式。在西方市场经济发达国家，资产剥离和购并是资产重组的两种基本形式。资产剥离是指将那些从公司长远战略来看处于外围和辅助地位的经营项目进行出售。购并主要涉及新经营项目的购入，其目的是增强公司的核心业务和主营项目。企业资产重组过程往往伴随着资产剥离和收购兼并活动，具体到我国来说，往往伴随着国有企业改革的深化。资产重组方式多种多样，归纳起来有公司制改组、承包、租赁、企业兼并收购、托管、外资嫁接改造、破产重组等。其中公司制改组、企业兼并收购和破产重组是资产重组的三种主要模式。

（2）公司资产重组对股价的影响。

关于公司资产重组对股价的影响，要分析公司资产重组对公司是否有利、重组后是否会改善公司的经营状况，这是决定股价变动方向的决定因素。

综上所述，内部因素对股票投资价值的影响如表 2－5 所示。

表 2－5　内部因素对股票投资价值的影响

内部因素	因素变动	股票投资价值变动
公司净资产	增加	上升
公司盈利水平	增加	上升
公司股利政策	股利高	上升
股份分割	发生拆股或拆细	上升
增资	没有产生效益前	下降
	增加公司经营实力	上升
减资	宣布减资	下降
资产重组	要分析对公司是否有利	根据分析判断变动

（二）影响股票投资价值的外部因素

1. 宏观经济因素

宏观经济走向和相关政策是影响股票投资价值的重要因素。宏观经济走向包括经济周期、通货变动以及国际经济市场的变化等因素。相关政策主要有：货币政策（法定存款准备金率、再贴现政策、公开市场业务、直接信用控制、间接信用指导等）、财政政策（国家预算、税收、国债、财政补贴、财政管理体制和转移支付制度等）、收入分配政策、对证券市场的监管等。

2. 行业因素

产业的发展状况和趋势对于该产业上市公司的影响是巨大的，因而产业的发展状况和趋势、国家的产业政策和相关行业的发展等都会对该产业上市公司的股票投资价值产生影响。例如，我国七大新兴产业发展重点：节能环保、新一代信息技术、生物、高端装备制造、新能源、新材料和新能源汽车。

行业所处的不同的生命周期对股票的投资价值产生重要影响。如行业生命周期演变如下：煤炭开采、钟表、自行车——衰退期；石油冶炼、超市、电力、汽车制造业——成熟期；大规模计算机、无线通信、生物医药——成长期；海洋工程、遗传工程、太阳能——幼稚期。

3. 市场因素

证券市场上投资者对股票走势的心理预期会对股票价格走势产生重要的影响。市场中的散户投资者往往有从众心理，对股市产生助涨助跌的作用，投资者的心理预期对股价起助涨助跌作用。常见的有羊群效应、一月效应、星期一效应、黑色星期二、小盘股效应等。

二、计算股票的内在价值

（一）股票价值与价值概念的含义

1. 股票面值

（1）股票面值的定义。

股票面值是公司新成立时所设定的法定每股价格，它是名义价格，也是每张股票标明的特定面额。

（2）股票面值的作用。

股票面值的作用主要体现在：第一，计算新公司成立时的资本总额；第二，表明股东持有的股票数量。股票面值的作用十分有限，每股的股利与其没有直接关系，因此有面值股和无面值股。注意：债券的面值非常关键，是决定利息收入和返还本金的依据。股票的面值与购买股票时的市价差距很大，股票的面值与市价没有必然的联系，债券是“笼中鸟”，而股票是“笼外鸟”。

2. 每股账面价值

股票每股账面价值代表公司的股东权益。股东权益是会计意义上的概念，也称净资产，是公司总资产超过总负债的部分，反映了股东在公司中的权益。在会计报表中，每股账面价值通常通过将公司的股东权益总额除以发行在外普通股股数来计算得出。例如，某公司拥有149 500 000元的总资产，其中普通股100 000 000元，资本公积5 000 000元，盈余公积30 000 000元，股东权益合计135 000 000元，若在外发行10 000 000股，则每股账面价值是13.5元。账面价值不能代表该公司股票的真正价值（市场价值），账面价格不一定大于该公司的市场价值，可能低、高或相等（在企业刚刚开业的那一瞬间）。

账面价值只是一种历史公允的价值，它仅仅代表过去的实际价值，而不是今天的公允价值。

3. 清算价值

清算价值是指将公司的资产分别出售，以出售所得的资金偿还负债后的余额。清算价值适合公司解体时对资产负债的估计。公司清算并不一定是由破产引起的，比如成功公司的适时退出，但破产一定要清算。公司在清算前是一个系统，清算时则被分割处理，所以清算价值是公司底价。

4. 重置价值

重置价值是指在当前的市场条件下，重新购置、建造或形成与被评估资产完全相同或具有同等功能的全新资产所需的全部成本。这一概念可以分为两个主要类型：一是复原重置价值，这是指采用与评估对象相同的材料、建筑或制造标准、设计、规格及技术等，以现时价格水平重新购建与评估对象相同的全新资产所发生的费用；二是更新重置价值，这是指采用新型材料、现代建筑或制造标准、新型设计、规格和技术等，以现行价格水平购建与评估对象具有同等功能的全新资产所需的费用。

重置价值是评估资产当前经济价值的核心指标，强调的是在当前市场条件下资产的重新获取成本，这与历史成本或二手设备价值不同，它反映了资产的现行价值。若公司进行资产评估，需将固定资产原值从历史成本调整为重置价值，但需遵循会计准则并关注税务影响。

5. 股票的价格与内在价值

每股价格就是股票在市场上实际的交易价格；股票的内在价值是指未来每股股利的现值。股票是一种没有偿还期的证券，股票转让的本质是领取股利收入这种权利的转让。

想一想： 股票的价格与内在价值一定相等吗？

（二）普通股的估值方法

普通股的估值方法有两种：一是绝对估值法；二是相对估值法。绝对估值法主要是股利估值方法。

1. 股利贴现模型

收入资本化定价方法认为，任何资产的内在价值取决于该资产预期的未来现金流的现值，普通股也不例外，其内在价值也是由其现金流股利决定的。

（1）股利贴现模型公式。

①一般公式。

$$V=\frac{D_1}{1+K}+\frac{D_2}{(1+K)^2}+\frac{D_3}{(1+K)^3}+\cdots+\frac{D_\infty}{(1+K)^\infty}=\sum_{t=1}^{\infty}\frac{D_t}{(1+K)^t} \tag{2.21}$$

式中：V——股票在期初的内在价值；

D_t——时期 t 末以现金表示的每股股息；

K——一定风险程度下现金流合适贴现率（必要收益率），假设所有时期所取得的贴现率都是一样的。

知识链接

威廉姆斯的《投资价值理论》

威廉姆斯（1902—1989年）本科在哈佛主修数学和化学。1923年毕业后转入哈佛商学院读MBA，毕业后他进入证券公司作证券分析师的工作。他认为，要想成为好的证券分析师，首先必须是一位好的经济学家。因此，1932年他又回到哈佛攻读经济学博士学位。熊彼特建议他研究股票的内在价值。他的论文在答辩之前印刷出版，即《投资价值理论》。投资价值分析时应运用数学，他的观点与格雷厄姆的看法很相似，认为投资者应进行基本面分析，根据股票发行公司的业绩及公司未来预期的收益来决定购买什么股票。投资者购买股票是期盼着股价上涨，但更是由于股票会给他带来股息。因为预测股票会带来股息比预测股价会上涨要有把握些。他用了大量篇幅说明估计未来股利的方法。他认为投资者在选择股票时应先对公司未来的股利支付作长期的预测，并对预测的正确性进行检验，据此判断出股票的内在价值，然后与股票的市场价格进行比较，再作出投资的决策。该书在理论界被认为是评价金融资产的权威著作，至今还有巨大的影响。

根据公式（2.21），可以引出净现值的概念。净现值（NPV）等于内在价值（V）与成本（P）之差，即：

$$NPV = V - P = \sum_{t=1}^{\infty} \frac{D_t}{(1+K)_t} - P \qquad (2.22)$$

式中：P——在 $t=0$ 时购买股票的成本。

如果 $NPV>0$，意味着所有预期的现金流入的现值之和大于投资成本，即这种股票价格被低估，因此可以购买这种股票。

如果 $NPV<0$，意味着所有预期的现金流入的现值之和小于投资成本，即这种股票价格被高估，因此可以卖出这种股票。

②内部收益率。

内部收益率就是指使得投资净现值等于零的贴现率。K^* 代表内部收益率，根据其定义可得到下面的公式：

$$NPV = V - P = \sum_{t=1}^{\infty} \frac{D_t}{(1+K^*)_t} - P = 0 \qquad (2.23)$$

由公式（2.23）可以解出内部收益率 K^*。将 K^* 与具有同等风险水平股票的必要收益率 K 相比较：如果 $K^*>K$，则可以考虑购买这种股票；如果 $K^*<K$，则不要购买这种股票。

一般股份公司的股息都不是固定不变的，股息对大多数公司来说都是增长的。一般来说，在时点 t 的股利为：$D_t = D_{(t-1)}(1+g_t)$，股息增长率的公式为：

$$g_t = \frac{D_t - D_{t-1}}{D_{t-1}} \qquad (2.24)$$

例如，假如某公司 $t=1$ 时每股股利是 2 元钱，在 $t=2$ 时每股股利是 2.5 元，那么

$$g_t=\frac{2.5-2}{2}=25\%$$

不同类型的贴现现金流模型反映了不同的股利增长率的假定。

(2) 零增长模型。

①公式。

假定每年支付的股利相同，股利增长率等于零，即 $g=0$。根据这个假定，用 D_0 替换公式（2.21）中 D_t，得出零增长模型公式：

$$V=\sum_{t=1}^{\infty}\frac{D_0}{(1+K)^t}=D_0\sum_{t=1}^{\infty}\frac{1}{(1+K)^t} \tag{2.25}$$

式中：V——股票的内在价值；

D_0——在未来无限期支付的每股股利；

K——必要收益率。

因为 $K>0$，按照数学中无穷级数的性质，可知：

$$\sum_{t=1}^{\infty}\frac{1}{(1+K)^t}=\frac{1}{K}$$

代入公式（2.25）中，得到零增长模型公式

$$V\equiv\frac{D_0}{K} \tag{2.26}$$

式中：V——股票的内在价值；

D_0——在未来无限期支付的每股股利；

K——必要收益率。

②内部收益率。

用股票的现价 P 代替 V，用 K^*（内部收益率）代表 K，代入公式，其结果是：

$$P=\sum_{t=1}^{\infty}\frac{D_0}{(1+K)^t}=D_0\sum_{t=1}^{\infty}\frac{1}{(1+K)^t}\equiv\frac{D_0}{K^*} \tag{2.27}$$

上式可转换为：

$$K^*=\frac{D_0}{P} \tag{2.28}$$

例如：中国联通公司在未来无限期内，每年每股固定支付股利 0.5 元。投资者所要求的必要收益率为 8%。则中国联通公司每股的投资价值为：

$$V=\frac{0.5}{8\%}=6.25(元)$$

假设中国联通公司的股票在二级市场上的交易价格为 8 元，说明这种股票的价格被

高估了。

净现值　　$NPV=6.25-8=-1.75$

内部收益率　　$K^{*}=\frac{0.5}{8}=6.25\%$

所以，只有当股票的内部收益率大于投资者的必要收益率的时候，这种股票才是值得投资的。

③应用。

零增长模型的应用似乎受到相当的限制，毕竟假定对某一种股票永远支付固定的股息是不合理的，但在特定的情况下，对于决定普通股的价值仍然是有用的。在决定优先股的内在价值时这种模型很有用，因为大多数优先股支付的股息是固定的。

（3）不变增长模型。

不变增长模型可以分为两种形式：一种是股息按照不变的增长率增长；另一种是股息以固定不变的绝对值增长。

①公式。

假设股利永远按固定不变的增长率 g 增长，假设今年的股利为 D_0，则第 T 年的股利为 D_t 为：$D_t=D_0(1+g)^t$

将其代入一般模型公式中，得到：

$$V=\sum_{t=1}^{\infty}\frac{D_0(1+g)^t}{(1+K)^t}=D_0\sum_{t=1}^{\infty}\frac{(1+g)^t}{(1+K)^t} \tag{2.29}$$

运用数学中无穷级数的性质，如果 $K>g$，可知：

$$\sum_{t=1}^{\infty}\frac{(1+g)^t}{(1+K)^t}=\frac{1+g}{1-g} \tag{2.30}$$

把公式（2.30）代入公式（2.29）中，得出不变增长模型的价值公式：

$$V=D_0\sum_{t=1}^{\infty}\frac{(1+g)^t}{(1+K)^t}=D_0\frac{1+g}{1-g}=\frac{D_1}{K-g} \tag{2.31}$$

例如：假设同仁堂的股票今年每股支付股利 2 元，而预计未来的无限期内股利将保持 5%的年增长速度，若投资者要求的必要收益率为 10%，则同仁堂股票的投资价值为：

$$V=\frac{2\times(1+5\%)}{10\%-5\%}=42(\text{元})$$

假设当前市场交易价格为 38 元/股，则该种股票值得投资。

$$NPV=42-38=4(\text{元})$$

②内部收益率。

公式（2.31）可解出不变增长证券的内部收益率。首先，用股票的当前市场交易价格代替 V，其次，用 K^{*} 代替 k，则有：

$$P=D_0\frac{1+g}{K^*-g}$$

经过变换，可得：

$$K^*=\frac{D_0(1+g)}{P}+g=\frac{D_1}{P}+g \tag{2.32}$$

从前面的例子可以计算出，其内部收益率为：

$$K^*=\frac{2\times(1+5\%)}{38}+5\%=10.53\%$$

③应用。

零增长模型实际上是不变增长模型的一个特例。特别是，假定增长率等于零，股利将永远按固定数量支付，这时，不变增长模型就是零增长模型。

虽然不变增长的假设比零增长的假设有较小的应用限制，但在许多情况下仍然被认为是不现实的。尽管如此，不变增长模型仍是多元增长模型的基础，因此这种模型极为重要。

2. 相对估值法

相对估值法的基本思路是，参考性质相同或相似的、价格已知的“可比”股票的价格与某一变量的比率关系，来给出待估股票的价值。

(1) 市盈率估值法。

①市盈率的定义与计算方法。

市盈率是市价盈利比率的简称，也称本益比、股价收益比率。

市盈率的计算公式为：市盈率＝每股价格÷每股收益。式中的分子是当前的每股市价，分母可用最近一年的盈利，也可用未来一年或几年的预测盈利。市盈率越低，代表投资者能够以较低价格购入股票以取得回报。每股盈利的计算方法，是该企业在过去12个月的净利润减去优先股股利之后除以总发行已售出股数。

假设某股票的市价为24元，而过去12个月的每股盈利为3元，则市盈率为24÷3＝8。该股票被视为有8倍的市盈率，即每付出8元可分享1元的盈利。投资者计算市盈率，主要用来比较不同股票的价值。理论上，股票的市盈率越低越值得投资。比较不同行业、不同国家、不同时段的市盈率是不大可靠的，比较同类股票的市盈率较有实用价值。

反之，每股价格＝市盈率×每股收益，如果我们能分别估计出股票的市盈率和每股收益，那么我们就能间接地由此公式估计出股票的价格。这种评价股票的方法，就是市盈率估值法。

②静态市盈率与动态市盈率。

市盈率分为静态市盈率与动态市盈率。市场上广泛谈及的市盈率通常指的是静态市盈率，市盈率（静态市盈率）＝普通股每股市场价格÷普通股每年每股盈利。

动态市盈率是指还未实现的下一年度的预测利润的市盈率，是股票的现价与未来每股收益的预测值的比值。动态市盈率的计算公式是以静态市盈率为基数，乘以动态系数。该系数为 $1\div(1+i)^n$，其中 i 为企业每股收益的年复合增长率，n 为企业可持续发展的存续期。例如，某上市公司目前股价为 20 元，每股收益为 0.38 元，该公司上一年同期每股收益为 0.28 元，年复合增长率为 35%，即 $i=35\%$，该公司未来保持该增长速度的时间可持续 5 年，即 $n=5$，则动态系数为 $1\div(1+35\%)^5=22\%$。相应地，该公司静态市盈率为 52.63 倍（$20\div0.38=52.63$），动态市盈率为 11.58 倍（$52.63\times22\%=11.58$）。两者的差距非常大。动态市盈率通过考虑公司的预期增长率，提供了比静态市盈率更全面的估值参考。在考虑了公司的高成长性以后，公司的市盈率会大幅下降。

动态市盈率理论揭示了一个简单朴素而又深刻的道理，即投资股市一定要选择有持续成长性的公司。因此不难理解资产重组为什么会成为市场永恒的主题，以及有些业绩不好的公司在实质性的重组题材支撑下成为市场黑马。

③运用市盈率的注意事项。

第一，市盈率是和收益直接对应的，收益越高，市盈率越低，而企业的收益是不稳定的。对于业绩非常稳定的企业来说，用当前市盈率来评估是简单易行的，而对于业绩不稳定的企业来说，当前市盈率是极不可靠的，当前很低的市盈率也未必代表被低估，相反，很高的当前市盈率也未必代表被高估。

第二，对于一个面临重大事项的企业来说，用当前市盈率或者历史平均市盈率来估值都是不可行的，而应当结合重大事件的影响程度来确定，或者是依据重大事件的确定性而定。

第三，有些行业的市盈率注定是比较高的，比如，医药行业因为拥有更为稳定增长的盈利预期，整个行业的市盈率估值都会比金融、地产这两个行业的高，而高科技类的企业则更甚。

第四，对于具有某种爆发性增长潜力的行业或者企业来说，通常意义的市盈率估值也是不可滥用的。以微软为例，如果上市之初有机会可以买这只股，但是却被它高高在上的当前市盈率吓跑了，那么估计也只能后悔了。因为对于某些有潜力的企业来说，如果其行业属性是可实现爆发性增长的，那么，就不宜用市盈率去评估它。

第五，对于一个当前业绩极度高速增长企业出现低市盈率的现象同样要警惕，可以说，对于绝大部分企业来说，维持一个超过 30%的增长率是极其困难的，由此，对于那些因业绩增长数倍导致当前市盈率低得诱人的现象，需要多一些冷静。简而言之，成长性与稳定性是核心，切勿滥用市盈率。

④我国股市市盈率的规律。

用市盈率来判断单个股票的估值难免失之偏颇，但用来判断整个大盘的估值高低却是最为有效的。历史统计数据显示：上证综指平均市盈率的最低点是 16 倍，出现在 2005 年 6 月 6 日，上证综指 998 点。第二个低点是 23 倍，出现在 1994 年，当时上证综指 325 点。第三个低点是 1996 年 1 月 19 日的 512 点，市盈率 20 倍左右。上证综指平均市盈率的最高点是 68 倍，出现在 2007 年 10 月 16 日，上证综指为 6124 点。次高点是 60 倍，出现在 2001 年，当时的上证综指为 2245 点。由此可知，16 倍平均市盈率是上证综指低估的极限位，68 倍是高估的极限位。平均市盈率极限位的出现往往是股指低点或高点出现的最准确的预兆。上证综指的历史表现显示，上证综指平均市盈率20倍以下为低估区域，50倍以上为高估区域。价值投资者应在低估区域买进，高估区域抛出。

（2）市净率在股票价值估计上的应用。

①市净率的定义与计算。

市净率指的是每股股价与每股净资产的比率。

市净率的计算方法是：市净率＝每股市价÷每股净资产。股票净值即公司资本金、资本公积金、资本公益金、法定公积金、任意公积金、未分配盈余等项目的合计，它代表全体股东共同享有的权益，也称净资产。净资产的多少是由股份公司经营状况决定的，股份公司的经营业绩越好，其资产增值越快，股票净值就越高，因此股东所拥有的权益也越多。

②市净率估值。

通过市净率估值时，首先，应根据审核后的净资产计算出发行人的每股净资产；其次，根据二级市场的平均市净率、发行人的行业情况（同类行业公司股票的市净率）、发行人的经营状况及净资产收益等拟定估值市净率；最后，依据估值市净率与每股净资产的乘积决定估值。

③市净率的应用范围。

市净率在评估高风险企业、企业资产大量为实物资产的企业时特别受到重视。相对于市盈率来说，市净率是更为可靠的指标，尤其是针对那些周期性行业的个股。此类股票每股盈利伴随行业景气度变化可能有极大波动，市盈率也往往会几年前还在上百倍，这几年却十倍也不到，若遇上行业极不景气企业出现亏损，市盈率更是无从谈起。对于此类个股，利用市盈率估值极为困难。这时候，市净率指标就极具参考价值了。毕竟，无论行业景气与否，上市公司的每股净资产一般不会出现大幅波动，盈利多则每股净资产增加也多一些，盈利少时每股净资产增加慢一些，若亏损，则每股净资产也不过小幅下降。正因为每股净资产波动不大，所以由“股价÷每股净资产”得到的市净率波动也相对较小，在估值上更具参考价值。

市净率的作用还体现在可以作为确定新发行股票初始价格的参照标准。如果股票溢价发行，要考虑按市场平均投资潜力状况来确定溢价幅度，这时股市各种类似股票的平均市盈率便可作为参照标准。

知识链接

市净率要动态看

市净率为每股市价与每股净资产的比值，该比值越低，意味着风险越低。在使用市净率这一指标时，需要从动态的角度看市净率。上一年盈利会增加每股净资产，但本年度如果亏损，就会减少每股净资产。同时，每股净资产的构成基数不同，往往也会造成不同的结果。例如，神马股份2024年每股净资产为6.84元，不可谓不高，但是其净资产构成中有14.29亿元为应收账款，折合成每股1.41元，一旦计提坏账准备，其每股净资产就会大幅下降。又如，通威股份 2023 年每股净资产高达 14.98 元，公司当期每股未分配利润 9.87 元，若全部用于分红，新股东实际享有的净资产将降至每股 5.11 元。如此来看，净资产并非固定数值，而是随企业经营、市场环境、会计政策等因素的变化而持续变化，因此要用动态的观点来看待净资产。静态市净率仅反映历史账面价值，动态市净率需结合盈利、资产质量、行业周期等多维度修正，才能规避"价值陷阱"与"成长泡沫"。

(3) 市盈增长率估值应用。

①市盈增长率的定义。

市盈增长率（PEG）是由市盈率衍生出来的一个比率，也称市盈率相对盈利增长比率。市盈增长率是由企业股票的市盈率（PE）除以企业未来盈利增长率的预测值得出，也是一种常用的企业估值指标，由英国投资大师吉姆·斯莱特（Jim Slater）在 20 世纪 60 年代提出，并由美国投资大师彼得·林奇（Peter Lynch）推广使用。

②PEG 的内涵。

市盈率仅仅反映了某股票当前价值，PEG 则把股票当前的价值和该股未来的成长联系了起来。比如一只股票当前的市盈率为 20 倍，其未来 5 年的预期每股收益复合增长率为 20%，那么这只股票的 PEG 就是 1。当 PEG 等于 1 时，表明市场赋予这只股票的估值可以充分反映其未来业绩的成长性。

如果 PEG 大于 1，则这只股票的价值就可能被高估，或市场认为这家公司的业绩成长性会高于市场的预期。

通常情况下，那些成长型股票的 PEG 都会高于 1，甚至在 2 以上，投资者愿意给予其高估值，表明这家公司未来很有可能会保持业绩的快速增长，这样的股票就容易有超出想象的市盈率估值。

当 PEG 小于 1 时，要么是市场低估了这只股票的价值，要么是市场认为其业绩成长性可能比预期的要差。通常价值型股票的 PEG 都会低于 1，以反映低业绩增长的预期。投资者需要注意的是，像其他财务指标一样，PEG 也不能单独使用，必须和其他指标结合起来，这里最关键的还是对公司业绩的预期。

③PEG 的作用。

用 PEG 指标选股的好处就是将市盈率和公司业绩成长性对比起来看，适用于成长性公司。

同步检测

一、判断题

1. 影响股票价值的因素有内因与外因，但内因是主要的影响因素。（　　）

2. 影响股票价值的内部因素有净资产、资产重组、股利政策及行业因素。（　　）

3. 宏观经济政策是影响股票投资价值的内部因素。（　　）

二、计算题

某股份公司拟在未来无限时期每年支付每股股利 2 元，相应的贴现率（必要收益率）为 10%，当时该公司股票价格为 18 元，试计算该公司股票的净现值和内部收益率，并对该股票价格的高低作出判断。

任务六
金融衍生工具投资价值分析

一、金融期货的价值分析

金融期货合约是约定在未来时间以事先协定的价格买卖某种金融工具的双边合约，它是标准化合约。金融期货的标的物包括各种金融工具，如股票、股指、外汇、利率等。

（一）金融期货的理论价格

由于期货合约是联系现在和将来之间的一种合约，因此期货价格反映的是市场对现货价格未来的预期。在一个理性的无摩擦的均衡市场上，期货价格与现货价格具有稳定的关系，即期货价格相当于交易者持有现货金融工具至到期日所必须支付的成本，也称为持有成本。理论上，期货价格有可能高于、等于或低于相应的现货金融工具，现货价格与期货价格之差称为基差，在期货合约到期之前，基差可能为正值，也可能为负值。期货合约临近到期时，期货价格趋同于现货价格，基差消失。

我们用公式表述期货的理论价格。设 t 为现在时刻，T 为期货合约的到期日，S_t 为现货的当前价格，则期货的理论价格为：

$$F_t = S_t e^{(r-q)(T-t)} \tag{2.33}$$

式中：r——无风险利率；

q——连续的红利支付率；

$(T-t)$——从 t 时刻持有到 T 时刻。

（二）影响金融期货价格的主要因素

从公式（2.33）可以看出，影响期货价格的主要因素是持有现货的成本和时间价值。在期货市场上，由于持有现货的成本和时间价值是无法预先确定的，比如影响现货金融工具价格的各种因素、市场上的供求关系、利率的变化等都会对持有成本和时间价值产生影响，因此，期货合约的理论价格实际上还是一个估计值。在期货市场上，金融期货的市场价格与其理论价格不完全一致，期货市场价格总是围绕着理论价格而波动。期货市场价格的变动与现货价格的变动之间也不总是一致的，影响期货价格的因素比影响现货价格的因素要多得多，主要有市场利率、预期通货膨胀、财政政策、货币政策、现货金融工具的供求关系、期货合约的有效期、保证金要求、期货合约的流动性等。

二、金融期权的价值分析

金融期权是指其持有者能在规定的期限内按交易双方商定的价格购买或出售一定数量的某种金融工具的权利。具体地说，其购买者在向出售者支付一定的费用后，就获得了能在规定期限内以某一特定价格向出售者买进或卖出一定数量的某种金融工具的权利。

金融期权是一种权利的交易。在期权交易中，期权的买方为获得期权合约所赋予的权利向期权的卖方支付的费用就是期权的价格。期权价格受多种因素影响，但从理论上说，它由两个部分组成，即内在价值和时间价值。

（一）内在价值

金融期权的内在价值也称履约价值，是期权合约本身所具有的价值，也就是期权的买方如果立即执行该期权所能获得的收益。一种期权有无内在价值以及内在价值的大小取决于该期权的协定价格与其标的物市场价格之间的关系。协定价格是指期权的买卖双方在期权成交时约定的、在期权合约被执行时交易双方实际买卖标的物的价格。根据协定价格与标的物市场价格的关系，期权可分为实值期权、虚值期权和平价期权三种类型。

对看涨期权而言，若市场价格高于协定价格，期权的买方执行期权将有利可图，此时为实值期权；若市场价格低于协定价格，期权的买方将放弃执行期权，为虚值期权。对看跌期权而言，市场价格低于协定价格为实值期权；市场价格高于协定价格为虚值期权。若市场价格等于协定价格，则看涨期权和看跌期权均为平价期权。

从理论上说，实值期权的内在价值为正，虚值期权的内在价值为负，平价期权的内在价值为零。但实际上，无论是看涨期权还是看跌期权，也无论期权标的物的市场价格处于什么水平，期权的内在价值都必然大于零或等于零，而不可能为负值。这是因为期权合约赋予买方执行期权与否的选择权，而没有规定相应的义务，当期权的内在价值为负时，买方可以选择放弃期权。如果以 EV_t 表示期权在 t 时点的内在价值，S_t 表示期权合约的协定价格，x 表示该期权标的物在 t 时点的市场价格，则每一看涨期权在 t 时点的内在价值可表示为：

$$EV_t=\begin{cases}(S_t-x) & S_t>x\\ 0 & S_t\leqslant x\end{cases} \tag{2.34}$$

每一看跌期权的内在价值可表示为：

$$EV_t=\begin{cases}0 & S_t\geqslant x\\ (x-S_t) & S_t<x\end{cases} \tag{2.35}$$

（二）时间价值

金融期权的时间价值也称外在价值，是指期权的买方购买期权而实际支付的价格超过该期权内在价值的那部分价值。在现实的期权交易中，各种期权通常是以高于内在价值的价格买卖的，即使是平价期权或虚值期权，也会以大于零的价格成交。期权的买方之所以愿意支付额外的费用，是因为希望随着时间的推移和标的物市场价格的变动，该期权的内在价值得以增加，使虚值期权或平价期权变为实值期权，或使实值期权的内在价值进一步提高。

期权的时间价值不宜直接计算，一般以期权的实际价格减去内在价值求得。

（三）影响期权价格的主要因素

期权价格由内在价值和时间价值构成，因而凡是影响内在价值和时间价值的因素，就是影响期权价格的因素。

1. 协定价格与市场价格

协定价格与市场价格是影响期权价格最主要的因素。这两种价格的关系不仅决定了期权有无内在价值及内在价值的大小，而且还决定了有无时间价值和时间价值的大小。一般而言，协定价格与市场价格间的差距越大，时间价值越小；反之，则时间价值越大。这是因为时间价值是市场参与者因预期标的物市场价格变动引起其内在价值变动而愿意付出的代价。当一种期权处于极度实值或极度虚值时，市场价格变动的空间已很小。只有在协定价格和市场价格非常接近或为平价期权时，市场价格的变动才有可能增加期权的内在价值，从而使时间价值随之增大。

2. 权利期间

权利期间是指期权剩余的有效时间，即期权成交日至期权到期日的时间。在其他条件不变的情况下，期权期间越长，期权价格越高；反之，期权价格越低。这主要是因为权利期间越长，期权的时间价值越大；随着权利期间缩短，期权的时间价值也逐渐减少；在期权的到期日，权利期间为零，时间价值为零。通常情况下，权利期间与时间价值存在同方向但非线性的关系。

3. 利率

利率的变动，尤其是短期利率的变动会影响期权的价格。利率变动对期权价格的影响是复杂的。一方面，利率变化会引起期权标的物的市场价格发生变化，从而引起期权内在价值发生变化；另一方面，利率变化会使期权价格的机会成本发生变化，引起期权交易的供求关系发生变化，进而从不同角度对期权价格产生影响。例如，利率提高，期权标的物如股票、债券的市场价格将下降，从而使看涨期权的内在价值下降，看跌期权的内在价值提高；利率提高，又会使期权价格的机会成本提高，有可能使资金从期权市场流向价格已下降的股票、债券等现货市场，减少投资者对期权交易的需求，进而又会使期权价格下降。总之，利率对期权价格的影响是复杂的，应根据具体情况进行具体分析。

4. 标的物价格的波动性

通常情况下，标的物价格的波动性越大，期权价格越高；波动性越小，期权价格越低。这是因为标的物价格波动性越大，则在期权到期时，标的物市场价格涨至协定价格之上或跌至协定价格之下的可能性越大，所以期权的时间价值乃至期权价格都将随标的物价格波动的增大而提高，随标的物价格波动的缩小而降低。

5. 标的资产的收益

标的资产的收益将影响标的资产的价格。在协定价格一定时，标的资产的价格又必然影响期权的内在价值，从而影响期权的价格。由于标的资产分红付息等将使标的资产的价格下降，而协定价格并不进行相应调整，因此，在期权有效期内标的资产产生收益将使看涨期权价格下降，使看跌期权价格上升。

三、可转换证券的价值分析

（一）可转换证券的定义

可转换证券是指可以在一定时期内，按一定比例或价格转换成一定数量的另一种证券的特殊公司证券。在我国发行最多的是可转换公司债，简称可转换债券，是一种可以在特定时间、按特定条件转换为普通股票的特殊公司债券。

（二）可转换公司债的特征

可转换债券兼有债券和股票的特征，具有以下三个特点。

1. 债权性

与其他债券一样，可转换债券也有规定的利率和期限，投资者可以选择持有债券到期，收取本息。

2. 股权性

可转换债券在转换成股票之前是纯粹的债券，但转换成股票之后，原债券持有人就由债权人变成了公司的股东，可参与公司的经营决策和红利分配，这也在一定程度上会影响公司的股本结构。

3. 可转换性

可转换性是可转换债券的重要标志，债券持有人可以按约定的条件将债券转换成股票。转股权是投资者享有的、一般债券所没有的选择权。可转换债券在发行时就明确约定，债券持有人可按照发行时约定的价格将债券转换成公司的普通股票。如果债券持有人不想转换，则可以继续持有债券，直到偿还期满时收取本金和利息，或者在流通市场出售变现。如果持有人看好发债公司股票增值潜力，在宽限期之后可以行使转换权，按照预定转换价格将债券转换成为股票，发债公司不得拒绝。正因为具有可转换性，可转换债券利率一般低于普通公司债券利率，公司发行可转换债券可以降低筹资成本。

（三）可转换债券的要素

可转换债券有若干要素，这些要素基本上决定了可转换债券的转换条件、转换价格、市场价格等总体特征。

1. 有效期限和转换期限

可转换债券的有效期限与一般债券相同，是指债券从发行之日起至偿清本息之日止的存续期间。转换期限是指可转换债券转换为普通股票的起始日至结束日的期间。大多数情况下，发行人都规定一个特定的转换期限，在该期限内，允许可转换债券的持有人按转换比例或转换价格将可转换债券转换成发行人的股票。我国《上市公司证券发行管理办法》规定，可转换公司债券的期限最短为1年，最长为6年，自发行结束之日起6个月方可转换为公司股票。

2. 股票利率或股息率

可转换公司债券的票面利率（或可转换优先股票的股息率）是指可转换债券作为一种债券时的票面利率（或优先股股息率），该利率由发行人根据当前市场利率水平、公司债券资信等级和发行条款确定，一般低于相同条件的不可转换债券（或不可转换优先股票）的票面利率。可转换公司债券应每半年或1年付息1次，到期后5个工作日内应偿还未转股债券的本金及最后1期利息。

3. 转换比例或转换价格

转换比例是指一定面额可转换债券可转换成普通股的股数。用公式表示为：转换比例＝可转换债券面值÷转换价格。

转换价格是指可转换债券转换为每股普通股所支付的价格。用公式表示为：转换价格＝可转换债券面值÷转换比例。

4. 赎回条款与回售条款

赎回是指发行人在可转换债券发行一段时间后，可以提前赎回未到期的发行在外的可转换公司债券。赎回条件一般是当公司股票在一段时间内连续高于转换价格达到一定幅度时，公司可按照事先约定的赎回价格买回发行在外尚未转股的可转换公司债券。回售是指公司股票在一段时间内连续低于转换价格达到某一幅度时，可转换公司债券持有人按事先约定的价格将所持可转换债券卖给发行人的行为。赎回条款和回售条款是指可转换债券在发行时规定的赎回行为和回售行为发生的具体市场条件。

5. 转换价格修正条款

转换价格修正是指发行公司在发行可转换债券后，由于公司送股、配股、增发股票、分立、合并、拆细及其他原因使得发行人股份发生变动，引起公司股票名义价格下降时而对转换价格所作的必要调整。

知识链接

上海电气可转债

上海电气集团股份有限公司关于电气转债开始转股公告

可转债代码：113008

可转债简称：电气转债

可转债转股代码：191008

转股简称：电气转股

转股价格：10.66元/股

转股期起止日期：2015年8月3日至2021年2月1日

一、可转债发行上市概况

上海电气集团股份有限公司（以下简称“发行人”“公司”“上海电气”）公开发行A股可转换公司债券已获得中国证券监督管理委员会证监许可〔2015〕84号文核准。本次发行的可转换公司债券简称为“电气转债”，债券代码为“113008”。本次发行人民币60亿元可转债，每张面值为人民币100元，共计6 000万张（600万手）。

经上海证券交易所自律监管决定书〔2015〕48号文同意，公司60亿元可转换公司债券于2015年2月16日起在上海证券交易所挂牌交易，债券简称“电气转债”，债券交易代码“113008”。该可转换公司债券上市后可进行质押式回购，质押券申报和转回代码为“105824”。

根据有关规定和公司《可转换公司债券募集说明书》的约定，公司本次发行的电气转债自2015年8月3日起可转换为公司股份。

二、电气转债转股的相关条款

发行规模：60亿元人民币。

票面金额：100元人民币。

票面利率：第一年为0.2%、第二年为0.5%、第三年为1.0%、第四年为1.5%、第五年为1.5%、第六年为1.6%。

债券期限：6年，自2015年2月2日起，至2021年2月1日止。

转股期起止日期：2015年8月3日至2021年2月1日。

转股价格：10.66元/股。

三、转股申报的有关事项

（一）转股代码和简称

可转债转股代码：191008

可转债转股简称：电气转股

（二）转股申报程序

（1）转股申报应按照上海证券交易所的有关规定，通过上海证券交易所交易系统以报盘方式进行。

（2）持有人可以将自己账户内的电气转债全部或部分申请转为公司股票。

（3）可转债转股申报单位为手，一手为1 000元面额，转换成股份的最小单位为1股；同一交易日内多次申报转股的，将合并计算转股数量。转股时不足转换1股的可转债部分，公司将于转股申报日的次一个交易日通过中国证券登记结算有限责任公司以现金兑付。

（4）可转债转股申报方向为卖出，价格为100元，转股申报一经确认不能撤单。

（5）可转债买卖申报优先于转股申报。对于超出当日清算后可转债余额的申报，按实际可转债数量（即当日余额）计算转换股份。

（三）转股申报时间

持有人可在转股期内（即2015年8月3日至2021年2月1日）上海证券交易所交易日的正常交易时间申报转股，但下述时间除外：

（1）电气转债停止交易前的可转债停牌时间。

（2）公司A股股票停牌时间。

（3）按有关规定，公司申请停止转股的期间。

（四）可转债的冻结及注销

中国证券登记结算有限责任公司上海分公司对转股申请确认有效后，将记减（冻结并注销）可转债持有人的转债余额，同时记增可转债持有人相应的股份数额，完成变更登记。

（五）可转债转股新增股份的上市交易和所享有的权益

当日买进的可转债当日可申请转股。可转债转股新增股份，可于转股申报后次一个交易日上市流通。可转债转股新增股份享有与原股份同等的权益。

（六）转股过程中的有关税费

可转债转股过程中如发生有关税费，由纳税义务人自行负担。

（七）转换年度利息的归属

电气转债采用每年付息一次的付息方式，计息起始日为本可转债发行首日，即2015年2月2日。在付息债权登记日前（包括付息债权登记日）转换成股份的可转债不享受当期及以后计息年度利息。

四、可转债转股价格的调整

（一）初始转股价格和最新转股价格

电气转债的初始转股价格为10.72元/股，最新转股价格为10.66元/股。

公司已于2015年7月2日实施了公司2014年度利润分配方案。根据公司可转换公司债券募集说明书发行条款及中国证监会关于可转债发行的有关规定，在本次电气转债发行之后，当公司发生送红股、增发新股或配股、派息等情况时，电气转债的转股价格将相应进行调整。因此，自2015年7月2日起，电气转债转股价格由10.72元/股调整为10.66元/股［具体情况请详见2015年6月25日于《上海证券报》《中国证券报》《证券时报》及上海证券交易所网站（www.sse.com.cn）刊登的《上海电气关于电气转债转股价格调整的公告》］。

（二）转股价格的调整方法及计算公式

在本次电气转债发行之后，当公司发生送红股、增发新股或配股、派息等情况时，将按下述公式进行转股价格的调整：

（1）送股或转增股本：$P_1=P_0/(1+n)$；

（2）增发新股或配股：$P_1=(P_0+A\times k)/(1+k)$；

（3）两项同时进行：$P_1=(P_0+A\times k)/(1+n+k)$；

（4）派息：$P_1=P_0-D$；

（5）上述三项同时进行：$P_1=(P_0-D+A\times k)/(1+n+k)$。

其中：P_0为初始转股价，n为送股或转增股本率，k为增发新股或配股率，A为增发新股价或配股价，D为每股派息，P_1为调整后转股价。当公司出现上述股份和/或股东权益变化情况时，将依次进行转股价格调整，并在中国证监会指定的上市公司信息披露媒体上刊登董事会决议公告，并于公告中载明转股价格调整日、调整办法及暂停转股时期（如需）。当转股价格调整日为本次发行的可转债持有人转股申请日或之后，转换股权登记日之前，则该持有人的转股申请按本公司调整后的转股价格执行。

当公司可能发生股份回购、合并、分立或任何其他情形使本公司股份类别、数量和/或股东权益发生变化从而可能影响本次发行的可转债持有人的债权利益或转股衍生权益时，公司将视具体情况按照公平、公正、公允的原则以及充分保护本次发行的可转债持有人权益的原则调整转股价格。有关转股价格调整内容及操作办法将依据当时国家有关法律法规及证券监管部门的相关规定来制订。

（三）转股价格向下修正条款

1. 修正权限和修正幅度

在本可转债存续期间，当公司A股股票出现在任意连续20个交易日中至少10个交易日的收盘价低于当期转股价格85%的情况，公司董事会有权提出转股价格向下修正方案并提交本公司股东大会、内资股类别股东会议和外资股类别股东会议表决。上述方案须按照公司章程以特别决议通过（即经出席股东大会、内资股类别股东会议和外资股类别股东会议的股东所持表决权的2/3以上通过）方可实施。股东大会进行表决时，持有本可转债的股东应当回避。修正后的转股价格应不低于前项规定的股东大会召开日前20个交易日本公司A股股票交易均价和前一交易日本公司A股股票交易均价之较高者，同时修正后的转股价格不低于最近一年经审计的每股净资产值和股票面值。若在前述20个交易日内发生过转股价格调整的情形，则在转股价格调整日前的交易日按调整前的转股价格和收盘价计算，在转股价格调整日及之后的交易日按调整后的转股价格和收盘价计算。

2. 修正程序

如公司决定向下修正转股价格，公司将在中国证监会指定的信息披露报刊及互联网网站上刊登股东大会决议公告，公告修正幅度和股权登记日及暂停转股期间；并根据香港联交所上市规则（不时经修订）及本公司章程要求在香港市场予以公布（如需）。从股权登记日后的第一个交易日（即转股价格修正日）开始恢复转股申请并执行修正后的转股价格。若转股价格修正日为转股申请日或之后，转换股份登记日之前，该类转股申请应按修正后的转股价格执行。

（四）赎回条款

1. 到期赎回条款

在本次发行的可转债期满后五个交易日内，本公司将以本次发行的可转债的票面面值上浮6.6%的价格（含最后一期年度利息）向投资者赎回全部未转股的可转债。

2. 有条件赎回条款

在本可转债转股期内，如果公司股票任意连续30个交易日中至少有15个交易日的收盘价不低于当期转股价格的130%（含130%）或未转股余额不足3 000万元，公司有权按照债券面值加当期应计利息赎回部分或者全部可转债。若在上述交易日内发生过转股价格调整的情形，则在调整前的交易日按调整前的转股价格和收盘价格计算，在调整后的交易日按调整后的转股价格和收盘价格计算。

当期应计利息的计算公式为：

$$IA=B\times i\times t/365$$

式中：IA——当期应计利息；

B——本次发行的可转债持有人持有的可转债票面总金额；

i——可转债当年票面利率；

t——计息天数，即从上一个付息日起至本计息年度赎回日止的实际日历天数（算头不算尾）。

（五）回售条款

1. 有条件回售

自本可转债最后两个计息年度起，如果公司股票收盘价连续30个交易日低于当期转股价格的70%，可转债持有人有权将其持有的可转债全部或部分按面值的103%（含当期计息年度利息）回售给公司。若在上述交易日内发生过转股价格调整的情形，则在调整前的交易日按调整前的转股价格和收盘价格计算，在调整后的交易日按调整后的转股价格和收盘价格计算。

2. 附加回售

在本次发行的可转债存续期间内，如果本次发行所募集资金的使用与公司在募集说明书中的承诺相比出现重大变化，根据中国证监会的相关规定被视作改变募集资金用途或者被中国证监会认定为改变募集资金用途的，持有人有权按面值的103%（含当期利息）的价格向公司回售其持有的部分或全部可转债。持有人在附加回售申报期内未进行附加回售申报的，不应再行使本次附加回售权。

（四）可转换证券的价值分析

1. 可转换证券的价值

可转换证券赋予投资者将其持有的债券或优先股用规定的价格和比例，在规定的时间内转换成普通股的选择权。可转换证券有两种价值：理论价值和转换价值。

（1）理论价值。

可转换证券的理论价值是指当它作为不具有转换选择权的一种证券的价值。为了估计可转换证券的理论价值，必须首先估计与它具有同等资信和类似投资特点的不可转换证券的必要收益率，然后算出它未来现金流量的现值。

（2）转换价值。

如果一种可转换证券可立即转让，它可转换的普通股票市场价值与转换比率的乘积便是转换价值，即

$$转换价值=普通股票市场价格\times 转换比率$$

2. 可转换证券的市场价值

可转换证券的市场价值也就是其市场价格，是指可转换证券在市场交易的价格。可转换证券的市场价值必须保持在它的理论价值和转换价值之上。如果可转换证券市场价格在理论价值之下，该证券价值被低估，这是显而易见的；如果可转换证券市场价格在转换价值之下，购买该证券并立即转化为股票就有利可图，从而使该证券价格上涨直到

在转换价值之上。为了更好地理解这一点，我们引入转换平价这个概念。

（1）转换平价。

转换平价计算方法为：可转换证券的市场价格÷转换比率，代表可转换债券转股后的每股价格，可视为可转换债券的盈亏平衡点。投资者可以依据购买价格，计算出转换平价，然后将转换平价与当前标的股票的市场价格进行比较，进而判断出售目前标的股票是否盈利。

（2）转换升水和转换贴水。

每股的转换升水等于转换平价与普通股当期市场价格的差额，或者说是可转换证券持有人在将证券转换成股票时，相对于当初认购转换证券时的股票价格而作出的让步，通常被表示为当期市场价格的百分比。

转换升水＝可转换证券的市场价格－可转换证券的转换价值

$$转换升水比率=\frac{转换升水}{基准股价}\times 100\%$$

如果转换平价小于基准股价，基准股价与转换平价的差额称为转换贴水。

转换贴水＝可转换证券的转换价值－可转换证券的市场价格

$$转换贴水比率=\frac{转换贴水}{基准股价}\times 100\%$$

同步检测

一、判断题

1. 可转换证券有两种价值，即理论价值和转换价值。（　　）

2. 可转换证券的转换价值是指当它作为不具有转换选择权的一种证券时的价值。（　　）

3. 如果一种可转换证券可以立即转换，它可转换的普通股票的市场价值与转换比率的乘积便是该可转换证券的理论价值。（　　）

4. 可转换证券的市场价必须等于它的理论价值和转换价值。（　　）

5. 转换平价可视为一个盈亏平衡点。（　　）

二、计算题

某公司可转换债券的转换比率为20，其股票当期市场价格（即基准股价）为40元，该债券的市场价格为1 000元。请计算转换平价、转换升水和转换升水比率。

基础知识
考核与技能实训

项目三 宏观经济分析

知识目标

1. 了解宏观经济运行对证券市场的影响
2. 掌握财政政策、货币政策对证券市场的影响
3. 了解国际金融市场环境对证券市场的影响

能力目标

1. 能够根据宏观经济运行指标判断政策取向，从而判断证券市场的总体运行趋势
2. 能够分析宏观经济政策对证券市场基本趋势的影响
3. 能从宏观经济角度对大盘进行基本面分析，研判大盘的长期走势
4. 能准确表达对于宏观经济分析的研判结论，熟练撰写大盘简评

素养目标

1. 培养学生关心宏观经济数据的习惯，培养学生数据思维能力
2. 培养学生从多角度考虑问题的能力
3. 引导学生关注国家大政方针，支持国家政策

案例导入

中央金融工作会议释放重要信号

中央金融工作会议于2023年10月30日至31日在北京举行。

习近平总书记在会上发表的重要讲话，科学回答了金融事业发展的一系列重大理论和实践问题，是习近平经济思想的重要组成部分，是马克思主义政治经济学关于金融问题的重要创新成果，为新时代新征程推动金融高质量发展提供了根本遵循和行动指南。

坚定一条道路：坚定不移走中国特色金融发展之路

金融是“国之大者”，关系中国式现代化建设全局。

迈上全面建设社会主义现代化国家新征程，我国金融工作怎么办？

这次会议强调，“坚定不移走中国特色金融发展之路”。

何为“中国特色”？习近平总书记一直有着深邃的思考。

2017年，习近平总书记在十八届中共中央政治局第四十次集体学习时强调：“发展金融业需要学习借鉴外国有益经验，但必须立足国情，从我国实际出发，准确把握我国金融发展特点和规律，不能照抄照搬。”

2019年，十九届中共中央政治局举行第十三次集体学习，习近平总书记明确提出：“要深化对金融本质和规律的认识，立足中国实际，走出中国特色金融发展之路。”

此次中央金融工作会议系统阐述了中国特色金融发展之路的本质特征，强调了“八个坚持”：

（1）坚持党中央对金融工作的集中统一领导。

（2）坚持以人民为中心的价值取向。

（3）坚持把金融服务实体经济作为根本宗旨。

（4）坚持把防控风险作为金融工作的永恒主题。

（5）坚持在市场化法治化轨道上推进金融创新发展。

（6）坚持深化金融供给侧结构性改革。

（7）坚持统筹金融开放和安全。

（8）坚持稳中求进工作总基调。

“八个坚持”既有世界观，也有方法论，标志着我们党对金融本质规律和发展规律的认识达到了新的高度。

明确一个主题：推进金融高质量发展

这次会议鲜明提出“以加快建设金融强国为目标”，明确“以推进金融高质量发展为主题”，以金融高质量发展助力强国建设、民族复兴伟业。

拥有全球最大的银行体系，第二大保险、股票和债券市场，普惠金融走在世界前列……新时代以来，在以习近平同志为核心的党中央坚强领导下，各地各部门持续推进金融事业高质量发展，中国金融业有了厚实的“底子”。

但要从金融大国向金融强国迈进，为以中国式现代化全面推进强国建设、民族复兴伟业提供有力支撑，还要付出更多努力。

在分析当前金融形势时，会议指出，“经济金融风险隐患仍然较多”“金融服务实体经济的质效不高”“金融监管和治理能力薄弱”等一系列问题，直击当前金融领域薄弱点，认识清醒而深刻。

只有胸怀“国之大者”，强化使命担当，下决心从根本上解决这些问题，才能推进金融高质量发展，向金融强国的目标迈进。

在部署金融高质量发展任务时，会议针对当前问题，提出“三个着力”，明确了发展路径——着力营造良好的货币金融环境，着力打造现代金融机构和市场体系，着力推进金融高水平开放。

会议还要求“做好科技金融、绿色金融、普惠金融、养老金融、数字金融五篇大文章”，提供高质量金融服务。

突出一个重点：全面加强监管、防范化解风险

防范化解金融风险，是金融工作的永恒主题，也是习近平总书记一直牵挂的大事。

“切实把维护金融安全作为治国理政的一件大事”“防范化解金融风险特别是防止发生系统性金融风险，是金融工作的根本性任务”……习近平总书记在不同场合对防范化解金融风险作出重要指示、重要部署。

这次中央金融工作会议明确“以全面加强监管、防范化解风险为重点”，确定当前风险防控的重点任务：切实提高金融监管有效性、及时处置中小金融机构风险、建立防范化解地方债务风险长效机制、促进金融与房地产良性循环、维护金融市场稳健运行。

既要有防风险的先手，也要有应对和化解风险挑战的实招。

“依法将所有金融活动全部纳入监管”“全面强化机构监管、行为监管、功能监管、穿透式监管、持续监管”“消除监管空白和盲区，严格执法、敢于亮剑，严厉打击非法金融活动”，会议就全面加强金融监管提出一系列要求，强调扎紧监管篱笆，确保风险防控有力有效。

防范化解金融风险，需要全盘考虑、统筹安排。“把握好权和责的关系”“把握好快和稳的关系”“健全具有硬约束的金融风险早期纠正机制”……此次会议就下一步如何更精准有效防范化解金融风险从方法论的角度作出部署、给出指引。

做好金融工作的根本保证：加强党中央对金融工作的集中统一领导

“八个坚持”中，“坚持党中央对金融工作的集中统一领导”放在首位。

中国共产党的领导是中国特色社会主义最本质的特征。

加强党中央对金融工作的集中统一领导，把政治优势和制度优势转化为金融治理效能，既是以往我国金融改革发展的成功经验，也是新时代做好金融工作的根本保证。

从我国金融改革发展实践看，正是在党的坚强领导和正确指引下，我国金融系统有力支撑经济社会发展大局，坚决打好防范化解重大风险攻坚战，为如期全面建成小康社会、实现第一个百年奋斗目标作出了重要贡献。

从此次会议的名称可以看出，“中央”两个字更加强调了党中央对金融工作的集中统一领导。

2023 年 3 月，中共中央、国务院印发《党和国家机构改革方案》，多项涉及金融监管领域，其中包括组建中央金融委员会、组建中央金融工作委员会等。

“发挥好中央金融委员会的作用”“发挥好中央金融工作委员会的作用”“发挥好地方党委金融委员会和金融工委的作用”——此次会议就如何完善党领导金融工作的体制机制进行系统部署。

这次令人瞩目的中央金融工作会议，提出一系列新观点新论断新要求，重在实干落实。

在习近平新时代中国特色社会主义思想指引下，积极推动金融高质量发展，加快建设中国特色现代金融体系，中国特色金融发展之路必将越走越宽、越走越好，为以中国式现代化全面推进强国建设、民族复兴伟业提供有力支撑。

来源：新华社第一工作室．中央金融工作会议释放重要信号［EB/OL］．（2023－11－01）［2024－11－01］．https://baijiahao.baidu.com/s?id=1781350758056360686&wfr=spider&for=pc.

思考题：

1. 如何理解金融高质量发展？
2. 建设中国特色现代金融体系过程中，资本市场如何更加健康稳定发展？

任务一 宏观经济分析的总体认知

一、宏观经济分析的意义和方法

宏观经济分析以整个国民经济活动作为考察对象，研究各个有关的总量及其变动，特别是研究国内生产总值和国民收入的变动及其与社会就业、经济周期波动、通货膨胀、经济增长等之间的关系。

（一）宏观经济分析的意义

1. 有利于把握证券市场的总体变动趋势

在证券投资中，宏观经济分析非常重要，只有把握宏观经济运行的大方向，才能把握证券市场的总体变化趋势，作出正确的投资决策，只有密切关注宏观经济因素的变化，尤其是财政政策和货币政策的变化，才能抓住证券投资的市场时机。

2. 有利于判断整个证券市场的投资价值

证券市场的投资价值与国民经济整体状况及其结构变动密切相关。这里的证券市场投资价值是指整个市场的平均投资价值。从一定意义上讲，整个证券市场的投资价值就是整个国民经济增长质量与速度的反映，因为不同部门、不同行业、不同企业相互影响、互相制约，共同影响国民经济发展的速度和质量。宏观经济是个体经济的总和，企业的投资价值必然在宏观经济的总体中综合反映出来，因此宏观经济分析是判断整个证券市场投资价值的关键。

3. 有助于掌握宏观经济政策对证券市场的影响力度与方向

证券市场与国家宏观经济政策密切相关。在市场经济条件下，国家通过财政政策和货币政策来调控经济。这些政策将会影响经济增长速度和企业经济效益，并进一步对证券市场产生影响。因此，认真分析宏观经济政策，掌握其对证券市场的影响力度与方向，才能更准确把握整个证券市场的运行趋势和不同证券品种的投资价值变动。

4. 有助于了解转型背景下宏观经济对证券市场的影响，了解我国证券市场表现和宏观经济相背离的原因

我国证券市场从 1990 年上海证券交易所成立到现在，也仅有 30 多年的历史，但这 30 多年，我国证券市场在原有主板市场的基础上，2004 年推出了中小板（2021 年深圳主板与中小板合并），2009 年推出了创业板，2012 年成立了全国中小企业股份转让系统，2019 年科创板开板，2021 年北京证券交易所成立，我国多层次资本市场体系日臻完善。在我国证券市场逐步完善的过程中，有其自身的发展特点，具有一定的特殊性，在分析时既应该看到我国证券市场与成熟市场的共性，又应该看到国内市场的特性，尤其要关注我国证券市场的变化，关注新业务、新规则、新品种的变化，才能更加准确地把握证券市场的"经济晴雨表"特征。简单套用成熟市场的标尺衡量我国证券市场，极易产生偏差。

（二）宏观经济分析的方法

宏观经济分析的方法主要有总量分析法、结构分析法、经济指标分析法和计量经济学方法等。

1. 总量分析法

总量分析法是指对宏观经济运行总量指标的影响因素及其变动规律进行分析，如对国内生产总值、消费额、投资额、银行贷款规模及物价水平变动规律的分析等，以及对各总量指标间相互关系进行分析，进而说明整个经济的运行状况及变动趋势。

总量分析考察总量指标在时间维度上的变化规律，主要是一种动态分析，但总量分析也包括考察同一时期内各总量指标间的相互关系，因此总量分析也可以是静态分析。

2. 结构分析法

结构分析法是指对经济系统中各组成部分及其对比关系变动规律的分析（如国内生产总值中三个产业比例关系的分析、消费和投资的比例关系分析、经济增长中各因素作用的结构分析等）。结构分析主要是一种静态分析，即对一定时间内经济系统中各组成部分变动规律的分析。如果对不同时期经济结构变动进行分析，则属于动态分析。

3. 经济指标分析法

经济指标分析法是通过计算过去的经济指标、分析经济指标的变化规律和对比不同地区与国家的经济指标，研判宏观经济未来的发展变化趋势。经济指标是指反映一定时期内一个国家或地区经济活动结果的一系列数据和比例关系。经济指标一般有先行指标、同步指标和滞后指标三类。

4. 计量经济学方法

计量经济学方法是指应用计量经济学模型，建立经济变量之间的数量关系模型，分析预测宏观经济变化的方法。经济变量是反映经济变化的变量，一般有内生变量与外生变量两种。内生变量是由模型本身加以说明的变量，外生变量是由模型以外的因素产生，是模型的输入量。

二、宏观经济分析的主要内容

（一）宏观经济运行对证券市场的影响

证券市场素有“经济晴雨表”之称。一方面，投资者需要认清宏观经济运行所处的不同阶段，具有哪些不同的特征，从而及时调整投资资产的配置。另一方面，投资者需要认清宏观经济运行的不同阶段所具有的不同结构特征，准确预测未来经济发展的走势，以便及时调整投资的行业及上市公司。

想一想： 证券市场与宏观经济的走势始终一致吗？

（二）宏观经济政策对证券市场的影响

根据凯恩斯的理论，政府干预经济的手段主要是财政政策和货币政策。不同时期，国家采取的财政政策和货币政策会有所不同，其对证券市场也会产生不同的影响，有时会促进证券市场的发展，有时会抑制证券市场的发展。宏观经济政策对证券市场会有较大的影响，因此，在分析证券市场的走势时不能忽视宏观经济政策的影响。

三、评价宏观经济的指标

要进行宏观经济分析，必须了解反映宏观经济情况的指标。一般来讲，经济指标可分为总体指标、投资指标、消费指标、金融指标和财政指标，具体如表 3－1 所示。

表 3－1　经济指标

类别	具体指标
总体指标	国内生产总值；工业增加值；失业率；价格指数；国际收支
投资指标	政府投资；企业投资；外商投资
消费指标	社会消费品零售总额；城乡居民储蓄存款余额
金融指标	总量指标（货币供应量、金融机构各项存贷款余额、金融资产总量）；利率（贴现率与再贴现率、同业拆借利率、回购利率、各项存贷款利率）；汇率
财政指标	财政收入；财政支出；财政赤字或结余

（一）总体指标

1. 国内生产总值

国内生产总值（GDP）指一个国家或地区所有常住居民在一定时期内生产活动的最终成果。GDP 是衡量国家经济状况的核心指标。它不但可以反映一个国家的经济表现，还可以反映一个国家的国力与财富，更是证券市场发展的基础。2025 年 2 月，国家统计局公布《中华人民共和国 2024 年国民经济和社会发展统计公报》，显示 2024 年初步核算国内生产总值 1 349 084 亿元，比 2023 年增长 5.0％。

国内生产总值有三种表现形态，即价值形态、收入形态和产品形态。从价值形态看，它是所有常住居民在一定时期内生产的全部货物和服务价值与同期中间投入的全部非固定资产货物和服务价值的差额，即所有常住居民的增加值之和；从收入形态看，它是所有常住居民在一定时期内创造并分配给常住居民和非常住居民的初次收入分配之和；从产品形态看，它是所有常住居民在一定时期内最终使用的货物和服务价值与货物和服务净出口价值之和。在实际核算中，国内生产总值有三种计算方法，即生产法、收入法和支出法。三种方法分别从不同的方面反映国内生产总值及其构成。

在宏观经济分析中，常采用支出法计算 GDP，其公式为：

$$GDP = C + I + G + X - M$$

式中，C 为消费，I 为投资，G 为政府购买，$X-M$ 为净出口。

在宏观经济分析中，国内生产总值指标占有非常重要的地位。国内生产总值的增长率一般用来衡量经济增长速度，是反映一定时期经济发展水平变化程度的动态指标。与对国内生产总值等总量指标的分析相比，对经济运行变动特点进行分析更偏重对经济运行质量的研究，主要包括：一是经济增长的历史动态比较，说明增长波动的特征，即所处经济周期的阶段特征；二是经济结构的动态比较，说明经济结构的变化过程和趋势；三是物价变动的动态比较，说明物价总水平的波动与通货膨胀状况，并联系经济增长、经济结构的发展变化等，说明物价变化的特点及其对经济运行主要方面的影响。

2. 工业增加值

工业增加值指工业行业在报告期内以货币表现的工业生产活动的最终成果，是工业企业生产过程中新增加的价值。

工业增加值有两种计算方法：一是生产法，即以工业总产出减去工业中间投入；二是收入法，即从收入的角度出发，根据生产要素收入计算，具体构成项目有固定资产折旧、劳动者报酬、生产税净额、营业盈余之和，也称要素分配法。

3. 失业率

失业率是指劳动力人口中失业人数所占的百分比。劳动力人口是指年龄在 16 岁以上具有劳动能力的人的全体。我国统计部门公布的失业率为城镇登记失业率，即报告期末城镇登记失业人数占期末城镇从业人员总数与期末实有城镇登记失业人数之和的比重。

失业率是国民经济重点关注的指标。当失业率很高时，资源被浪费，人们收入减少，此时，经济问题还可能影响人们的情绪和家庭生活，进而引发一系列的社会问题。

4. 价格指数

价格指数是衡量一个时期与基期相比，物价总水平的相对变化的指标。它是研究价格动态变化的一种工具，它为制定、调整和检查各项经济政策，特别是价格政策提供依据。价格水平主要是指经济中商品和服务的价格经过加权后的平均价格。价格指数是反映一定时期内商品价格水平变动情况的统计指标，它是一个相对数，而价格水平是个绝对数。整体价格水平的持续普遍上升意味着通货膨胀。常见的价格指数包括：消费者价格指数（CPI）、生产者价格指数（PPI）和 GDP 平减指数。

消费者价格指数是衡量消费者为购买一揽子生活消费品和服务而支付的随着时间而变化的平均价格。在我国则称为居民消费价格指数，是度量一定时期内居民消费商品和服务价格水平总体变动情况的相对数，综合反映居民消费商品和服务价格水平的变动趋势和变动程度。

生产者价格指数衡量的是生产或批发环节的价格水平，在我国则称为工业生产者出厂价格指数，它是指一定时期内工业企业产品第一次出售时的出厂价格总水平的变动趋势和变动幅度的相对数。通过工业生产者出厂价格指数能观察出厂价格变动对工业总产值的影响。

GDP 平减指数是名义 GDP 与实际 GDP 的比值，表示现期生产成本与基期生产成本之比，反映了一国生产的所有商品和服务的价格水平。

想一想： CPI 与 GDP 平减指数在衡量价格指数方面有什么区别？

5. 国际收支

国际收支是一国居民在一定时期内与非本国居民在政治、经济、军事、文化及其他往来中所产生的全部交易的系统记录。国际收支包括经常项目和资本项目。经常项目主要反映一国的贸易和劳务往来状况。资本项目集中反映一国同国外资金往来的情况，反映一国利用外资和偿还本金的执行情况。

国际收支反映的是两个时点之间存量的变化额。它所反映的内容是经济交易，包括商品和劳务的买卖、金融资产之间的交换、无偿的单向商品和劳务的转移以及无偿的单向金融资产的转移等。

（二）投资指标

投资规模是指一定时期在国民经济各部门、各行业再生产中投入资金的数量。投资规模是否适度是影响经济稳定与增长的一个决定因素。投资规模安排过小，不利于为经济的进一步发展奠定物质技术基础；投资规模安排过大，超出了一定时期人力、物力和财力的可能，又会造成国民经济比例的失调，导致经济大起大落。

全社会固定资产投资也称全社会固定资产投资完成额，是指以货币形式表现的在一定时期内由全社会建造和购置固定资产的工作量以及与此有关的费用的总称，它是反映全国固定资产规模、结构和发展速度的综合性指标。固定资产投资是指建造和购置固定资产的经济活动，它是社会增加固定资产，扩大生产规模、优化经济结构、发展国民经济的重要手段，也是提高人民物质文化生活水平的条件。固定投资的投资额是以货币表现的在一定时期内建造和购置固定资产的工作量以及与此有关的费用的总称，是反映运用各种资金完成的用价值体现的实物工作量或与之相匹配的财务支出额。

（三）消费指标

1. 社会消费品零售总额

社会消费品零售总额是指国民经济各行业通过多种商品流通渠道向城乡居民和社会集团供应的消费品总额，反映的是对生活资料的消费。社会消费品零售总额是研究国内零售市场变动情况、反映经济景气程度的重要指标。社会消费品零售总额的大小和增长速度反映了城乡居民与社会集团消费水平的高低、居民消费意愿的强弱。社会消费品需求是国内需求的重要组成部分，对一国经济增长具有巨大促进作用。

2. 城乡居民储蓄存款余额

城乡居民储蓄存款余额是指某一时点城乡居民存入银行及农村信用社的储蓄金额，包括城镇居民储蓄存款和农民个人储蓄存款，不包括居民的手持现金和工矿企业、部队、机关、团队等单位存款。

（四）金融指标

1. 金融总量指标

（1）货币供应量。

货币供应量是单位和居民个人在银行的各项存款和手持现金之和，其变化反映了中央银行货币政策的变化，对企业生产经营、金融市场尤其是证券市场的运行和居民个人的投资行为有着重大的影响。中央银行一般根据宏观监测和宏观调控的需要，根据流动性的大小，将货币供应量划分为不同的层次。我国现行货币统计制度将货币供应量划分为三个层次：

①流通中现金（M_0），指银行体系以外各个单位的库存现金和居民手持现金之和。

②狭义货币供应量（M_1），指 M_0 加上企业、机关、团体、部队、学校等单位在银行的活期存款。

③广义货币供应量（M_2），指 M_1 加上企业、机关、团体、部队、学校等单位在银行的定期存款和城乡居民个人在银行的各项储蓄存款以及证券公司的客户保证金。

M_2 与 M_1 的差额，通常称为准货币。

中央银行可以通过增加或减少货币供应量调节货币市场，实现对经济的干预。货币供应量的变动会影响利率，中央银行可以通过对货币供应量的管理来调节信贷供给和利率，从而影响货币需求并使其与货币供给相一致，对宏观经济施加影响。

（2）金融机构各项存贷款余额。

金融机构各项存贷款余额是指某一时点金融机构存款金额（包括企业存款、财政存款、机关团体存款、城乡储蓄存款、农业存款、信托及其他类存款）与金融机构贷款余额（包括工业贷款、农业贷款、商业贷款、建筑业贷款、私营及个体贷款、乡镇企业贷款、固定资产贷款、信托及其他类贷款）。其中，金融机构主要包括政策性银行、商业银行、非银行信贷机构和保险公司等。

（3）金融资产总量。

金融资产总量是指手持现金、银行存款、有价证券、保险等其他资产的总和。

2. 利率

利率（或称利息率）是指在借贷期内所形成的利息额与本金的比率。利率直接反映的是信用关系中债务人使用资金的代价，也是债权人出让资金使用权的报酬。

从宏观经济分析的角度看，利率的波动反映出市场资金供求的变动状况。在经济发展的不同阶段，市场利率有不同的表现。在经济持续繁荣增长时期，资金供不应求，利率上升；当经济萧条市场疲软时，利率会随着资金需求的减少而下降。除了与整体经济状况密切相关之外，利率影响着人们的储蓄、投资和消费行为；利率结构影响着居民金融资产的选择，影响着证券的持有结构。利率可以分为存款利率、贷款利率、再贴现率、回购利率、同业拆借利率等。

（1）贴现率与再贴现率。

贴现是指银行应客户的要求，买进其未到付款日期商业票据的业务。办理贴现业务时，银行向客户收取一定的利息，称为贴现利息或折扣，其对应的比率即贴现率。再贴现率是商业银行由于资金周转的需要，以未到期的票据再向中央银行贴现时所适用的利率。对中央银行而言，再贴现是买进票据，让渡资金；对商业银行而言，再贴现是卖出票据，获得资金。

再贴现是中央银行的一项主要的货币政策工具。中央银行根据市场资金供求状况调整再贴现率，能够影响商业银行资金介入的成本，进而影响商业银行对社会的信用量，从而调节货币供给总量。如果中央银行提高再贴现率，就意味着商业银行向中央银行再融资的成本提高了，因此商业银行必然要调高对客户的贴现率或提高放款利率，从而带动整个市场利率上涨，这样借款人就会减少，起到紧缩信用的作用，市场货币供应量减少；反之，如果中央银行降低再贴现率，就可以起到扩大信用的作用。所以，再贴现率的变动对货币供应量起直接作用，进而对国内总需求产生影响。当再贴现率提高时，会降低总需求；当再贴现率降低时，会扩大总需求。

（2）同业拆借利率。

同业拆借利率是指银行同业之间的短期资金借贷利率。同业拆借有两个利率，即拆进利率和拆出利率。拆进利率表示银行愿意借款的利率；拆出利率表示银行愿意贷款的利率。一家银行的拆进（借款）实际上也是另一家银行的拆出（贷款）。同一家银行的拆进利率和拆出利率相比较，拆进利率永远小于拆出利率，其差额就是银行的收益。

同业拆借中大量使用的利率是伦敦同业拆借利率（LIBOR）。LIBOR 是国际金融市场中大多数浮动利率的基础利率，并作为银行从市场上筹集资金进行转贷的融资成本。从 LIBOR 变化出来的，还有新加坡同业拆借利率、纽约同业拆借利率、香港同业拆借利率等。

（3）回购利率。

回购是交易双方在全国统一同业拆借中心进行的以债券（包括国债、政策性金融债和中央银行融资券）为权利质押的一种短期资金融通业务，是指资金融入方（正回购方）在将债券出质给资金融出方（逆回购方）融入资金的同时，双方约定在将来某一日期由正回购方按某一约定利率计算的资金额向逆回购方返还资金，逆回购方向正回购方返还原出质债券的融资行为。该约定的利率即为回购利率。

全国银行间债券市场的回购交易是以国家主权级的债券作为质押品的交易。其回购利率可以说是一种无风险利率，可以准确反映市场资金成本和短期收益水平，比较真实地反映金融市场的资金供求情况，已成为中央银行制定货币政策、财政部和其他债券发行人制定发行策略、市场参与者进行资产管理的重要参考指标。

（4）各项存贷款利率。

各项存贷款利率是指中国人民银行对金融机构的存贷款利率、金融机构对客户的存贷款利率。

银行利率的变动不仅对银行贷款有直接影响，对债券利率也会产生影响，其他货币的市场价格也会随利率的变动而变动。所以利率是对市场反应非常灵敏的一个经济变量。在对利率与总供需关系的研究中，应该对存款利率和贷款利率加以区别。存款利率主要调节存款，贷款利率主要调节贷款。一般情况下，两者之间的变动方向是一致的，但是有时候在变动幅度上可以不同，因此存贷款利率之间的差额也可以成为调节供需关系的一种工具。

3. 汇率

汇率是外汇市场上一国货币与他国货币相互交换的比率。一般来说，国际金融市场上的外汇汇率是由一国货币所代表的实际社会购买力平价和自由市场对外汇的供求关系决定的。

汇率变动是国际市场商品和货币供求关系的综合反映。在当今国际经济生活中，汇率的变动对一国的国内经济、对外经济以及国家间的经济联系都产生重大影响。

（五）财政指标

1. 财政收入

财政收入指国家财政参与社会产品分配所取得的收入，是实现国家职能的财力保证。财政收入主要包括以下方面：

（1）各项税收：增值税、资源税、城镇土地使用税、印花税、个人所得税、企业所得税、关税、农牧业税和耕地占用税等。

（2）专项收入：征收排污费收入、城市水资源收入、教育费附加收入等。

（3）其他收入：基本建设贷款归还收入、基本建设收入、捐赠收入等。

2. 财政支出

财政支出是指国家财政将筹集起来的资金进行分配使用，以满足经济建设和各项事业的需要。财政支出主要归为两部分：一部分是经常性支出，包括政府的日常性支出、公共消费产品的购买、经常性转移等；另一部分是资本性支出，就是政府的公共性投资支出，包括政府在基础设施上的投资、环境改善方面的投资以及政府储备物资的购买等。

在财政收支平衡条件下，财政支出的总量并不能扩大和缩小总需求。但财政支出的结构会改变消费需求和投资需求的结构。经常性支出的扩大可以扩大消费需求，其中既有个人消费需求，也有公共物品的消费需求。资本性支出的扩大则扩大投资需求。在总量不变的条件下，两者是此多彼少的关系。扩大了投资，消费就必须减少；扩大了消费，投资就必须减少。所以在需求结构调整时，适当调整财政的支出结构就能产生很显著的效应。

3. 财政赤字或结余

财政收入与财政支出的差额即财政赤字（差值为负时）或结余（差值为正时）。核算财政收支总额主要是为了进行财政收支状况的对比。财政收入大于支出表现为结余，财政收不抵支则出现赤字。如果财政赤字过大，就会引起社会总需求的膨胀和社会总供求的失衡。同时，财政赤字或结余也是宏观调控中应用最普遍的一个经济变量。财政发生赤字的时候有两种弥补方式：一是通过发行国债来弥补；二是通过向银行借款来弥补。

发行国债对国内需求总量是不会产生影响的。财政向银行借款弥补赤字，如果银行不因此而增发货币，只是把本来应该增加贷款的数量借给财政使用，那么财政赤字同样不会使需求总量增加。这是由债务本身的性质所决定的。只有在银行因为财政的借款而增加货币发行量时，财政赤字才会扩大国内需求，进而增加通货膨胀。

想一想： 宏观经济分析主要关注哪些指标？

同步检测（单选题）

1. 国内生产总值（GDP）是指一个国家或地区所有（　　）在一定时期内生产活动的最终成果。

A. 本国居民　　B. 国内居民

C. 常住居民　　D. 常住居民但不包括外国人

2. 劳动力人口是指年龄在（　　）具有劳动能力的人的全体。

A. 15 周岁以上　　B. 16 周岁以上

C. 18 周岁以上　　D. 以上都不正确

任务二

宏观经济对证券市场的影响分析

证券市场有“经济晴雨表”之称，这表明证券市场是宏观经济的先行指标，也表明宏观经济的走向决定证券市场的长期趋势。宏观经济环境对整个证券市场的影响，既包括经济周期这种纯粹的经济因素，也包括政府经济政策及特定的财政金融行为等混合因素。宏观经济运行通过四个途径影响证券市场，即企业经济效益、居民收入水平、投资者对股价的预期、资金成本。

一、宏观经济对证券市场的影响途径分析

（一）企业经济效益

无论是从长期看还是从短期看，宏观经济环境都是影响企业生存发展的最基本因素。企业的经济效益会随着宏观经济运行周期、宏观经济政策、利率水平和物价水平等宏观经济因素的变动而变动。如果宏观经济运行趋好，企业总体盈利水平提高，证券市场的市值就可能上涨；如果政府采取强有力的宏观经济调控政策，紧缩银根，企业的投资和经营会受到影响，盈利下降，证券市场的市值就可能缩水。

（二）居民收入水平

在经济周期处于上升阶段或在提高居民收入政策的作用下，居民收入水平将会在一定程度上拉动消费需求，从而增加相关企业的经济效益。另外，居民收入水平的提高也

会直接促进证券市场投资需求的提高。

（三）投资者对股价的预期

投资者对股价的预期，也就是投资者的信心，是宏观经济影响证券市场走势的重要途径。当宏观经济趋好时，投资者预期公司效益和自身的收入水平会上升，证券市场人气趋盛，从而推动证券价格走高；反之，则会令投资者对证券市场的信心下降。

（四）资金成本

当宏观经济政策发生变化时，如调整利率水平、实施消费信贷政策、征收利息税等，居民、单位的资金持有成本将随之变化，促使资金流向改变，影响证券市场的需求，从而影响证券市场的走向。

想一想：我国证券市场的几波牛市，其推动因素主要是什么？

二、宏观经济变动与证券市场波动的关系

（一）GDP 变动与证券市场波动关系分析

国内生产总值（GDP）是一国经济成就的根本反映。从长期来看，在上市公司的行业结构与该国产业结构基本一致的情况下，股票平均价格变动趋势与 GDP 的变化趋势是相吻合的。证券市场一般提前对 GDP 的变动作出反应，证券市场反映预期的 GDP 变动，而 GDP 的实际变动被公布时，证券市场只反映实际变动与预期变动的差别，因而对 GDP 变动进行分析时必须着眼于未来。GDP 与证券市场的关系对分析一国在相当长的时间内的情况比较有价值。由于影响证券市场走势的因素很多，一国证券市场与本国 GDP 走势有可能出现背离。不能简单地认为 GDP 增长，证券市场就必将伴之向好，实际走势有时恰恰相反，因此必须将 GDP 与经济形势结合起来进行考察。

1. GDP 变动与证券市场关系的理论分析

（1）持续、稳定、高速的 GDP 增长。在这种情况下，社会总需求与总供给协调增长，经济结构逐步合理。这时证券市场将基于下述原因而呈现上升走势：①伴随总体经济增长，上市公司利润持续上升，股息不断增长，公司经营环境不断改善，产销两旺，投资风险也越来越小，从而公司的股票和债券全面升值，促使价格上扬。②人们对经济形势形成了良好的预期，投资积极性得以提高，从而增加了对证券的需求，促使证券价格上涨。③随着 GDP 的持续增长，国民收入和个人收入都不断得到提高，收入增加也将增加对证券投资的需求，从而导致证券价格上涨。

（2）高通胀下的 GDP 增长。当经济处于严重失衡下的高速增长时，总需求大大超过总供给，这将表现为高的通货膨胀率。这是经济形势恶化的征兆，如不采取调控措施，必将导致未来的滞胀（通货膨胀与经济停滞并存）。这时，经济中的各种矛盾会突出表现出来，企业经营将面临困境，居民实际收入也将降低，因而失衡的经济增长必将导致证券市场行情下跌。

（3）宏观调控下的 GDP 减速增长。当 GDP 呈失衡的高速增长时，政府可能采取宏观调控措施以维持经济的稳定增长，这样必然减缓 GDP 的增长速度。如果调控目标得

以顺利实现，GDP 仍以适当的速度增长而未导致 GDP 的负增长或低增长，说明宏观调控措施十分有效，经济矛盾逐步得以缓解，并为进一步增长创造了有利条件。这时，证券市场亦将反映这种好的形势而呈平稳渐升的态势。

（4）转折性的 GDP 变动。转折性的 GDP 变动有两种情况：第一种是由负增长转变为正增长或由低速增长转变为高速增长，第二种是由正增长转变为负增长或由高速增长转变为低速增长。如果 GDP 一定时期以来呈负增长，当负增长速度逐渐减缓并呈现向正增长转变的趋势时，表明恶化的经济环境逐步得到改善，证券市场走势也将由下跌转为上升。当 GDP 由低速增长转向高速增长时，表明低速增长中经济结构得到调整，经济的瓶颈得以改善，新一轮经济高速增长已经来临，证券市场亦将伴之快速上涨。反之，如果 GDP 由正增长转变为负增长或由高速增长转变为低速增长时，说明经济趋势恶化，企业利益逐渐下降，投资者信心逐步下降，证券市场走势将由上升转为下跌，证券市场将逐步进入低迷状态。

2. 我国 GDP 的变动与证券市场波动关系的实证分析

从图 3-1 可以看出，1990—2023 年上证指数趋势与我国 GDP 趋势基本一致，总体呈上涨趋势。但具体来看，在我国证券市场发展的部分年份里，上证指数与 GDP 走势也出现了多次背离的现象。在 1990—2023 年的 34 年中，我国 GDP 总体呈现增长态势，但上证指数走势却是高低互现，波动运行。上证指数在 34 年间，有 15 年是下跌的；有 19 年是上涨的，尤其是 1991 年、1992 年、2006 年，上证指数涨幅超过 100%。

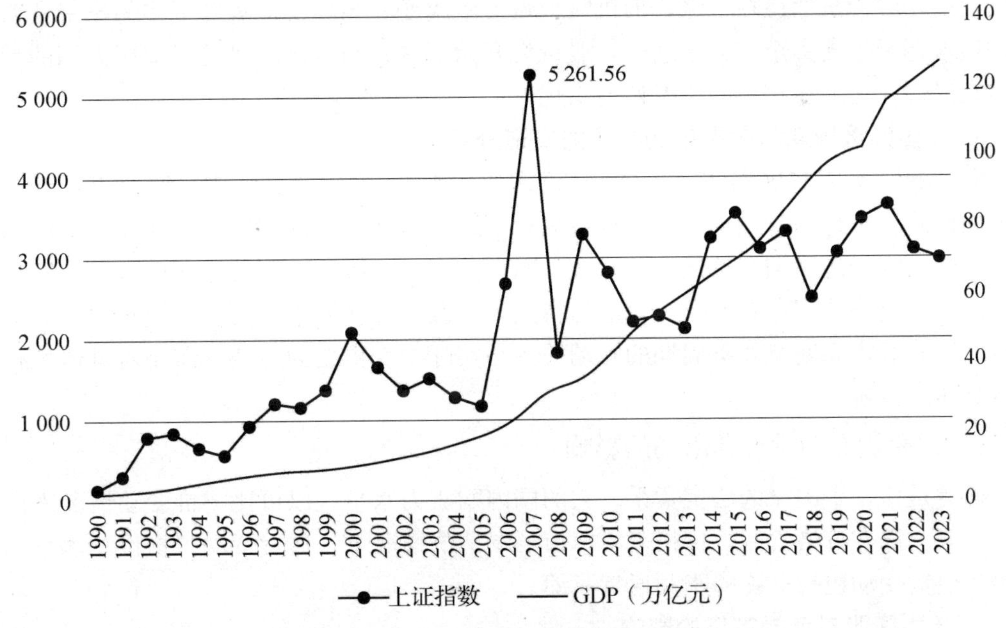

图 3-1　GDP 与上证指数关系图

数据来源：根据国家统计局、中国证监会公布数据整理。

（二）经济周期变动与证券市场波动的关系分析

1. 对经济周期的认知

经济周期也称商业周期、景气循环，它是指经济运行中周期性出现的经济扩张与经济紧缩交替更迭、循环往复的一种现象，是国民总产出、总收入和总就业的波动，是国民收入或总体经济活动扩张与紧缩的交替或周期性波动变化，一般分为衰退、萧条、复苏、高涨四个阶段。

经济周期变动是一个连续不断的过程，表现为扩张与紧缩交替出现。某个时期产出、价格、利率、就业率不断上升直至某个高峰——繁荣之后可能是经济的衰退，产出、产品销售、利率、就业率开始下降，直至某个低谷——萧条。萧条阶段的明显特征是：需求严重不足，生产相对严重过剩，销售量下降，价格低落，企业盈利水平极低，生产萎缩，出现大量破产倒闭，失业率增大，接下来则是经济复苏，进入一个新的经济周期。

2. 经济周期与证券市场关系的分析

证券市场综合了人们对于经济形势的预测，这种预测较全面地反映了人们对经济发展过程中表现出的有关信息的切身感受，这种预测又必然反映到投资者的投资行为中，从而影响证券市场的价格，既然股价反映的是对经济形势的预期，因而其表现必定领先于经济的实际表现（除非预期出现偏差，经济形势本身对股价产生纠错反应）。当经济持续衰退至尾声即萧条时期，百业不振，投资者远离证券市场，每日成交稀少，此时，那些有眼光并不停收集和分析有关经济形势并作出合理判断的投资者已默默吸纳股票，股价已缓缓上升，当各种媒介宣布萧条已去，经济日益复苏时，股价已上升至一定水平。而那些有识之士在综合分析经济形势的基础上，认为经济将不会再创热潮，就悄然抛出股票，股价虽然还在上涨，但供需力量发生改变。当经济形势被更多的投资者所认识，供求趋于平衡直至供大于求时，股价便开始下跌，当经济形势发展按照人们的预期走向衰退时，与上述相反的情况便会出现。

3. 我国经济周期与股票市场关系的实证分析

我国的股市从 1990 年开始至今已 30 多年，在 30 多年的运行中，股票市场既有与经济周期同步运行的时期，也有逆经济周期下跌的时期。我国的股市周期和经济周期运行不但与国际经济周期有较强的关联度，而且与资金、股市政策的导向也有极为密切的关系。由于经济政策存在放松与紧缩的特点，以及资金在股市中具有赚钱和赔钱的双重效应，这使股市周期与经济周期的互动关系在实际中变得更为复杂，需要对具体的行情进行具体的分析。

（三）通货变动对证券市场的影响

通货是指一个国家的法定货币。它的国内购买力水平是以可比物价变动情况来衡量的。一般在没有价格管制，价格基本由市场调节的情况下，通货变动与物价总水平是同义语。通货变动包括通货膨胀和通货紧缩。

1. 通货膨胀对证券市场的影响

通货膨胀对证券市场特别是个股的影响，没有一成不变的规律可循，完全可能产生反方向的影响，所以应具体情况具体分析。一般认为，温和的通货膨胀可以促进经济增长，当经济长期处于有效需求不足所导致的生产要素尚未充分有效利用、劳动者没有充分就业等情况时，实施扩张性货币和财政政策，同时保持温和的通货膨胀对促进经济增长具有积极的作用。高通货膨胀不可避免地会对经济增长产生极大的消极作用。

2. 通货紧缩对证券市场的影响

通货紧缩将损害消费者和投资者的积极性，造成经济萧条和经济衰退，与通货膨胀一样不利于币值稳定和经济增长。通货紧缩甚至被认为是导致经济衰退的“杀手”。

从消费者角度来说，通货紧缩持续下去，消费者对物价的预期值下降，从而更多地推迟购买。对投资者来说，通货紧缩将使投资产出的商品未来价格低于当前预期，促使投资者更加谨慎，或推迟原有投资计划。消费和投资的下降减少了总需求，使物价继续下降，从而步入恶性循环。从利率角度分析，通货紧缩形成了利率下调的稳定预期，由于真实利率等于名义利率减去通货膨胀率，下调名义利率降低了社会的投资预期收益率，导致有效需求和投资支出进一步减少，工资降低，失业增多，企业的效益下滑，居民收入减少，引致物价更大幅度地下降。因通货紧缩带来的经济负增长，使得股票、债券及房地产等资产价格大幅下降，银行资产状况严重恶化，而经济危机与金融萧条的出现反过来又大大影响了投资者对证券市场走势的信心，导致证券市场持续低迷。

想一想： 通货膨胀和通货紧缩对证券市场有什么影响？

三、宏观经济政策分析

（一）财政政策

财政政策是政府依据客观经济规律制定的指导财政工作和处理财政关系的一系列方针和措施的总称。财政政策是当代市场经济条件下国家调控经济时与货币政策并重的一种手段。

1. 财政政策的手段及其对证券市场的影响

财政政策手段主要包括国家预算、税收、国债、财政补贴、财政管理体制、转移支付制度等，这些手段既可以单独使用，也可以配合协调使用。

（1）国家预算。

国家预算是财政政策的主要手段之一。作为政府的基本财政收支计划，国家预算能够全面反映国家财力规模和平衡状态，并且是各种财政政策手段综合运用结果的反映，因而在宏观调控中具有重要的作用。国家预算收支的规模和收支平衡状态可以对社会供求的总量平衡产生影响。在一定时期，当其他社会需求总量不变时，政府赤字具有扩张社会总需求的功能，财政采用结余政策和压缩政策支出具有减少社会总需求的功能。

国家预算的支出方向可以调节社会总供求的结构平衡。财政投资的多少与投资方向直接影响和制约国民经济的部门结构，因而具有造就未来经济结构框架的功能，也有矫正其结构失衡状态的功能。

（2）税收。

税收是国家凭借政治权力参与社会产品分配的重要形式。税收具有强制性、无偿性和固定性的特征，它既是筹集财政收入的主要工具，又是调节宏观经济的重要手段。税制的设置可以调节和制约企业间的税负水平。税收还可以根据消费需求和投资需求的不同对象设置税种或在同一税种中实行差别税率，以控制需求数量和调节供求结构。

（3）国债。

国债是国家按照有偿信用原则筹集财政资金的一种形式，也是实现政府财政政策、进行宏观调控的重要工具。国债可以调节国民收入的分配结构和产业结构，调节固定资产投资结构，促进经济结构的合理化。政府还可以通过发行国债调节资金供求和货币流通量。另外，国债的发行对证券市场资金的流向格局也有较大影响。如果一段时间内，国债发行量较大且具有一定的吸引力，将会分流证券市场的资金。

（4）财政补贴。

财政补贴是国家为了某种特定需要，将一部分财政资金无偿补助给企业和居民的一种再分配形式，主要包括价格补贴、企业亏损补贴、财政贴息、房租补贴、职工生活补贴等。

（5）财政管理体制。

财政管理体制是中央与地方、地方各级政府之间以及国家与企事业单位之间资金管理权限和财力划分的一种根本制度，其主要功能是调节各地区、各部门之间的财力分配。

（6）转移支付制度。

转移支付制度是中央财政将集中的一部分财政资金，按一定的标准拨付给地方财政的一项制度，其主要功能是调整中央政府与地方政府之间的财力纵向不平衡以及调整地区间财政横向不平衡。

2. 财政政策的种类及其对证券市场的影响

财政政策分为扩张性财政政策、紧缩性财政政策和中性财政政策。实施紧缩性财政政策时，政府财政在保证各种行政与国防开支的情况下，并不从事大规模的投资。实施扩张性财政政策时，政府积极投资于能源、交通、住宅等建设，从而刺激相关产业如水泥、钢材、机械等行业的发展。如果政府以发行公债方式增加投资，对经济的影响就更为深远。总的来说，紧缩性财政政策将使得过热的经济受到控制，证券市场也将走弱，因为这预示着未来经济将减速增长后走向衰退；扩张性财政政策将刺激经济发展，证券市场则走强，因为这预示着未来经济将加速增长或进入繁荣阶段。

具体而言，实施扩张性财政政策对证券市场的影响如下：

（1）减少税收，降低税率，扩大减免税范围。增加微观经济主体的收入以刺激经济主体的投资需求，从而扩大社会供给，增加人们的收入，并同时增加他们的投资需求和消费支出。增加收入直接引起证券市场价格上涨，增加投资需求和消费支出又会拉动社会总需求；而总需求增加又反过来刺激投资需求，从而使企业扩大生产规模，增加企业利润；利润增加又将激发企业扩大生产规模的积极性，进一步增加利润总额，从而促进股票价格上涨。因市场需求活跃，企业经营环境改善，盈利能力增强，进而降低了还本付息风险，债券价格也将上扬。

（2）扩大财政支出。扩大社会总需求，从而刺激投资，扩大就业。政府通过购买和公共支出增加对商品和劳务的需求，激励企业增加投入，提高产出水平，于是企业利润增加，经营风险降低，使得股票价格和债券价格上升。同时，居民在经济复苏中增加了收入，持有货币增加，经济复苏的趋势更增加了投资者的信心，买气增强，证券市场和债券市场趋于活跃，价格自然上扬。特别是与政府购买和支出相关的企业将最先、最直接从财政政策中获利，有关企业的股票价格和债券价格将率先上涨。当过度使用此项政策，财政收支出现巨额赤字时，虽然进一步扩大了需求，但增加了经济的不稳定因素。通货膨胀加剧，物价上涨，有可能使投资者对经济的预期不乐观，反而造成股价下跌。

（3）减少国债发行（或回购部分短期国债）。国债是证券市场上重要的交易券种，国债发行规模的缩减使市场供给减少，从而对证券市场原有的供求关系平衡产生影响，导致更多的资金转向股票，推动证券市场上扬。

（4）增加财政补贴。财政补贴往往使财政支出扩大，其政策效应是扩大社会总需求和刺激供给增加，从而使整个证券市场的总体水平趋于上扬。

紧缩性财政政策的经济效应及其对证券市场的影响与上述情况相反。

（二）货币政策

1. 货币政策及其作用

货币政策是指中央银行为实现一定的经济目标而采取的控制和调节货币供应量的方针和措施的总称。货币政策对宏观经济进行全方位的调控，其调控作用突出表现在以下几点：

（1）通过调控货币供应总量来保持社会总供给与总需求的平衡。货币政策可通过调控货币供应总量达到对社会总需求和总供给两方面的调节，使经济达到均衡。当总需求膨胀导致供求失衡时，可通过控制货币供应总量达到对总需求的抑制；当总需求不足时，可通过增加货币供应总量提高社会总需求，使经济继续发展。同时，货币供给的增加有利于贷款利率的降低，可减少投资成本，刺激投资增长和生产扩大，从而增加社会总供给。反之，货币供给的减少将促使贷款利率上升，从而抑制社会总供给的增加。

（2）通过调控利率和货币总量来控制通货膨胀，保持物价总水平的稳定。无论通货膨胀形成原因多么复杂，从总量上看，都表现为流通中的货币超过社会在不变价格下所能提供的商品和劳务总量。提高利率可使现有货币购买力推迟，减少社会需求，也使银行贷款需求减少；降低利率的作用则相反。中央银行还可以通过金融市场直接调控货币供应量。

（3）调节国民收入中消费与储蓄的比例。货币政策通过对利率的调节影响人们的消费倾向和储蓄倾向。低利率鼓励消费，高利率则有利于吸收储蓄。

（4）引导储蓄向投资转化并实现资源的合理配置。储蓄是投资的来源，但储蓄不能自动转化为投资，储蓄向投资的转化依赖于一定的市场条件。货币政策可以通过利率的变化影响投资成本和投资的边际效率，提高储蓄转化的比重，并通过金融市场有效运作实现资源的合理配置。

2. 货币政策工具

货币政策工具又称货币政策手段，是指中央银行为实现货币政策目标所采用的政策手段。货币政策工具可分为一般性政策工具、选择性政策工具、补充性政策工具及创新型政策工具四类，这里主要讲解一般性政策工具和补充性政策工具。

（1）一般性政策工具。

一般性政策工具是指中央银行经常采用的三大政策工具。

一是法定存款准备金率。法定存款准备金率是指当商业银行吸收存款时，按规定必须将一定的存款存入中央银行，存入的比例称为法定存款准备金率。当中央银行提高法定存款准备金率时，商业银行可动用的资金减少，贷款能力下降，货币乘数减少，市场货币流通量便会相应减少。所以在通货膨胀时，中央银行可提高法定存款准备金率，反之则降低法定存款准备金率。由于货币乘数的存在，法定存款准备金率的作用效果十分明显。

想一想：调整法定存款准备金率对证券市场有何影响？

二是再贴现率。再贴现率是商业银行将其贴现的未到期票据向中央银行申请再贴现时的预扣利率。再贴现即商业银行资金不够时，用手上现有的商业票据向中央银行再贴现，以获得资金。再贴现意味着中央银行向商业银行贷款，从而增加了货币投放，直接增加货币供应量。再贴现率的高低不仅直接决定再贴现额的高低，而且会间接影响商业银行的再贴现需求，从而影响再贴现规模。

三是公开市场业务。公开市场业务是指中央银行在金融市场上公开买卖有价证券，以此来调节市场货币供应量的政策行为。当中央银行认为应该增加货币供应量时，就在金融市场上买进有价证券；反之就出售所持有的有价证券。

（2）补充性政策工具。

随着中央银行宏观调控作用重要性的加强，货币政策工具也趋向多元化，中央银行还会运用一些补充性政策工具，对商业银行的信用业务进行直接控制，对金融机构信用活动进行指导。补充性政策工具主要有以下两类：

一是信用直接控制工具。信用直接控制工具是指以行政命令或其他方式，直接对金融机构尤其是商业银行的信用活动进行控制，其具体手段包括：规定利率限额与信用配额、信用条件限制、规定金融机构流动性比率和直接干预等。

二是信用间接控制工具。信用间接控制工具是指中央银行通过道义劝告、窗口指导等办法来间接影响商业银行等金融机构行为的做法。

3. 货币政策的运作

货币政策的运作主要是指中央银行根据宏观经济形势采取适当的政策措施调控货币供应量和信用规模，使之达到预定的货币政策目标，并以此影响整体经济的运作。货币政策的运作可分为紧的货币政策和松的货币政策。

（1）紧的货币政策。紧的货币政策的主要手段有：减少货币供应量，提高利率，加强信贷控制。如果市场物价上涨，需求过度，经济过度繁荣，被认为是社会总需求大于总供给，中央银行就会采取紧的货币政策以减少总需求。

（2）松的货币政策。松的货币政策的主要手段有：增加货币供应量，降低利率，放松信贷控制。如果市场产品销售不畅，经济运转困难，资金短缺，设备闲置，被认为是社会总需求小于总供给，中央银行则会采取松的货币政策以增加总需求。

总的来说，在经济衰退时，总需求不足，采取松的货币政策；在经济扩张时，总需求过大，采取紧的货币政策。但这只是一个方面的问题，政府还必须根据现实情况对松紧程度进行科学合理地把握，必须根据政策工具本身的利弊及实施条件和效果选择适当的政策工具。

4. 货币政策对证券市场的影响

中央银行的货币政策对证券市场的影响，可以从以下四个方面加以分析：

（1）利率。中央银行调整基准利率的高低，会对证券价格产生影响。一般来说，利率下降时，股票价格就上升；而利率上升时，股票价格就下跌。利率对股票价格的影响一般比较明显，市场反应也比较迅速。因此要把握住股票的价格走势，首先要对利率的变化趋势进行全面掌握。利率政策本身是中央银行货币政策的一个组成内容，但利率的变动同时也受其他货币政策影响。如果货币供应量增加、中央银行再贴现率降低、中央银行所需求的银行存款准备金率下降，就表明中央银行在放松银根，利率呈下降趋势；反之，则表示利率呈上升趋势。上述利率与股价运动呈反方向变化是一般情况，不能将此绝对化，股价和利率并不是呈现绝对的负相关关系。形势看好、股票行情暴涨的时候，利率的调整对股价的控制作用就不会很大。同样，当股市处于暴跌的时候，即使出现利率下降的调整政策，也可能会使股价回升乏力。

想一想：央行调整利率对证券市场有何影响？

（2）中央银行的公开市场业务对证券价格的影响。当政府倾向于实施较为宽松的货币政策时，中央银行就会大量购进有价证券，从而使市场上的货币供应量增加。这会推动利率下调，资金成本降低，从而企业和个人的投资和消费热情高涨，生产扩张，利润增加，这又会推动股票价格上涨；反之，股票价格将下跌。中央银行公开市场业务的运作直接以国债为操作对象，直接关系到国债市场的供求变动，影响国债市场的波动。

（3）调节货币供应量对证券市场的影响。中央银行可以通过调整法定存款准备金率和再贴现政策来调节货币供应量，从而影响货币市场和资本市场的资金供求，进而影响证券市场。如果中央银行提高法定存款准备金率，这在很大程度上限制了商业银行体系创造派生存款的能力，法定存款准备金率对应着数额庞大的存款总量，并通过货币乘数的作用使货币供应量更大幅度减少，证券市场价格便趋于下跌。同样，如果中央银行提高再贴现率，对再贴现资格加以严格审查，商业银行资本成本增加，市场贴现利率上升，社会信用收缩，证券市场的资金供应减少，使证券市场行情走势趋软。反之，如果中央银行降低法定存款准备金率或降低再贴现率，通常都会导致证券市场行情上扬。

（4）货币政策工具对证券市场的影响。为了实现国家的产业政策和区域经济政策，我国对不同行业和区域采取区别对待的方针。一般来说，该项政策会对证券市场整体走势产生影响，而且还会因为板块效应对证券市场产生结构性影响。从紧的货币政策使证券市场行情呈下跌走势，但如果在从紧的货币政策前提下实行总量控制，通过直接信用控制或间接信用指导区别对待，紧中有松，那么一些优先重点发展的产业和国家支柱产业及优先重点发展的地区的证券价格则可能不受影响，甚至逆势而上。总的来说，此时的贷款流向反映产业政策与区域政策，并引起证券市场价格的比价关系作出结构性的调整。

（三）汇率政策

1. 汇率政策的内容

汇率是国际贸易中最重要的调节杠杆。一国货币兑换另一国货币的比率，是以一种货币表示另一种货币的价格。由于世界各国货币的名称不同，币值不一，因此一国货币对其他国家的货币要规定一个兑换率，即汇率。

汇率政策是指政府在一定时期内，为实现宏观经济政策目标而对汇率变动施加影响的制度性安排与具体措施。

2. 汇率变化对证券市场的影响

汇率对证券市场的影响是多方面的。一般来讲，一国的经济越开放，证券市场国际化程度越高，证券市场受汇率的影响越大。

一般而言，以外币为基准，汇率上升、本币贬值，本国产品竞争力强，出口型企业将增加收益，因而企业的股票和债券价格将上涨；相反，依赖于进口的企业成本增加，利润受损，股票和债券的价格将下跌。同时，汇率上升、本币贬值，将导致资本流出本国，资本的流失将使得本国证券市场需求减少，从而市场价格下跌。

另外，汇率上升时，本币表示的进口商品价格提高，进而带动国内物价水平上涨，引起通货膨胀。通货膨胀对证券市场的影响需根据当时的经济形势和具体企业以及政策行为进行分析。为维持汇率稳定，政府可能动用外汇储备，抛售外汇，从而减少本币的供应量，使得证券市场的价格下跌，直到汇率回落恢复均衡；反之，可能使证券价格回升。如果政府利用债市与汇市联动操作达到既控制汇率的升势又不减少货币供应量，即抛售外汇的同时回购国债，则将使国债市场价格上扬。

（四）收入政策

1. 收入政策的内容

收入政策是国家为实现宏观调控总目标和总任务，针对居民收入水平高低、收入差距大小在分配方面制定的原则和方针。与财政政策、货币政策相比，收入政策具有更高层次的调节功能，它制约着财政政策和货币政策的作用方向和作用力度，而且收入政策最终也要通过财政政策和货币政策来实现。

收入政策目标包括收入总量目标和收入结构目标。收入总量目标着眼于近期的宏观经济总量平衡，着重处理积累和消费、人们近期生活水平改善和国家长远经济发展的关系以及失业和通货膨胀的问题。收入结构目标则着眼于处理各种收入的比例，以解决公共消费和私人消费、收入差距等问题。

收入总量调控政策主要通过财政机制和货币机制来实施，还可以通过行政干预和法律调整等机制来实施。财政机制通过预算控制、税收控制、补贴调控和国债调控等手段贯彻收入政策。货币机制通过调控货币供应量、调控货币流通量、调控信贷方向和数量、调控利息率等贯彻收入政策。因此，收入总量调控通过财政政策和货币政策的传导对证券市场产生影响。

2. 收入政策的变化及其对证券市场的影响

国家依法保护法人和居民的一切合法收入和财产，鼓励城乡居民储蓄和投资，允许属于个人的资本等生产要素参与分配。

随着社会主义市场经济体制的建立和完善，我国收入分配格局发生了根本性的变化，从而导致了我国民间金融资产大幅增加，并具有相当规模。这些资产必然要寻找出路，或者储蓄，或者投资。由于资金分散，直接的实业投资很难普遍进行，大部分投资须借助于金融市场来实现。民间金融资产的增大、社会总积累向社会分配的趋向，将导致储蓄增加，同时增加证券市场需求，促进证券市场规模的扩大和价格水平的逐步提高。

着眼于短期供求总量均衡的收入总量调控通过财政、货币政策来进行，因而收入总量调控通过财政政策和货币政策的传导对证券市场产生影响。收入结构也会影响证券市场的发展。缩小收入差距、实现共同富裕有利于证券市场的发展，也是我国经济发展的必然要求。

想一想：我国现行收入政策对股市有何影响？

四、国际金融市场环境变化对我国证券市场的影响

国际金融市场主要包括货币市场、资本市场、外汇市场、黄金市场和期权期货市场等。这些市场是一个整体，各个市场相互影响。证券市场仅仅是国际金融市场的一部分。国际证券市场受其他市场的影响，其对一国证券市场的影响可以通过该国国内其他金融市场的传导进行。如 20 世纪 80 年代初，发展中国家难以在国际证券市场发展。随着经济全球化和金融市场一体化进程的加快，一国经济形势和金融市场的动荡都会对相关国家产生直接或间接影响。我国自 2001 年加入世界贸易组织（WTO）之后，资本市场逐步开放，证券市场相对独立，但由于经济全球化的发展，我国经济与世界经济的联系日趋紧密。美国次贷危机引发的金融危机，对全球经济和金融市场产生了巨大的冲击，而国际金融市场的剧烈动荡通过各种途径影响我国的证券市场。

（一）国际金融市场动荡通过人民币汇率预期影响证券市场

从趋势上看，由于我国经济的持续稳步发展，对内外资投资于我国资本市场将产生极大的吸引力，伴随金融业的全面开放、市场扩容和金融衍生工具的增加等，我国资本市场正在迎来一个稳步发展的时期。

（二）国际金融市场动荡通过宏观层面间接影响我国证券市场

国际金融市场动荡会导致出口增幅下降、外商直接投资下降，从而影响经济增长率。宏观经济环境的恶化导致上市公司业绩下降和投资者信心下降，最终使证券市场行情下跌。其中，国际金融市场的动荡对外向型上市公司和外贸行业上市公司的业绩影响最大，对其股价的冲击也最大。2008 年国际金融危机直接影响全球实体经济，美国、欧洲和日本三大经济体经济进入衰退。2008 年第 4 季度我国经济出现大幅度下滑，我国证券市场也受到国际金融市场的影响。

国际金融市场的动荡对我国的影响并不是单向的。2007 年 2 月 27 日，我国 A 股指数出现有史以来最大的单日下跌，跌幅超过 8%。股指大跌次日波及全球各国（地区）股市，美股大跌逾 400 点。德国媒体以“中国打喷嚏，全世界感冒”来形容当时我国的

经济影响力。我国经济目前在世界的影响力很大已是不争的事实。随着我国资产证券化率的不断提高，我国证券市场对世界金融市场的影响将会越来越大。

（三）国际金融市场动荡通过微观层面直接影响我国证券市场

随着我国经济实力的不断壮大，国内企业的国际竞争能力也在不断增强。一些大型企业通过跨国兼并参与国际竞争，国内主要上市公司通过购买境外企业的股份，以达到参股或控股的目的。另外，一些大型上市公司通过购买境外企业债券进行组合投资套期保值。国际金融市场的动荡造成境外企业的股票和债券价格大幅度缩水，严重影响了上述上市公司的业绩。

2005 年股权分置改革后，包括中国石油在内的许多大型国有企业陆续在我国 A 股市场上市。该类公司目前在国际上具备较强的竞争力和资本扩张力，它们在境外的投资直接受到国际市场的影响。2007 年底至 2008 年底，该类公司境外投资受国际金融市场的影响导致股价下跌对 A 股产生巨大影响。这一现象表明，国际金融市场动荡已经从原来的通过宏观层面的间接影响深入到从微观层面直接影响我国 A 股市场。因此，对境外市场的研究比以往显得更为重要。

想一想：2014 年我国证券市场的牛市与 2015 年的大幅调整，与我国宏观经济的发展有无关系？与世界经济的发展有无关系？

同步检测（单选题）

1. 商业银行由于资金周转的需要，以未到期的商业票据向中央银行贴现时所适用的利率称为（　　）。

A. 贴现率　　B. 再贴现率

C. 同业拆借率　　D. 回购利率

2. 由于货币乘数的作用，（　　）的作用效果十分明显。

A. 再贴现率　　B. 直接信用控制

C. 法定存款准备金率　　D. 公开市场业务

3. （　　）是指中央银行规定的金融机构为保证客户提取存款和资金清算需要而准备的在中央银行的存款占其存款总额的比例。

A. 法定存款准备率　　B. 存款准备金率

C. 超额准备金率　　D. 再贴现率

任务三
股票市场供求关系分析

从长期来看，证券价格由其内在价值决定，但就中短期的价格分析而言，证券的市场交易价格由供求关系决定。无论是成熟市场还是新兴市场，都可以用供给曲线和需求曲线的变化来确定证券价格的变化轨迹。但不同的是，成熟市场的供求关系是由资本收益率引导的供求关系，即资本收益率水平对证券价格有决定性的影响。而我国证券价格在很大程度上由证券的供求关系决定，即由一定时期内证券总量和资金总量的力量对比决定。

一、证券市场的供给方和需求方

（一）供给方

证券市场的供给主体是上市公司，由已经上市的老股票和新上市的新股票构成。自1990年我国设立证券交易所以来，上市公司的数目逐年增加。截至2023年末，中国结算登记存管的沪深证券交易所的证券为35 793只，北京证券交易所的证券为239只，全国股份转让系统的证券为6 512只。其中，沪深A股5 096只，比2022年增加181只；B股86只，较2022年减少1只；国债990只，比2022年增加294只；地方债3 985只，比2022年增加464只；政策性金融债28只，与2022年持平；企业债2 191只，比2022年减少84只；公司债13 954只，比2022年增加1 520只；可转债564只，比2022年增加77只；中小企业私募债879只，比2022年增加124只；封闭式基金1只，与2022年持平；ETF896只，比2022年增加132只；LOF486只，比2022年减少14只；实时申赎货币基金8只，与2022年持平；公募基础设施基金（REITs）30只，较2022年增加6只；资产证券化产品6 599只，比2022年增加359只。

（二）需求方

证券投资者是证券市场的需求主体，也是市场资金的供给者。投资者的存在使得各种证券的发行有了保证，市场的正常交易得以维持。证券投资者之间的交易保证了证券市场资金和证券转换的连续性，是证券市场实现资源配置最重要的前提。在证券市场的构成要素中，投资者与上市公司一起构成了证券市场的重要基础。

根据投资主体的不同，投资者可分为个人投资者和机构投资者。

1. 个人投资者

个人投资者是以个人名义将自己的合法财产投资于证券市场的投资者。居民个人买卖证券是对其剩余、闲置的货币加以运用的一种方式。在发达证券市场上，个人投资者多数不直接参加证券的买卖。他们有的通过证券经纪人买卖证券，有的通过购买投资基金的方法间接参与证券市场交易。我国大部分个人投资者是直接参与证券的买卖，或是通过购买基金的方法间接地投资证券市场。

2. 机构投资者

机构投资者是相对于个人投资者而言的。从广义的角度来看，一切参与证券市场投资的法人机构都可以称作机构投资者。它既包括开放式基金、封闭式基金、社保基金，也包括参与证券投资的保险公司、证券公司、合格境外机构投资者，还包括一些投资公司和企业法人。与资金量小、信息不足、缺乏技巧的个人投资者相比，机构投资者具有资金与人才实力雄厚、投资理念成熟、抗风险能力强等特征，因而其发育程度被视为评价市场稳定性的重要指标。在外国成熟的证券市场上，机构投资者是市场的主要参与者，具有举足轻重的作用，也被视为市场成熟的一个标志。

根据投资证券市场目的的不同，投资者可分为长期投资者和短期投资者。长期投资者投资的目的是获得公司的分红和资本的长期增值，而短期投资者投资的目的是获得短期资本利得。

二、证券市场供给的决定因素与变动特点

证券市场供给的主体是上市公司，上市公司的质量和数量是证券市场供给方的主要影响因素。

（一）宏观经济环境

如果宏观经济运行良好，投资扩张的企业必然增多，融资的需求必然增加，这时会有更多的企业申请公开发行股票；同时，投资者良好的预期会促使其积极参与认购，上市公司数量也随之增加。这样，上市流通股份的数量就会增加，市场的供给相应会增加。

（二）制度因素

影响证券市场供给的制度因素主要有发行上市制度、市场设立制度和股权流通制度。从发行上市制度来看，1999 年以前，我国的股票发行制度主要采取的是额度控制和地方政府推荐企业的股票发行制度。随着 1999 年 7 月 1 日《中华人民共和国证券法》的颁布实施，股票发行制度逐步走向市场化。2001 年 3 月正式取消额度制，转而采取股票发行核准制。2020 年 3 月 1 日起施行修订后的《中华人民共和国证券法》，明确全面推行注册制，精简优化了证券发行的条件，调整了证券发行的程序，强化了证券发行中的信息披露，这一制度变化有利于资本市场的长远发展。从市场设立制度来看，市场的增加或减少会影响市场证券供给，如创业板、科创板、北交所的设立使股票市场的供给得以增加。从股权流通制度来看，股份分置改革等股权流通制度的变化使得股票市场的供给产生变化。

（三）上市公司质量

上市公司的质量状况影响证券市场的前景、投资者的收益及投资热情、个股价格及大盘指数变动，这些因素将直接或间接影响证券市场供给。质量高的上市公司易于为证券市场所接受，因而有利于股票供给的增加；反之，质量低的上市公司，其股票很难被市场接受，对股票的供给增加不利。上市公司的质量和业绩情况也影响公司本身的再筹资功能和筹资规模，从而影响股票的供给。因此，上市公司质量与经济效益状况是影响证券市场供给的最根本因素。

总的来看，上市公司的数量和质量将随国家宏观经济、证券市场监管部门对证券市场监管效率以及上市公司的整体质量等因素的变化而变化。随着我国经济的发展，企业上市筹资的需求仍然很大，证券市场的供给增加是必然趋势。在今后相当长的一段时期内，我国证券市场的供给量仍然会比较大。

三、证券市场需求的决定因素与变动特点

证券市场需求，即证券市场资金量的供给，主要是指能够进入证券市场的资金总量，证券市场需求主要受到以下因素的影响。

（一）宏观经济环境

如果宏观经济运行良好，银根较松，整个社会的资金供给就会呈现比较充裕的局面。同时，由于宏观经济向好，作为微观主体的上市公司的业绩预期会得到相应的改善，将会吸引投资者进入证券市场，从而增加对股票的需求，有效增加证券市场资金的供给量。反之，如果宏观经济前景堪忧，整个社会的资金供给可能会呈现比较紧张的局面，而且由于投资者调低对上市公司业绩的预期，会减少对证券市场的投资，证券市场的资金供给量就会减少。

（二）政策因素

由于我国证券市场处于不断完善阶段，有关部门为了防范证券市场的风险，对进入证券市场的投资主体有着严格的规定，一些不符合规定的资金不能进入证券市场。但是，随着我国证券市场的发展，有关部门会逐步开放证券市场，使进入证券市场的投资主体越来越多，为证券市场提供新的增量资金，扩大证券市场的资金供应量，包括市场准入政策、金融监管政策甚至货币与财政政策在内的一系列政策，将对证券市场的需求产生影响。

（三）居民金融资产结构的调整

居民的金融资产主要由银行存款、证券投资基金、股票、债券及信托资产等构成。我国居民以前金融资产的绝大部分是银行储蓄，证券投资尤其股票和证券投资、基金投资占金融资产的比例相当小。但是，随着人民生活水平的不断提高、金融投资意识的加强，不断有居民将原先的银行储蓄转化为股票和基金投资。股票与基金投资占个人金融资产的比例不断提高，而且这种变化趋势是长期的。随着居民金融资产结构的不断调整，股票与基金投资的比例将不断提高，进而给证券市场带来大量的增量资金，增加我国证券市场的资金供应量。

（四）机构投资者的培育和壮大

我国证券市场机构投资者的发展大致可以分为以下三个阶段：

第一阶段是 1991—1997 年。该阶段的机构投资者为证券公司、信托公司、早期的基金和非专业证券投资的企业法人。由于当时国家对机构投资者投资范围没有明确限制，部分机构投资者的资金并没有全部用于股票投资，如不少证券公司和早期基金投资房地产和上市公司法人股。

第二阶段是 1998—2000 年。该阶段的特点是管理层开始有计划、有步骤地推出一系列旨在培育机构投资者的政策措施。1998 年，证券投资基金（封闭式）的出现开创了我国机构投资时代的新篇章。1997 年 11 月，经国务院批准，中国证监会颁布了《证券投资基金管理暂行办法》。1998 年 3 月，首批基金管理公司获准成立。与此同时，早期

基金的规范化改革为证券投资基金带来了新生力量。据不完全统计，由早期基金规范形成的证券投资基金达20余只，为市场带来资金约50亿元；同时，早期基金的清理更为证券投资基金带来了一批有深厚背景的社会机构。它们通过资产置换进入市场。1999年下半年，允许特定企业作为战略投资者入市、允许保险资金入市、银行资金可以通过特定方式进入证券市场等举措，使得机构投资者入市步伐明显加快。

第三阶段是2001年至今，开放式基金的出现是该阶段的主要特点。2001年9月22日，第一只开放式基金——华安创新开放式基金宣告成立，从而使基金的发展跨入新的历史时期，标志着我国证券市场真正开始步入机构投资者时代。作为2001年才出现的新生品种，开放式基金无论是在数量上还是品种上都得到了长足的发展。截至2023年末，开放式基金TA系统服务境内基金管理人158家，服务境内基金销售机构377家。TA系统登记资管产品2 301只。产品类型涵盖了股票型、债券型、混合型、货币型、QDII、FOF、LOF、上证基金通等。

（五）资本市场的逐步对外开放

资本市场的开放包含两方面的含义：服务型开放和投资型开放。

1. 资本市场的服务型开放

资本市场的服务型开放是金融服务业开放的主要内容之一。它主要包括以下两个方面：

（1）允许投资银行、可以经营证券的商业银行、资产管理公司、各种基金（如养老基金、对冲基金、保险基金等）及基金管理公司、律师事务所、投资咨询公司等外国资本市场中介机构在本国资本市场上为证券投融资提供各种服务。

（2）允许本国资本市场中介机构在其他国家的资本市场上为证券投融资提供各种服务。

2. 资本市场的投资型开放

资本市场的投资型开放属于资本流动范畴，是指资金在国内与国际资本市场之间的自由流动。资本市场的投资型开放包括以下两方面含义：

（1）融资的开放，即允许本国居民在国际资本市场上融资和外国居民在本国资本市场上融资。

（2）投资的开放，即允许外国居民投资于本国的资本市场和允许本国居民投资于国际资本市场。投资型开放的结果是资本可在全球范围内充分配置，使全球任何地方的资本资产的价格趋于一致。

四、影响我国证券市场供求关系的基本制度改革

（一）股权分置改革

由于特殊历史原因，我国A股上市公司内部普遍形成了两种不同性质的股票，即非流通股和社会流通股。这两类股票表现出不同股、不同价、不同权的特征，这一特殊的市场制度与结构被称为股权分置。

股权分置问题的由来和发展可以分为三个阶段。

第一阶段，股权分置问题的形成。我国证券市场在设立之初，对国有股流通问题总体上采用搁置的办法，在事实上形成了股权分置的格局。

第二阶段，通过国有股变现解决国企改革和发展资金需求的尝试，开始触动股权分置问题。1998 年下半年到 1999 年上半年，为了推进国有企业改革发展的资金需求和完善社会保障机制，国家开始进行国有股减持的探索性尝试。由于实施方案与市场预期存在差距，试点很快被停止。2001 年 6 月 12 日，国务院颁布的《减持国有股筹集社会保障资金管理暂行办法》也是该思路的延续。但同样由于市场效果不理想，于当年 10 月 22 日宣布暂停。

第三阶段，作为推进资本市场改革开放和稳定发展的一项制度性变革，股权分置问题正式被提上日程。2004 年 1 月 31 日，国务院发布《关于推进资本市场改革开放和稳定发展的若干意见》(国发〔2004〕3 号)，明确提出“积极稳妥解决股权分置问题”。

中国证监会于 2005 年 4 月 29 日发布了《关于上市公司股权分置改革试点有关问题的通知》，标志着股权分置改革正式启动。三一重工、紫江企业、清华同方和金牛能源 4 家公司被确定为首批股权分置改革试点公司。除清华同方外，其他 3 家上市公司顺利通过股权分置改革实现全流通。2005 年 9 月 4 日，中国证监会颁布了《上市公司股权分置改革管理办法》。这一正式文件的出台，意味着股权分置改革从试点阶段开始转入积极稳妥地全面铺开的新阶段。通过一系列举措，股权分置改革取得决定性胜利。

股权分置改革的完成表明国有资产管理体制改革、历史遗留的制度性缺陷、被扭曲的证券市场定价机制、公司治理缺乏共同利益基础等一系列问题逐步得到解决，也是推进我国资本市场国际化进程的一个重要步骤，对证券市场产生以下极其深刻、积极的影响：

(1) 不同股东之间的利益行为机制在股改后趋于一致化。在股权分置时代，由于出发点不同，国有股股东、法人股股东等非流通股股东和流通股股东的利益存在根本矛盾和差异。股权分置改革解决了利益相关者之间的冲突问题，不同股东的利益行为机制在股改后趋于一致，市场的制度基础发生了根本性改变。

(2) 股权分置改革有利于上市公司定价机制的统一，市场的资源配置功能和价值发现功能进一步得到优化。股权分置的存在使股票市场的价值发现功能基本丧失，股价难以反映上市公司的内在价值，价格围绕价值波动的客观规律被人为割裂。股权分置的解决，可以使非流通股和流通股的定价机制统一，双方的利益基础一致，股票价格成为两者共同的价值判断标准，真正实现市场化的价格形成机制。

(3) 股权分置改革完成后，大股东违规行为将被利益牵制，理性化行为趋于突出。股权分置时代存在多种利益博弈形式，大股东的利益获取最先是从股东之间的利益博弈开始，之后才转向市场上公司的博弈。股权分置改革完成后，由于股东之间形成了共同的利益平台，上市公司股东之间，特别是大股东的利益获取将主要从公司内部股东的利益博弈转向与其他上市公司之间的竞争，大股东融资和关联交易等违规行为被多方利益牵制，逐渐趋于理性。

(4) 股权分置改革有利于建立和完善上市公司管理层的激励和约束机制。自第一批股权分置改革试点开始，中国证监会就在考虑如何实施上市公司高级管理人员激励机制方面的问题。随着股权分置改革的逐步推进，上市公司的治理结构得到进一步梳理，对高级管理人员进行长期的股权激励有助于上市公司的长远发展。

（5）股权分置改革后上市公司整体目标趋于一致，长期激励成为战略规划的重要内容。股权分置改革完成后，由于大股东的目标取向与上市公司的目标取向趋于一致，上市公司资产市值的最大化成为全体股东的共同目标，也成为考核经营管理层的核心目标，激励机制从侧重于短期激励转向以长期激励为主。

（6）股权分置改革之后金融创新进一步活跃，上市公司重组并购行为增多，证券市场的创新空间大为拓展。

（7）市场供给增加，流动性增强。股改之后，市场逐渐受到受限股到期解禁流通所产生的压力。受限股有三大类：第一类是股改所产生的受限股，第二类是“新老划断”后新的 IPO 公司产生的受限股，第三类是上市公司再融资（如增发等）产生的受限股。

（二）《中华人民共和国证券法》的重新修订

2019 年 12 月 28 日，十三届全国人大常委会第十五次会议审议通过了新修订的《中华人民共和国证券法》（以下简称《证券法》）。修订后的《证券法》于 2020 年 3 月 1 日起施行。修订后的《证券法》共包括 14 章节内容，即总则、证券发行、证券交易、上市公司收购、信息披露、投资者保护、证券交易场所、证券公司、证券登记结算机构、证券服务机构、证券业协会、证券监督管理机构、法律责任和附则。与修订前的《证券法》相比，修订后的《证券法》新增了信息披露和投资者保护专章。

（三）融资融券业务

融资融券业务是指向客户出借资金供其买入上市证券或者出借上市证券供其卖出，并收取担保物的经营活动。

融资融券业务的推出是继股权分置改革全面实施之后，又一个对我国资本市场发展具有根本性影响的制度安排，其积极影响主要表现在以下几个方面：

（1）作为一种新的交易工具，融资融券业务特别是融券的推出将在我国证券市场形成做空机制，改变证券市场只能做多不能做空的单边市状态。单边市使得我国股市多年来总是处于高系统性风险中，而融资融券为市场引入了做空机制。做空机制放大了整个市场的股票供需，反映了市场预期，促使股价接近实际价值，从而完善了市场的价格发现机制。

（2）融资融券业务增加了资金和证券的供给，增强了证券市场的流动性和连续性，活跃交易，大大提高了证券市场的效率。市场流动性是衡量一个市场功能是否健全、机制是否完善的重要指标之一。在融资融券交易下，融资行为的存在提高了多方的购买能力，扩大了需求；融券行为满足了空方的卖出意愿。这些必然会提高市场交易量，从而增强市场的流动性。

（3）融资融券业务的推出连通了资本市场和货币市场，有利于促进资本市场和货币市场资源的合理有效配置，增加资本市场资金供给。融资融券业务的开展，为资本市场的良性发展提供了资金支持，为货币市场的资金使用提供了新的渠道，沟通了资本市场和货币市场之间的联系，让资金在各市场间流动，促进了两个市场的均衡发展，提高了全社会的资金整体配置效率。

(4) 融券的推出有利于投资者利用衍生工具的交易进行避险和套利，进而提高市场效率。尤其是在股指期货推出之后，融券有利于股指期货的套利。比如，在不允许融券的情况下，投资者只能进行买入现货、卖出期货的买进持有套利；在允许融券的情况下，投资者还可以进行买入期货、卖出现货的反向买进持有套利。

(5) 融资融券业务有利于提高监管的有效性。做空机制的引入，监管部门既可以摆脱政策博弈的拖累，实行开放与多方的市场博弈，也可以通过对融资融券业务的管理实现对股票市场的间接调控。融资融券业务为监管部门提供了一个市场化的调控手段，投资者也将从监管部门对融资融券业务的管理中获知有效信息。

然而，融资融券业务又是一把双刃剑，它在促进市场完善、提高市场有效性的同时，也带来一定的风险，主要表现在以下方面：

(1) 融资融券业务对标的证券具有助涨助跌的作用。证券市场存在越涨越买、越跌越卖的特征，也就是追涨杀跌现象。融资融券业务引入信用交易，投资者可以通过融资或者融券来进行操作，对标的证券具有助涨助跌的作用。融资融券业务的推出会增大市场波动性，助长市场的投机气氛。

(2) 融资融券业务的推出使得证券交易更容易被操作。融资融券业务通过被引入信用交易而具有杠杆效应，使投机资金操纵市场变得更加容易，易引起市场的巨幅波动，损害投资者利益。

(3) 融资融券业务可能会对金融体系的稳定性带来一定威胁。融资融券交易是一种信用交易，实行保证金制度，这加剧了证券市场的动荡。在极端的情况下，如果投资者对未来有良好预期并一致做多，融资可能导致信贷等资金大量进入证券市场，现货市场产生大量泡沫，积累金融风险；在经济出现衰退、市场萧条的情况下，投资者一致做空，融券又使现货市场大幅下跌，甚至引发市场危机。现货市场的大幅波动也会极大地损害股指期货市场。

想一想： 我国目前有几个证券交易所？各个证券交易所的发展状况如何？

同步检测（单选题）

1. 从股权流通制度来看，(　　) 不流通是最突出的问题之一。

A. 社会公众股与国家股　　B. 社会公众股与法人股

C. 国家股与法人股　　D. 社会公众股、国家股与法人股

2. 我国股票市场的股价在很大程度上是由 (　　) 决定的。

A. 股票的供求关系　　B. 股票的内在价值

C. 资本收益率　　D. 市盈率

3. (　　)，标志着股权分置改革正式启动。

A. 2001 年 6 月 12 日，国务院颁布《减持国有股筹集社会保障资金管理暂行办法》

B. 2004 年 1 月 31 日，国务院发布《国务院关于推进资本市场改革开放和稳定发展的若干意见》

C. 2005年4月29日，中国证监会发布《关于上市公司股权分置改革试点有关问题的通知》

D. 2005年9月4日，中国证监会颁布《上市公司股权分置改革管理办法》

基础知识
考核与技能实训

项目四 行业分析

知识目标

1. 了解行业及其划分方法
2. 熟悉我国上市公司的行业分类标准
3. 掌握行业的市场结构的主要内容
4. 掌握行业生命周期的主要内容

能力目标

1. 能准确地判断上市公司的行业归属
2. 能分析某行业（上市公司）的市场竞争结构
3. 能研判行业所处的生命周期发展阶段
4. 能准确地表达本人关于行业的研判结论，熟练地撰写股市简评

素养目标

1. 深刻理解国家经济发展战略，增强行业分析中的社会责任感
2. 提高对行业发展趋势与国家政策导向之间关系的认识，形成正确的投资观念
3. 培养团队合作精神和沟通能力，能够在团队中分享行业知识和分析经验
4. 提升批判性思维能力，能够独立思考和质疑行业现状，鼓励创新思维和持续学习
5. 培养国际视野，理解全球化背景下行业发展的国际趋势，提升跨文化沟通能力

案例分析

投资的本质是什么？无非是希望今天付出的一笔钱，能够在未来收回更多的钱，“春种一粒粟，秋收万颗子”。投资本质上还是希望买到低价的东西，买到将来能够超过大家预期而成长的东西。我们从行业的维度看投资的本质，可以从以下几个方面去思考：

第一，看行业的商业模式。买股票看行业，就像买房子看小区一样，你可以装修你的房子，但是你没有办法改变小区的环境，比如是不是学区房、小区中庭大不大等，这些因素你是无法改变的。公司也一样，即使公司有很优秀的管理层，但如果在一个很差的行业，不管你怎么敬业、挣扎，业绩都不会太好。而有一些行业，你会发

现赚钱实在太容易了。因此，从行业的维度看，首先是看行业的商业模式，也就是这个行业挣钱是否容易。

第二，看行业的竞争格局。我们经常说格局决定结局，很典型的行业就是空调行业。空调并不算很出众的行业，但是从2005年价格战至今形成了两家龙头公司市场占有率具有绝对优势的格局。行业格局优化后，即使整体增速下滑，两家龙头公司业绩增长也很快，股价也都涨了几十倍。

第三，看行业的空间。中国过去15年走了美国100年走的路，美国在工业化、城市化、信息化上分别用了三五十年，而中国的工业化、城市化、信息化加在一起15年就完成了。在这种情况下，中国必定有一些行业的成长空间是有限的，甚至有可能已经是夕阳行业。在行业选择上我们要避开这些夕阳行业，同时也要避开刚开始就“百舸争流”的行业。一些新兴行业刚刚发展的时候，大家都认为这个行业好，天使投资人和风险投资公司都往里冲，公司之间打价格战，这样的行业你不知道谁是赢家。《孙子兵法》认为，要先胜而后求战，而非先战而后求胜。所以看行业空间，要避开夕阳行业，也要避开初期就处于百舸争流的行业。我们要的是成长期和稳定期，白电就属于在稳定期，有些消费品在成长期，这个阶段特别好做投资，当然我们也要看产品的生命周期。

第四，看行业的门槛。中国是竞争非常激烈的国家，资本回报率稍微高一点儿的行业、净利润率稍微高一点儿的行业，就会有很多人进入。门槛很重要，要么资源独占，要么有牌照限制，要么有技术优势，要么有品牌优势。所以要想清楚，一家公司为什么能够持续保持很高的资本回报率和净利润率，我们把这两个问题想清楚了，就把这个行业看明白了。

资料来源：邱国鹭，邓晓峰，卓利伟，等．投资中不简单的事［M］．成都：四川人民出版社，2018：3-5．有改动．

思考：

1. 行业分析重要还是宏观分析重要？
2. 行业分析应从何处入手？

任务一

行业分析的意义与行业划分的方法

一、行业和行业分析

（一）行业与行业分析的含义

所谓行业，是指从事国民经济中同性质的生产或其他经济社会活动的经营单位和个体等构成的组织结构体系，如林业、汽车业、银行业、房地产业等。从严格意义上讲，行业和产业有差别，主要是适用范围不一样。

产业作为经济学的专门术语，有更严格的使用条件。产业一般具有三个特点：(1) 规模性，即产业的企业数量、产品或服务的产出量达到一定的规模。(2) 职业化，即形成了专门从事这一产业活动的职业人员。(3) 社会功能性，即这一产业在社会经济活动中承担一定的角色，而且是不可缺少的。行业虽然也拥有职业人员，也具有特定的社会功能，但一般没有规模上的约定。比如，国家机关和党政机关行业就不构成一个产业。证券分析师关注的往往都是具有相当规模的行业，特别是含有上市公司的行业，所以业内一直约定俗成地把行业分析与产业分析视为同义语。

行业分析是指根据经济学原理，综合应用统计学、计量经济学等分析工具对行业经济的运行状况、产品生产、销售、消费、技术、行业竞争力、市场竞争格局、行业政策等行业要素进行深入的分析，从而发现行业运行的内在经济规律，进而预测未来行业发展的趋势。

（二）行业分析与宏观经济分析、公司分析的关系

行业分析的主要任务包括：解释行业本身所处的发展阶段及在国民经济中的地位，分析影响行业发展的各种因素以及判断对行业影响的力度，预测并引导行业的未来发展趋势，判断行业投资价值，揭示行业投资风险，从而为投资者及其他机构提供决策依据或投资依据。

行业经济是宏观经济的重要组成部分，宏观经济活动是行业经济活动的总和。行业经济活动是介于宏观经济活动和微观经济活动之间的经济层面，是中观经济分析的主要对象之一。

宏观经济分析主要分析社会经济的总体状况，但不对总体经济的各组成部分进行具体分析。宏观经济的发展水平和增长速度反映了各组成部分的平均水平和速度，但各个组成部分的发展却有很大的差别，并非都与总体水平相一致。实际上，总是有些行业的增长快于宏观经济的增长，而有些行业的增长慢于宏观经济的增长。

从证券投资分析的角度看，宏观经济分析是为了掌握证券投资的宏观环境，把握证券市场的总体趋势，但宏观经济分析并不能提供具体的投资领域和投资对象的建议。面对只能投资于国内上市公司的证券投资者，分析师们除了提供宏观经济分析之外，更需要提供深入的行业分析和公司分析。当然，随着投资全球化的趋势，在多个国家进行证券投资的投资者，尤其是机构投资者，越来越需要对各国的宏观经济进行分析，从而决定不同的投资比例。另外，对于全球范围投资的指数基金来说，宏观经济分析也非常重要。

行业有自己特定的生命周期。处在生命周期不同发展阶段的行业，其投资价值也不一样。在国民经济中具有不同地位的行业，其投资价值也不一样。公司的投资价值可能会由于所处行业不同而有明显差异。因此，行业是决定公司投资价值的重要因素之一。此外，我们可以通过行业分析发现目前没有被市场认识，但是未来相当长一段时间能够

保持高速稳步增长的行业，这就是我们可以考虑长期投资的行业。

行业分析和公司分析是相辅相成的。一方面，上市公司的投资价值可能会因为所处行业的不同而产生差异；另一方面，同一行业内的上市公司也会千差万别。

想一想：“三百六十行，行行出状元”这句话中所表达的“行业”与证券投资中行业分析的“行业”有何区别与联系？

二、行业分析的意义

行业是由许多同类企业构成的群体。如果我们只进行企业分析，虽然我们可以知道某企业的经营和财务状况，但不能知道其他同类企业的状况，无法通过比较知道企业在同行业中的位置，而这在充满着高度竞争的现代经济中是非常重要的。另外，行业所处生命周期的位置制约着或决定着企业的生存和发展。

汽车诞生以前，欧美的马车制造业曾经是何等辉煌，然而时至今日，连汽车业都已进入生命周期中的稳定期了。这说明，如果某个行业已处于衰退期，则属于这个行业中的企业，不管其资产多么雄厚，经营管理能力多么强，都不能摆脱其暗淡的前景。

投资者在考虑新投资时，不能投资到那些快要没落和淘汰的“夕阳”行业。投资者在选择股票时，不能被眼前的景象所迷惑，而要分析和判断企业所属的行业是处于初创期、成长期，还是稳定期、衰退期，绝对不能购买那些处于衰退期的行业的股票。

行业特征是直接决定公司投资价值的重要因素之一。行业分析是上市公司分析的前提，是连接宏观经济分析和上市公司分析的桥梁。

行业分析旨在界定行业本身所处的发展阶段及其在国民经济中的地位，同时对不同的行业进行横向比较，为最终确定投资对象提供准确的行业背景。

行业分析的目的是挖掘最具投资潜力的行业，进而选出最具投资价值的上市公司。

由此可见，只有进行行业分析，我们才能更加明确地知道某个行业的发展状况，以及它所处的行业生命周期的位置，并据此作出正确的投资决策。

解释行业本身所处的发展阶段及其在国民经济中的地位，分析影响行业发展的各种因素以及判断对行业的影响力度，预测并引导行业的未来发展趋势，判断行业投资价值，揭示行业投资风险，可为政府部门、投资者以及其他机构提供决策依据或投资依据。

三、行业划分的方法

（一）道-琼斯分类法

道-琼斯分类法诞生于19世纪末，旨在筛选出纽约证券交易所上市的具有代表性的股票，并据此对各公司进行分类，该分类法是证券指数统计中使用最为广泛的分类方式之一。

道-琼斯分类法将众多股票划分为三大类别：工业、运输业以及公用事业，并从中挑选出具有代表性的股票。尽管被选中的股票并不能完全覆盖这些行业内的所有公司，但这些精选的股票足以反映出相应行业的整体趋势。

在早期道-琼斯指数的构成中，工业类股票源自30家工业部门的公司，涵盖了采掘业、制造业和商业等领域；运输业类股票来自20家交通运输业公司，包括航空、铁路、汽车运输和航运业；公用事业类股票来自6家公用事业公司，主要包括电话公司、煤气公司和电力公司等。值得注意的是，公用事业行业直至1929年才被正式纳入道-琼斯股价指数的计算范畴。

（二）标准行业分类法

为便于整合与比较各国的统计数据，联合国经济和社会事务统计局于1948年制定了《全部经济活动国际标准行业分类》（International Standard Industrial Classification of All Economic Activities，ISIC），建议各国采纳。该分类体系推出后历经多次修订与完善，目前所采用的是2008年8月11日发布的第四版。它已成为全球范围内对各种经济活动进行科学分类的最成熟、最权威、最具影响力的国际标准之一。

依据该版本，各国国民经济被划分为10个主要门类，具体包括：农业、畜牧业、狩猎业、林业和渔业；采矿业及土石采掘业；制造业；电力、煤气和水的供应；建筑业；批发和零售贸易、餐饮业和旅馆业；运输、仓储和邮政通信业；金融、保险、房地产及商业服务业；公共管理、社会和个人服务业；其他未分类行业。

每个主要门类都被进一步细分为大类、中类和小类。以制造业为例，它被细分为食品、饮料和烟草制造业等9个大类。食品、饮料和烟草制造业被进一步细分为食品业、饮料工业和烟草加工业3个中类。食品业中又细分为屠宰、肉类加工和保藏业，水果、蔬菜罐头制作和保藏业等11个小类。每个大类用2位数字表示，例如食品、饮料和烟草制造业为31；中类用3位数字表示，如食品业为311～312（由于食品业包含11个小类，第三位数字不足以表示，因此占用了2个代码）；小类则用4位数字表示，例如屠宰、肉类加工和保藏业为3111。根据这一编码原则，在表示某小类的4位数字代码中，第一位数字代表该小类所属的门类，前两位数字合起来代表所属的大类，前三位数字代表所属的中类，而全部4位数字则精确表示该小类。

（三）我国国民经济的行业分类

国民经济行业分类详尽地规定了全社会经济活动的分类与代码体系。这一标准的首版，即《国民经济行业分类与代码》（GB4754－84），由国家统计局、原国家标准局、原国家计委、财政部于1984年联合制定。它为我国的经济活动提供了一个统一的分类体系，便于对经济数据进行统计和分析。《国民经济行业分类与代码》自1985年1月1日起正式实施，该标准将国民经济的各个行业细分为13个主要门类、75个大类、310个中类和667个小类。基于此分类体系，1985年，国家统计局进一步明确将国民经济划分为三大产业。第一产业，包括农业（林业、牧业、渔业等），主要指那些利用自然力，生产可以直接消费或作为工业原料的产品的部门。第二产业涵盖了采矿业，制造业，电力、热力、燃气及水生产和供应业，建筑业，这些是对初级产品进行加工和生产的部门，包括对第一产业和本产业提供的原料进行进一步加工的产业。第三产业则包括了除第一产业和第二产业之外的所有其他行业，例如批发和零售业，交通运输业，住宿和餐饮业，信息传输、软件和信息技术服务业，金融业，房地产业，租赁和商务服务业，科学研究和技术服务业，水利、环境和公共设施管理业，教育，卫生和社会工作，文化、体育和娱乐业等。

随着时间的推移和社会经济的发展，这一标准也在不断更新和完善。1994 年、2002 年、2011 年和 2017 年，该标准历经四次重要的修订。每次修订都是为了更好地适应经济发展的新情况、新要求，反映了我国经济结构的调整和优化。

现行《国民经济行业分类》(GB/T4754—2017) 于 2017 年 6 月 30 日由原国家质检总局和国家标准委联合发布，并于 2017 年 10 月 1 日起实施。考虑到 2018 年《中华人民共和国宪法修正案》在“国家机构”中增设了监察委员会，为满足标准的时效性，国家标准委于 2019 年 3 月发布并实施了《国民经济行业分类》第 1 号修改单。该分类标准的发布和实施，标志着我国国民经济行业分类体系的进一步完善，为统计、分析和管理国民经济活动提供了更为精确和统一的依据。《国民经济行业分类》(GB/T4754—2017) 的发布，不仅反映了我国经济结构的调整和变化，也适应了新时代经济发展的要求。它在原有分类基础上进行了细化和优化，增加了新的行业类别，同时对一些过时的分类进行了调整或合并，以更好地适应当前经济发展的实际情况。分类采用经济活动的同质性原则，每一个行业类别按照同一种经济活动的性质划分。分类有门类、大类、中类和小类四个层次，其中门类 20 个，大类 97 个，中类 473 个、小类 1 381 个。每个类别都按层次编制了代码。门类用一个英文大写字母表示（如 A、B、C…）；大类用 2 位阿拉伯数字表示；中类用 3 位阿拉伯数字表示，前 2 位为大类代码，第 3 位为中类的本体码；小类用 4 位阿拉伯数字表示，前 3 位为中类代码，第 4 位为小类的本体码。《国民经济行业分类》(2017 版) 新增了体现新经济发展特征的新行业活动，为及时、准确地反映我国经济新常态和产业结构转型升级涌现出来的新产业、新业态、新商业模式，监测经济增长动能转换进程，反映“中国制造 2025”战略和国家“互联网＋”行动计划实施情况等奠定了标准基础，并为派生性产业分类提供了可操作的基础行业分类。其具体情况如表 4-1 所示。

表 4-1　国民经济行业分类

门类	大类	中类	小类
A　农、林、牧、渔业	5	24	72
B　采矿业	7	19	39
C　制造业	31	179	609
D　电力、热力、燃气及水生产和供应业	3	9	18
E　建筑业	4	18	44
F　批发和零售业	2	18	128
G　交通运输、仓储和邮政业	8	27	67
H　住宿和餐饮业	2	10	16

续表

门类	大类	中类	小类
I　信息传输、软件和信息技术服务业	3	17	34
J　金融业	4	26	48
K　房地产业	1	5	5
L　租赁和商务服务业	2	12	58
M　科学研究和技术服务业	3	19	48
N　水利、环境和公共设施管理业	4	18	33
O　居民服务、修理和其他服务业	3	16	32
P　教育	1	6	17
Q　卫生和社会工作	2	6	30
R　文化、体育和娱乐业	5	27	48
S　公共管理、社会保障和社会组织	6	16	34
T　国际组织	1	1	1
合计	97	473	1 381

（四）我国上市公司的行业分类

由于各种原因，我国证券市场在建立之初对上市公司没有统一的分类。上海、深圳证券交易所根据各自工作的需要，分别对上市公司进行了简单划分。上海证券交易所将上市公司分为工业、商业、地产业、公用事业和综合五类；深圳证券交易所则将上市公司分为工业、商业、地产业、公用事业、金融业和综合六类。随着证券市场的发展，上市公司数量激增，两家交易所原有分类的不足越来越明显地表现出来，即分类过粗，给市场各方对上市公司进行分析带来了很多不便。在此背景下，中国证监会于 2001 年 4 月 4 日公布了《上市公司行业分类指引》。该文件是以中国国家统计局《国民经济行业分类与代码》（国家标准 GB/T 4754－94）为主要依据，借鉴联合国国际标准产业分类、北美行业分类体系的有关内容制定而成。在此基础上，为了进一步规范上市公司行业分类工作，2012 年中国证监会根据《中华人民共和国统计法》《证券期货市场统计管理办法》《国民经济行业分类》等法律法规和相关规定，制定了 2012 版《上市公司行业分类指引》（以下简称《指引》）。

2024 年 11 月 22 日，中国证监会颁布《上市公司行业统计分类与代码》。该文件是证监会发布的金融行业标准，该标准是对已发布的《上市公司分类与代码》标准的修订。此次修订对标了《国民经济行业分类》（2017 版），明确规定了上市公司行业的划分等级、划分原则，以及行业分类的编码规则，并制定了详细的上市公司行业分类结构和代码表。这一标准的发布和实施，为上市公司行业信息的统计、评价、分析以及指数编制等工作提供了更为科学的分类依据。它有助于资本市场参与主体更加便捷地进行分析决策，从而为构建高质量、数字化的资本市场奠定了坚实的基础。从这一角度看，

《上市公司行业统计分类与代码》实际上起到了行业指引的作用，为市场参与者提供了明确的方向和准则。

1. 行业分类原则

上市公司的经济活动分为门类、大类和中类三级。由于制造业门类下的大类较多，为更准确地对制造业上市公司进行分类，设置次类作为辅助性分类，并可根据实际使用需要与其他行业门类平行使用。

上市公司行业分类以上市公司营业收入、毛利润等财务数据为主要分类标准和依据，所采用的财务数据为经依据《中华人民共和国证券法》规定的会计师事务所审计并已公开披露的定期报告或重大资产重组备考财务报表的数据。

上市公司行业分类原则如下：

(1) 当上市公司某类业务的营业收入比重大于或等于50%，原则上将其划入该业务相对应的行业。当上市公司某类业务的营业收入比重大于或等于50%，同时另一类业务的营业收入比重大于或等于30%且毛利润比重大于或等于50%，上市公司可以申请划入另一业务的对应行业。

(2) 当上市公司没有一类业务的营业收入比重大于或等于50%，按以下原则划分行业：

1) 只有一类业务的营业收入和毛利润比重均大于或等于30%的，划入该业务对应行业。

2) 有两类及以上业务的营业收入和毛利润比重均大于或等于30%，若某一类业务毛利润比重大于或等于50%的，划入该业务对应行业；若不存在任何一类业务毛利润比重大于或等于50%的，划入营业收入最高的业务对应行业。

3) 有业务的营业收入比重大于或等于30%，且没有一类业务毛利润比重大于或等于30%的，划入营业收入最高的业务对应行业。

(3) 不能按照上述分类原则确定行业归属的，综合评估各方面因素审慎确定上市公司行业归属。归属不明确的，划为综合类。

2. 编码方法

门类代码用一位拉丁字母表示，即用字母A、B、C……依次代表不同门类。制造业次类在门类后加一位拉丁字母表示，按顺序依次编码。大类代码用两位阿拉伯数字表示，从01开始按顺序依次编码。中类代码用三位阿拉伯数字表示，前两位为大类代码，第三位为中类顺序代码。当大类不再细分时，代码补“0”直至第三位。分类代码结构如表4-2所示。

表4-2　分类代码结构

代码	代码说明	代码示例
门类	一位拉丁字母表示	A、B、C……
次类	门类后加一位拉丁字母表示，按顺序依次编码	CA、CB、CC……
大类	两位阿拉伯数字表示	01、02、03……
中类	三位阿拉伯数字表示，前两位为大类代码，第三位为中类顺序代码	011、012、013……

3. 上市公司行业统计分类与国民经济行业分类类目对照

表4-3给出了《上市公司行业统计分类与代码》与《国民经济行业分类》的类目对照情况。

表4-3 《上市公司行业统计分类与代码》与《国民经济行业分类》类目对照

《上市公司行业统计分类与代码》	《国民经济行业分类》	说明
A 农、林、牧、渔业	A 农、林、牧、渔业	
01 农业	01 农业	
02 林业	02 林业	
03 畜牧业	03 畜牧业	
04 渔业	04 渔业	
05 农、林、牧、渔专业及辅助性活动	05 农、林、牧、渔专业及辅助性活动	
B 采矿业	B 采矿业	
06 煤炭开采和洗选业	06 煤炭开采和洗选业	
07 石油和天然气开采业	07 石油和天然气开采业	
08 黑色金属矿采选业	08 黑色金属矿采选业	
09 有色金属矿采选业	09 有色金属矿采选业	
10 非金属矿采选业	10 非金属矿采选业	
11 开采专业及辅助性活动	11 开采专业及辅助性活动	
12 其他采矿业	12 其他采矿业	
C 制造业	C 制造业	《上市公司行业统计分类与代码》在“制造业”门类下增加了次类作为辅助性分类
CA 食品、饮料、烟草		
13 农副食品加工业	13 农副食品加工业	
14 食品制造业	14 食品制造业	
15 酒、饮料和精制茶制造业	15 酒、饮料和精制茶制造业	
16 烟草制品业	16 烟草制品业	
CB 纺织、服装、鞋帽		
17 纺织业	17 纺织业	
18 纺织服装、服饰业	18 纺织服装、服饰业	
19 皮革、毛皮、羽毛及其制品和制鞋业	19 皮革、毛皮、羽毛及其制品和制鞋业	
CC 木材、家具		

续表

《上市公司行业统计分类与代码》	《国民经济行业分类》	说明
20　木材加工和木、竹、藤、棕、草制品业	20　木材加工和木、竹、藤、棕、草制品业	
21　家具制造业	21　家具制造业	
CD　造纸、印刷、文教		
22　造纸和纸制品业	22　造纸和纸制品业	
23　印刷和记录媒介复制业	23　印刷和记录媒介复制业	
24　文教、工美、体育和娱乐用品制造业	24　文教、工美、体育和娱乐用品制造业	
CE　石油、化学、生物医药		
25　石油、煤炭及其他燃料加工业	25　石油、煤炭及其他燃料加工业	
26　化学原料和化学制品制造业	26　化学原料和化学制品制造业	
27　医药制造业	27　医药制造业	
28　化学纤维制造业	28　化学纤维制造业	
29　橡胶和塑料制品业	29　橡胶和塑料制品业	
CF　金属、非金属		
30　非金属矿物制品业	30　非金属矿物制品业	
31　黑色金属冶炼和压延加工业	31　黑色金属冶炼和压延加工业	
32　有色金属冶炼和压延加工业	32　有色金属冶炼和压延加工业	
33　金属制品业	33　金属制品业	
CG　专用、通用及交通运输设备		
34　通用设备制造业	34　通用设备制造业	
35　专用设备制造业	35　专用设备制造业	
36　汽车制造业	36　汽车制造业	
37　铁路、船舶、航空航天和其他运输设备制造业	37　铁路、船舶、航空航天和其他运输设备制造业	
CH　电气、电子及通信		
38　电气机械和器材制造业	38　电气机械和器材制造业	
39　计算机、通信和其他电子设备制造业	39　计算机、通信和其他电子设备制造业	
CI　仪器、仪表		
40　仪器仪表制造业	40　仪器仪表制造业	
CJ　其他制造业		

续表

《上市公司行业统计分类与代码》	《国民经济行业分类》	说明
41　其他制造业	41　其他制造业	
42　废弃资源综合利用业	42　废弃资源综合利用业	
43　金属制品、机械和设备修理业	43　金属制品、机械和设备修理业	
D　电力、热力、燃气及水生产和供应业	D　电力、热力、燃气及水生产和供应业	
44　电力、热力生产和供应业	44　电力、热力生产和供应业	
45　燃气生产和供应业	45　燃气生产和供应业	
46　水的生产和供应业	46　水的生产和供应业	
E　建筑业	E　建筑业	
47　房屋建筑业	47　房屋建筑业	
48　土木工程建筑业	48　土木工程建筑业	
49　建筑安装业	49　建筑安装业	
50　建筑装饰、装修和其他建筑业	50　建筑装饰、装修和其他建筑业	
F　批发和零售业	F　批发和零售业	
51　批发业	51　批发业	
52　零售业	52　零售业	
G　交通运输、仓储和邮政业	G　交通运输、仓储和邮政业	
53　铁路运输业	53　铁路运输业	
54　道路运输业	54　道路运输业	
55　水上运输业	55　水上运输业	
56　航空运输业	56　航空运输业	
57　管道运输业	57　管道运输业	
58　多式联运和运输代理业	58　多式联运和运输代理业	
59　装卸搬运和仓储业	59　装卸搬运和仓储业	
60　邮政业	60　邮政业	
H　住宿和餐饮业	H　住宿和餐饮业	
61　住宿业	61　住宿业	
62　餐饮业	62　餐饮业	
I　信息传输、软件和信息技术服务业	I　信息传输、软件和信息技术服务业	
63　电信、广播电视和卫星传输服务	63　电信、广播电视和卫星传输服务	

续表

《上市公司行业统计分类与代码》	《国民经济行业分类》	说明
64 互联网和相关服务	64 互联网和相关服务	
65 软件和信息技术服务业	65 软件和信息技术服务业	
J 金融业	J 金融业	
66 货币金融服务	66 货币金融服务	
67 资本市场服务	67 资本市场服务	
68 保险业	68 保险业	
69 其他金融业	69 其他金融业	
K 房地产业	K 房地产业	
70 房地产业	70 房地产业	
L 租赁和商务服务业	L 租赁和商务服务业	
71 租赁业	71 租赁业	
72 商务服务业	72 商务服务业	
M 科学研究和技术服务业	M 科学研究和技术服务业	
73 研究和试验发展	73 研究和试验发展	
74 专业技术服务业	74 专业技术服务业	
75 科技推广和应用服务业	75 科技推广和应用服务业	
N 水利、环境和公共设施管理业	N 水利、环境和公共设施管理业	
76 水利管理业	76 水利管理业	
77 生态保护和环境治理业	77 生态保护和环境治理业	
78 公共设施管理业	78 公共设施管理业	
79 土地管理业	79 土地管理业	
O 居民服务、修理和其他服务业	O 居民服务、修理和其他服务业	
80 居民服务业	80 居民服务业	
81 机动车、电子产品和日用产品修理业	81 机动车、电子产品和日用产品修理业	
82 其他服务	82 其他服务业	
P 教育	P 教育	
83 教育	83 教育	
Q 卫生和社会工作	Q 卫生和社会工作	
84 卫生	84 卫生	

续表

《上市公司行业统计分类与代码》	《国民经济行业分类》	说明
85 社会工作	85 社会工作	
R 文化、体育和娱乐业	R 文化、体育和娱乐业	
86 新闻和出版业	86 新闻和出版业	
87 广播、电视、电影和录音制作业	87 广播、电视、电影和录音制作业	
88 文化艺术业	88 文化艺术业	
89 体育	89 体育	
90 娱乐业	90 娱乐业	
S 综合	S 综合	
91 综合	91 中国共产党机关	
	92 国家机关	
	93 人民政协、民主党派	
	94 社会保障	
	95 群众团体、社会团体和其他成员组织	
	96 基层群众自治组织及其他组织	
	T 国际组织	
	97 国际组织	

（五）我国证券市场上市公司行业分类

我国沪深两个证券交易所对上市公司进行行业分类的目的是编制各类股价指数。因此，我国证券市场对行业进行的分类方法也称指数分类法。

1. 上证指数分类法

上证指数分类法中，行业分类是根据《上市公司行业统计分类与代码》进行的，该文件旨在规范上市公司的行业归属，为投资者提供更为清晰的行业信息。该分类体系涵盖了从传统制造业到现代服务业的广泛领域，确保了分类的全面性和前瞻性。

首先，该分类体系依据上市公司的主营业务和产品服务，将公司划分为不同的行业类别。例如，制造业公司根据其生产的产品类型被细分为机械设备、电子、化工等多个子行业。该分类体系还考虑了公司的经营模式和市场定位，如科技公司可能根据其研发方向和市场应用被归入信息技术或生物技术等类别。

其次，上海证券交易所还定期更新行业分类标准，以适应经济发展的新趋势和新变化。例如，随着新能源汽车行业的快速发展，相关企业被单独划分为一个子行业，以反映其在市场中的重要性和独特性。上海证券交易所还引入了更为细致的子行业分类，以反映不同公司之间的业务差异。在信息技术行业中，不仅有传统的软件和硬件制造商，还包括了云计算、大数据、人工智能等新兴领域的企业。通过细分这些子行业，投资者可以更精确地分析和比较不同公司的业务模式和成长潜力。

最后，为了进一步提升分类的透明度和公信力，上海证券交易所还加强了与投资者的沟通，定期发布行业分类的调整公告，并提供详细的分类依据和调整理由。这种开放的沟通方式有助于投资者更好地理解分类标准，同时也为市场参与者提供了参与和反馈的机会。

2003 年，上海证券交易所指数专家委员会研究决定，将上海证券交易所上市的公司按照一定的标准划分为十大行业。该行业分类是参照摩根士丹利和标准普尔共同发布的全球行业分类标准（GICS），按照中国证监会发布的上市公司行业分类相关文件进行调整形成的。十大行业的基本情况如表 4－4 所示。

表 4－4　十大行业的基本情况

行业名称	行业主要类别
能源	能源设备与服务，石油、天然气与消费用燃料
原材料	化学制品、建筑材料、容器与包装、金属与采矿、纸类与林业产品
工业	航空航天与国防、建筑产品、建筑与工程、电气设备、工业集团企业、机械制造、贸易公司与经销商、商业服务与商业用品、航空货运与物流、航空公司、海运、公路与铁路、交通基础设施
可选消费	汽车零配件，汽车，家庭耐用消费品，休闲设备与用品，纺织品、服装与奢侈品，酒店、餐馆与休闲，综合消费者服务，媒体，经销商，互联网与销售目录零售，多元化零售，专营零售
主要消费	食品与主要用品零售、饮料、食品、烟草、家常用品、个人用品
医疗卫生	医疗保健设备与用品、医疗保健提供商与服务、医疗保健技术、生物科技、制药、生命科学工具和服务
金融地产	商业银行、互助储蓄银行与抵押信贷、综合金融服务、消费信贷、资本市场、保险、房地产投资信托、房地产管理和开发
信息技术	互联网软件与服务、信息科技服务、软件、通信设备、电脑与外围设备、电子设备与仪器、办公电子设备、半导体产品与半导体设备
电信业务	综合电信业务、无线电信业务
公用事业	电力公用事业、燃气公用事业、复合型公用事业、水公用事业、独立电力生产商与能源贸易商

2. 深证指数分类法

深圳证券市场将在深上市的全部公司分成六类，即工业、商业、金融业、地产业、公用事业和综合利益，同时计算和发布各类成分股价指数。

需要注意的是，我国两个证券交易所为编制股价指数而对产业进行的分类是不完全的，随着我国上市公司数量激增，该分类不能涵盖所有的行业，特别是一些新兴行业，这与我国证券市场的发展状况有关。但为了编制股价指数，就目前的状况而言，这种分类是恰当的。

知识链接

行业龙头股

一、指标股

贵州茅台、工商银行、农业银行、中国银行、中国石油、宁德时代、中国石化、中国平安、中国神华、建设银行、招商银行、东方财富、中国移动、长江电力、中国人寿、中国石油、中芯国际

二、金融

招商银行、浦发银行、平安银行、工商银行、农业银行、交通银行、建设银行、邮储银行、中国银行、兴业银行、中信证券、东方财富、中信建投、招商证券、中金公司、中国平安、中国人寿

三、地产

万科A、保利发展、陆家嘴、招商蛇口、张江高科、上海临港、绿地控股

四、机场航运

上海机场、中国国航、南方航空、春秋航空、吉祥航空

五、钢铁类

宝钢股份、中信特钢、南钢股份、太钢不锈、包钢股份、华菱钢铁

六、煤炭类

中国神华、陕西煤业、兖州煤业、中煤能源、淮北矿业、电投能源、潞安环能

七、重工机械

中国船舶、三一重工、中联重科、恒立液压、徐工机械、浙江鼎力、杭叉集团、安徽合力

八、电力能源

长江电力、华能国际、华电国际、国电电力、中国核电、华能水电、国投电力、中国广核、三峡能源、浙能电力、川投能源

九、汽车

比亚迪、赛力斯、上汽集团、长安汽车、中国重汽、长城汽车、宇通客车、中国重汽

十、有色金属

紫金矿业、中国铝业、山东黄金、中金黄金、驰宏锌锗、云铝股份、洛阳钼业、厦门钨业、西部矿业、神火股份、中金岭南、云南铜业、江西铜业、天齐锂业、华友钴业

十一、石油化工

中国石油、中国石化、中国海油

十二、通信

中兴通讯、中国移动、中国联通、中国电信、中际旭创、新易盛

十三、食品和饮料产业链

白酒：贵州茅台、五粮液、洋河股份、泸州老窖、山西汾酒

酱油：海天味业、中炬高新、千禾味业

火锅底料：日辰股份、颐海国际

乳制品：伊利股份、妙可蓝多、天润乳业、新乳业

榨菜：涪陵榨菜

面包：桃李面包

坚果零食：洽洽食品、良品铺子、盐津铺子

啤酒：青岛啤酒、重庆啤酒、华润啤酒

月饼：广州酒家、元祖股份

速冻食品：安井食品、三全食品

卤制品：绝味食品、煌上煌

酵母：安琪酵母

泡椒凤爪：有友食品

餐饮：海底捞、九毛九

火腿肠：双汇发展

醋：恒顺醋业

米面：克明面业

鸡尾酒：百润股份

十四、建筑材料

海螺水泥、华新水泥、中国巨石、北新建材、东方雨虹

十五、锂电池

整体电池：宁德时代、比亚迪、亿纬锂能、国轩高科、欣旺达

正极材料：容百科技、当升科技、杉杉股份、格林美、厦门钨业、德方纳米、湘潭电化

隔膜：恩捷股份

电解液：天赐材料、新宙邦

负极材料：璞泰来、杉杉股份

导电剂：天奈科技

锂电设备：先导智能、杭可科技

铜箔：超华科技、诺德股份、嘉元科技

十六、芯片、半导体

IC 集成电路设计：兆易创新、国科微、韦尔股份、富瀚微、北京君正、汇顶科技、瑞芯微

半导体材料：阿石创、飞凯材料、南大光电、雅克科技、江丰电子

半导体设备：北方华创、晶盛机电、至纯科技

半导体产业链：扬杰科技、士兰微、华润微、中芯国际

集成电路封测：通富微电、华天科技、长电科技

十七、人工智能

虹软科技、同花顺、鼎捷数智、恒生电子、寒武纪、三六零、汉王科技、圣邦股份、鸿泉物联、泰禾智能、科大讯飞、赛微电子、当虹科技、神思电子、优博讯、赛为智能、东软集团、科大国创、闻泰科技

十八、非芯片基础核心元器件

光学晶体部件：福晶科技

功率半导体器件：捷捷微电

薄膜电容器：法拉电子

打印机全产业链：纳思达

国内片式电感元器件：顺络电子

光电互连元器件：中航光电

大功率半导体器件：台基股份

IGBT 模块：斯达半导

片式多层陶瓷电容器：火炬电子

PCB 等元器件基础材料：景旺电子

LED 光电组件：三安光电

视窗防护玻璃：蓝思科技

国内覆铜板、陶瓷器件：生益科技

PCB、5G 商用：深南电路

光学光电子细分：水晶光电

液晶显示主控板卡、交互智能平板：视源股份

智能控制器：和而泰

消费电子精密部件：领益智造

PCB 印制电路板：鹏鼎控股

精密部件：立讯精密

高端智能手机声学器件：歌尔股份

精密部件：东山精密

面板、柔性面板：京东方 A

电视面板：TCL 科技

十九、医疗

（一）医疗领域各类细分龙头

医疗器械：鱼跃医疗

体外诊断器械：迈瑞医疗

心血管医械：乐普医疗

再生医学：正海生物

医药装备：楚天科技

骨科医械：大博医疗

消毒：新华医疗

体外诊断试剂：安图生物、凯普生物、透景生命

诊断服务：迪安诊断

基因测序：华大基因

生化诊断：利德曼

血液灌流：健帆生物

真空采血：阳普医疗

医用手套：英科医疗、蓝帆医疗、南卫股份

注射器：康德莱

细胞免疫：中源协和

独门医疗服务：司太立、爱尔眼科

（二）医药行业 CXO 企业

药明康德、康龙化成、昭衍新药、药石科技、美迪西、泰格医药

（三）医药各类细分龙头

民族品牌药：云南白药、片仔癀、东阿阿胶、同仁堂、九芝堂、广誉远、贵州百灵、步长制药、天士力

全产业链：复星医药、上海医药、华东医药、中国医药

创新药龙头：恒瑞医药、贝达药业

疫苗龙头：长春高新、智飞生物、沃森生物、康泰生物。

抗生素：鲁抗医药

输液制品：科伦药业、莱美药业

OTC：华润三九、葵花药业、华森制药

原料药、辅料：华海药业、山河药辅、美诺华、山东药玻

血液制品：华兰生物、博雅生物

独门药：甘李药业、千金药业、恩华药业、人福医药

维生素：新和成、兄弟科技

保健养生药：金达威

医药连锁：益丰药房、老百姓、大参林、一心堂

二十、高速类

赣粤高速、山东高速、福建高速、中原高速、粤高速、宁沪高速、皖通高速

二十一、数字货币

卫士通、金财互联、新大陆、拉卡拉、证通电子、神州信息、新国都、四方精创、广电运通、优博讯、高伟达、银之杰、科蓝软件、朗科科技

二十二、化工类细分

万华化学：主营产品为MDI、TDI，是全球龙头以及国内绝对龙头。

恒力石化：主营传统炼化，为国内民营龙头。

荣盛石化：主营产品为聚酯纤维，是国内龙头。

浙江龙盛：主营产品为分散染料、活性染料，为全球龙头。

龙蟒佰利：主营产品为钛白粉，是国内龙头，全球排名第四。

巨化股份：主营产品为第三代氟制冷剂，是国内龙头，细分领域的全球龙头。

安迪苏：主营产品为蛋氨酸，属于动物营养添加剂，是国内龙头，全球排名第二。

扬农化工：主营产品为农药菊酯，是国内龙头。

新洋丰：主营产品为农资必需消费品复合肥，是国内龙头。

金禾实业：主营甜味剂（安赛蜜、三氯蔗糖），属于食品添加剂，处于单寡头垄断地位，是全球龙头。

红太阳：主营产品为农药吡啶碱，是全球龙头。

兴发集团：主营产品为草甘膦、磷矿石，是国内龙头。

利尔化学：主营产品为草铵膦，是国内龙头。

国瓷材料：主营产品为电子陶瓷MLCC配方粉，是国内龙头，全球排名第四。

玲珑轮胎：主营产品为轮胎，是国内细分龙头。

黑猫股份：主营产品为炭黑，是国内龙头，全球排名第三。

卫星石化：主营产品为丙烯酸，是国内龙头，全球排名第四。

宝丰能源：主营煤化工、煤基新材料和化学品，是国内龙头。

华鲁恒升：主营煤化工、DMF，是国内龙头。

三棵树：主营产品为涂料，是国内龙头。

卓越新能：主营产品为生物柴油，是国内细分龙头。

光威复材：主营产品为碳纤维，是国内龙头。

多氟多：主营产品为六氟磷酸锂，是全球龙头。

深圳新星：主营产品为铝晶粒细化剂，属于冶金添加剂，是全球龙头。

强力新材：主营产品为光刻胶用光引发剂，属于电子化学品。

二十三、光伏

（一）上游

高纯多晶硅：通威股份、协鑫科技、大全能源、特变电工

工业硅：合盛硅业、新安股份、特变电工

（二）中游

硅片、电池及组件：隆基绿能、天合光能、晶澳科技、晶科能源、通威股份、TCL中环、特变电工、正泰电器

胶膜、背板：福斯特

支架：中信博

光伏玻璃：信义光能、福莱特

切割、边框：高测股份、美畅股份

光伏设备：金博股份、晶盛机电、捷佳伟创、迈为股份、上机数控、金辰股份、北方华创、帝尔激光、双良节能、石英股份

（三）下游

光伏电站：三峡能源、太阳能、林洋能源

光伏逆变器：阳光电源、锦浪科技、固德威、禾迈股份

储能电池：宁德时代、比亚迪、亿纬锂能、欣旺达

同步检测（判断题）

1. 证券投资中的行业和我们日常中所说的行业没有区别。 （　　）
2. 行业分析就是产业分析。 （　　）
3. 行业分析是微观分析。 （　　）

任务二 行业的一般特征

一、行业的市场结构分析

现实中各行业的市场是不同的，即存在着不同的市场结构。市场结构就是市场竞争或垄断的程度。根据该行业中企业数量的多少、进入限制程度和产品差别，行业基本上可分为四种市场结构：完全竞争、垄断竞争、寡头垄断、完全垄断。

（一）完全竞争

完全竞争型行业所形成或面临的市场，属于完全竞争市场，即不存在任何垄断因素，竞争可以不受任何阻碍地在供给者（企业）之间进行的市场。完全竞争型行业具有以下特征：

（1）大量的供给者或生产者，即企业。由于企业众多，每个企业的产量在行业总供给中所占的份额都很有限，因而不可能通过自身产量的调整影响产品供求状况，从而影响市场价格。也就是说，所有企业都只能是价格的接受者而非制定者，因而其盈利大小主要取决于产品的市场需求。当然，企业可以通过技术创新、降低成本获取超额收益。

（2）同质的产品。即该产品在经济上和技术上不存在任何差别，具有完全的替代性，需求者可以在众多企业的产品之间任意选择。

(3) 充分的市场信息。供给状况准确地由价格的变动反映出来，企业和消费者对产品的价格、成本和收益等市场情况充分了解，可以据此作出理性决策，并自由地进入或退出市场。

(4) 资源的自由流动。各种生产要素具有完全的流动性，每个企业都能够获得所需的生产要素。

从上述特点可以看出，完全竞争是一个理论上的假设，该市场结构得以形成的根本因素在于企业产品的无差异，所有的企业都无法控制产品的市场价格。在现实经济中，完全竞争的市场类型是少见的，初级产品（如农产品）的市场类型较类似于完全竞争。

(二) 垄断竞争

垄断竞争是指既有垄断又有竞争的市场结构。在垄断竞争市场上，每家企业都在市场上具有一定的垄断力，但它们之间又存在着激烈的竞争。其特点如下：

(1) 生产者众多，各种生产资料可以流动。

(2) 生产的产品同种类但不同质，即产品之间存在着差异。即种类相同，但在质量、品牌、款式、包装、售后服务以及企业信誉等方面存在差别。无论这些差别是实际存在的还是消费者的主观感受，都会影响消费者的选择，从而使企业可以凭此在竞争中获得一定的控制份额。

(3) 由于产品差异性的存在，生产者可以树立自己的产品信誉，从而对产品的价格有一定的控制能力。可见，产品的差别性是垄断竞争市场的基本特征，由于这种差别性，企业可以获得相对独立的市场份额，在一定范围内可以自行定价，即不是完全的价格接受者。在国民经济各行业中，制成品（如纺织、服装等轻工业产品）的市场类型一般都属于垄断竞争。

(三) 寡头垄断

寡头垄断型市场是指相对少量的生产者在某种产品的生产中占据很大市场份额，从而控制了这个行业的供给的市场结构。

该市场结构得以形成的原因如下：

(1) 这类行业初始资本投入较大，阻止了大量中小企业的进入。

(2) 这类产品只有在大规模生产时才能获得好的效益，这就会在竞争中自然淘汰大量的中小企业。

在寡头垄断市场上，由于这些少数生产者的产量非常大，因此它们对市场的价格和交易具有一定的垄断能力。同时，由于只有少量的生产者生产同一种产品，因而每个生产者的价格政策和经营方式及其变化都会对其他生产者产生重要影响。

因此，在这个市场上，通常存在着一个起领导作用的企业，其他企业跟随该企业定价与经营方式的变化而相应地进行某些调整。资本密集型、技术密集型产品，如钢铁、汽车等重工业以及少数储量集中的矿产品如石油等的市场多属于这种类型。因为生产这些产品所必需的巨额投资、复杂的技术或产品储量的分布限制了新企业对这个市场的侵入。

（四）完全垄断

完全垄断市场是指独家企业生产某种特质产品的情形，即整个行业的市场完全处于一家企业所控制的市场结构。特质产品是指那些没有或缺少相近的替代品的产品。

完全垄断可分为两种类型：政府完全垄断和私人完全垄断。政府完全垄断通常在公用事业中居多，如国有铁路、邮电等部门。

私人完全垄断是指根据政府授予的特许专营，或根据专利生产的独家经营以及由于资本雄厚、技术先进而建立的排他性的私人垄断经营。

完全垄断市场结构的特点如下：

（1）市场被独家企业所控制，其他企业不可以或不可能进入该行业。

（2）产品没有或者缺少相近的替代品。

（3）垄断者能够根据市场的供需情况制定理想的价格和产量，在高价少销和低价多销之间进行选择，以获取最大的利润。

（4）垄断者在制定产品的价格与生产数量方面的自由性是有限度的，要受到有关反垄断法和政府管制的约束。

在当前的现实生活中没有真正的完全垄断市场，每个行业都或多或少地引入了竞争。公用事业（如发电厂、燃气公司、自来水公司和邮电通信等）和某些资本、技术高度密集型和稀有金属矿藏的开采等行业接近完全垄断的市场类型。

四种市场结构的区别与联系如表 4－5 所示。

表 4－5　四种市场结构的区别与联系

特征	完全竞争	垄断竞争	寡头垄断	完全垄断
厂商数量	很多	较多	很少	一个
产品差异情况	同质，无差异	同种产品在质量、包装、牌号或销售条件方面有差异	同质，或略有差异	独特产品
价格控制能力	没有	较小	较大	相当大
生产要素的流动	自由流动	流动性较大	较小	没有
典型行业	初级产品市场	轻工业产品、制成品市场	资本密集型、技术密集型产品，如钢铁、汽车，以及少数储量集中的矿产品如石油等市场	国有铁路、邮电、公用事业（如发电厂、燃气公司、自来水公司）和某些资本、技术高度密集型或稀有金属矿产开采等行业

想一想：上述四种市场结构的区别与联系是怎样的？请举例说明。

二、行业的竞争结构分析

（一）企业价值链和产业价值链

美国哈佛商学院教授迈克尔·波特在其1985年出版的《竞争优势》一书中提出了价值链（Value Chain）理论。

1. 企业价值链

他认为，企业内部各业务单元的联系构成了企业的价值链，一般企业都可以视为一个由管理、设计、采购、生产、销售、交货等一系列创造价值的活动所组成的链条式集合体。对于具体企业来说，它所从事的处于该链条上的每一项活动都会产生成本，同时也会带来一定的价值增值。当它出售产品或服务的价格比其创造所花费的成本高时，就可以获得一定的利润。因此，企业的总价值包括价值活动和利润这两部分。其中，价值活动就是指企业所从事的物质和技术上的界限分明的各种活动。这些活动根据其在价值增值过程中的参与形式可以划分为两大类：基本活动和辅助性的支持活动。基本活动主要包括生产前的准备，生产机器制造，生产后的产品仓储和分销、销售、广告、服务等；辅助性的支持活动主要包括一般管理、财务会计、战略计划、人力资源管理、技术开发和采购等。其中关键的是基本活动，它是产品或服务的主要形成过程，并直接体现了企业价值链中价值量的递增过程。企业的每一项活动均可以从是否创造价值的角度来评判。企业的竞争优势也主要来源于它自身与竞争对手在价值链上的差异。

2. 产业价值链

价值链在经济活动中是无处不在的，将企业价值链根据企业与相应供应方和需求方的关系，分别向其前、后延伸，就形成了产业价值链。由于每个产业的技术特点不同，相应的每一产业都有其结构独特的产业价值链，而处于产业价值链条上的每个产业的价值链就是一个产业环节。

以汽车行业为例，从铁矿石、钢厂、橡胶厂、轮胎厂、螺丝加工厂、化工喷漆一直到汽车总装出厂，有运输企业负责运输，有广告公司负责市场推广、品牌定位，有销售公司销售，最后还有汽车维修厂和参与汽车保险的保险公司，这一系列企业同属于汽车价值链。

对产业链进行分析，实质上就是将某一产业价值链进行分解考察，通过区分和界定处于产业价值链上的不同企业在某一特定产业内的各种活动，比较各个环节的价值和变化，以分析产业链上企业的竞争力和产业的发展方向。产业链分析有利于不同国家或地区的企业和行业根据自己独特的比较优势和竞争优势进行相应产业价值链环节的选择，进而一方面因正确的产业定位和选择而形成自己独特的产业竞争力，另一方面也促使不同国家或地区的生产者在同一产业价值链上不同环节间的有效协作和分工的形成。因此，从价值链的角度来看，对不同国家或地区间产业竞争力的比较，并不一定需要建立在最终产品或服务的比较上，只需要就产业价值链上的某几个价值环节的经济效益进行比较或对其中间产品或半成品进行比较。手机游戏产业链如图4-1所示。

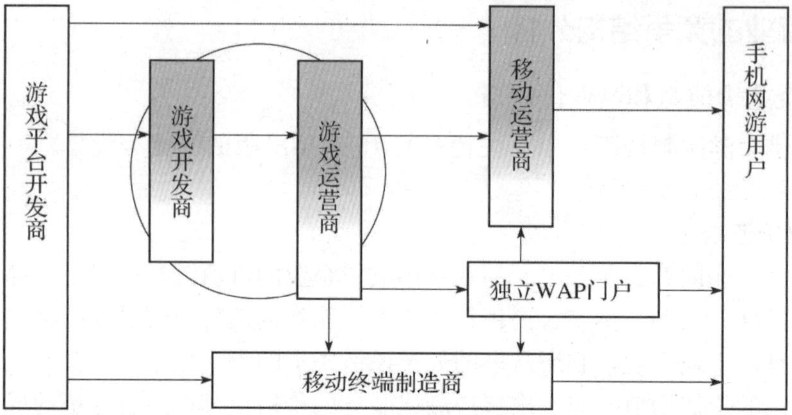

图 4-1　手机游戏产业链

知识链接

微笑曲线

宏碁集团创办人施振荣在1992年为“再造宏碁”，提出了有名的“微笑曲线”(Smiling Curve)理论，将其作为宏碁的策略方向。后来施振荣将“微笑曲线”加以修正，推出了“产业微笑曲线”。

微笑曲线理论的形成，源于国际分工模式由产品分工向要素分工的转变，也就是参与国际分工合作的世界各国企业，由生产最终产品转变为依据各自的要素禀赋，只完成最终产品形成过程中某个环节的工作。最终产品的生产，经过市场调研、创意形成、技术研发、模块制造与组装加工、市场营销、售后服务等环节，形成了一个完整链条。这就是全球产业链，它一般由实力雄厚的跨国公司主导。以制造加工环节为分界点，全球产业链可以分为产品研发、制造加工、流通三个环节。从过程产品到最终产品再到最终产品销售，产业链上各环节创造的价值随各种要素密集度的变化而变化。

发展中国家的企业由于缺少核心技术，主要从事制造加工环节的生产。然而，无论是加工贸易还是贴牌生产，制造加工环节付出的只是土地、厂房、设备、水、电等物化要素成本和简单活劳动成本，虽然投入也很大，但在不同国家间具有可替代性，企业为争取订单，常常被压低价格，而跨国公司掌握的研发环节和流通环节，其所投入的信息、技术、品牌、管理、人才等属于知识密集要素，比制造加工环节更复杂，具有不可替代性。同时，面对复杂多变的国际市场，研发环节和流通环节要承担更大的市场风险，按照合同完成订单生产即可分享利润的制造加工环节并不负责产品销售，市场风险极低。按照成本与收益、风险与收益正比匹配原则，跨国公司作为生产过程的最大投资者和最终产品销售的风险承担者，自然成为最大的受益者。

微笑曲线如图4-2所示。

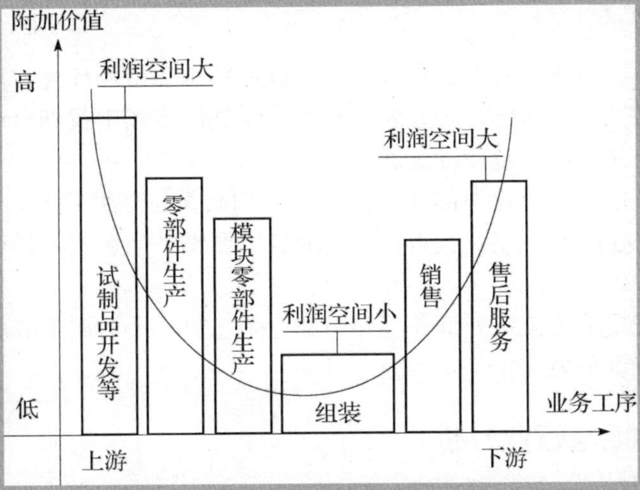

图 4-2　微笑曲线

（二）五力模型

迈克尔·波特，这位杰出的战略管理专家，在其著名的五力模型中提出，在进行行业竞争结构分析时，应当集中关注五个关键的核心要素。这些要素包括新进入者的威胁、替代品的威胁、买方的议价能力、供方的议价能力以及行业内现有竞争者之间的竞争态势。

首先，新进入者的威胁主要取决于行业壁垒的高低。高壁垒，例如技术专利、品牌忠诚度、资本要求等，能够有效地阻止新进入者，从而保护现有企业的市场份额。如果行业壁垒较低，那么可能会吸引众多新竞争者进入市场，这无疑会加剧市场竞争的激烈程度，对现有企业构成威胁。

其次，替代品的威胁也是一个不容忽视的因素。当市场上出现了性能相似但价格更具竞争力的替代品时，消费者可能会倾向于选择这些替代品，从而对原产品的市场需求产生负面影响。这种替代品的出现，可能会迫使企业不得不调整其产品策略，以保持其市场地位。

再次，买方的议价能力对整个行业的利润水平有着直接的影响。如果买方拥有较强的议价能力，它们可能会施压以降低产品价格，这将导致企业利润空间的压缩。在某些情况下，强大的买方甚至能够影响产品的定价和供应条件。供方的议价能力同样是一个重要的考量点。如果供应商掌握了关键资源或技术，它们可能会提高原材料或服务的价格，这将直接增加企业的生产成本。在供应链中，供应商的议价能力越强，企业面临的成本压力就越大，这可能会影响其整体的盈利能力。

最后，行业内现有竞争者之间的竞争是行业竞争结构分析中最直观且最核心的部分。企业为了在激烈的市场竞争中脱颖而出，必须不断地进行创新，提高产品的质量和提升服务水平。这种竞争不仅体现在价格上，还包括品牌影响力、客户服务、技术创新等多个方面。

综上所述，迈克尔·波特的五力模型为我们提供了一个全面分析行业竞争结构的框架。通过深入理解这五个核心要素，企业能够更好地制定战略，以应对市场中的各种挑战和机遇。

在实际应用中，企业需要根据自身所处的行业特点和市场环境，对这五个力量进行细致的分析和评估。只有这样，企业才能在竞争激烈的市场中找到自己的定位，制定出有效的竞争策略，从而实现可持续发展。

此外，企业还应关注行业外部环境的变化，如政策法规的调整、经济形势的波动、技术进步等因素，这些都可能对五力模型中的各个要素产生影响，进而影响整个行业的竞争格局。

因此，企业需要持续监控外部环境和内部竞争态势，灵活调整战略，以确保在不断变化的市场中保持竞争力。

三、经济周期与行业分析

各行业变动时，往往呈现出明显的、可预测的增长或衰退的格局。这些变动与国民经济总体的周期变动是有关系的，但关系密切的程度又不一样。据此，可以将行业分为三类。

（一）增长型行业

增长型行业的运行状态与经济活动总水平的周期及其振幅并不紧密相关。这些行业收入增长的速率并不会总是随着经济周期的变动而出现同步变动，因为它们主要依靠技术进步、新产品推出及更优质的服务，从而使其经常呈现出增长态势。

在过去的几十年间，以计算机为代表的高新技术产业表现出了这种态势。投资者对高增长的行业十分感兴趣，主要是因为这些行业对经济周期的波动来说，提供了一种财富套期保值的手段。在经济高涨时，高增长行业的发展速度通常高于平均水平；在经济衰退时期，其所受影响较小甚至仍能保持一定的增长。然而，这种行业增长的态势却使得投资者难以把握精确的购买时机，因为这些行业的股票价格不会明显地随着经济周期的变化而变化。

（二）周期型行业

周期型行业的运行状态与经济周期紧密相关。当经济处于上升时期，这些行业会紧随其扩张；当经济衰退时，这些行业相应衰落，且该类型行业的收益变化幅度往往会在一定程度上夸大经济的周期性。产生这种现象的原因是，当经济上升时，对这些行业相关产品的购买相应增加；当经济衰退时，这些行业相关产品的购买被延迟到经济改善之后。例如，生产资料、耐用品制造业及其他需求收入弹性较高的行业，就属于典型的周期性行业。

知识链接

我国周期性股票的投资策略

虽然作为新兴市场，我国经济预计还要经历工业化进程，在此期间经济高速增长是主要特征，出现严重经济衰退或萧条的可能性很低，但周期性特征还是存在的。

中国的经济周期更多表现为GDP增速的加快和放缓，如GDP增速达到12%以上可以视为景气高涨期，GDP增速跌落到7%以下则为景气低迷期。不同的景气阶段，行业和企业的感受当然会很不一样，在景气低迷期间，经营的压力自然会很大，一些公司甚至会发生亏损。

我们国家典型的周期性行业包括钢铁、有色金属、化工等基础大宗原材料行业，水泥等建筑材料行业，工程机械、机床、重型卡车、装备制造等资本集约型领域。当经济高速增长时，市场对这些行业的产品需求也高涨，这些行业所在公司的业绩改善就会非常明显，其股票就会受到投资者的追捧；而当景气低迷时，固定资产投资下降，对其产品的需求减弱，其业绩和股价就会迅速回落。

此外，还有一些非必需的消费品行业也具有鲜明的周期性特征，如轿车、高档白酒、高档服装、奢侈品、航空、酒店等，因为一旦人们收入增长放缓及对预期收入的不确定性增强，都会直接减少对这类非必需商品的消费需求。金融服务业（保险除外）由于与工商业和居民消费密切相关，也有显著的周期性特征。

上述这些周期性行业企业构成股票市场的主体，其业绩和股价因经济周期的变化而起落，因此就不难理解经济周期成为主导牛市和熊市的根本原因的道理了。投资周期性行业股票的关键就是对于时机的准确把握，如果你能在周期触底反转前介入，就会获得最为丰厚的投资回报，但如果在错误的时点和位置，如周期到达顶端时再买入，则会遭受严重的损失，可能需要忍受5年甚至10年的漫长等待，才能迎来下一轮周期的复苏和高涨。

虽然预测经济周期什么时候达到顶峰和谷底如同预测博彩的输赢一样困难，但在投资实践中还是可以总结出一些行之有效的方法和思路，让投资者有所借鉴。其中利率是把握周期性股票入市时机最核心的因素。当利率水平低位运行或持续下降时，周期性股票会表现得越来越好，因为低利率和低资金成本可以刺激经济的增长，鼓励各行各业扩大生产和需求。

相反，当利率水平逐渐抬高时，周期性行业因为资金成本上升就失去了扩张的意愿和能力，周期性的股票会表现得越来越差。投资者需要注意的是，当央行刚刚开始减息的时候，通常还不是介入周期性股票的最佳时机，此时是经济景气最低迷之际，有些积重难返之势。开始的几次减息还见不到效果，周期性股票还会维持一段时间跌势，只有在连续多次减息刺激后，周期性行业和股票才会重新焕发活力。同理，当央行刚刚开始加息的时候，投资者也不必急于离场，周期性行业和股票还会继续风光一时，只有在利率水平不断上升接近前期高点时，周期性行业才会明显感到压力，这是投资者开始考虑转向的时候。

对于市盈率，投资者也不能过于依赖，因为它对于投资周期性股票往往会有误导作用，低市盈率的周期性股票并不代表其具有投资价值，相反，高市盈率也不一定是估值过高。以钢铁股为例，在景气低迷阶段，其市盈率只能保持在个位数上，最低可以达到5倍以下，如果投资者将其与市场平均市盈率水平对比，认为“便宜”

就买入，则可能要面对的是漫长的等待，会错过其他投资机会甚至还将遭遇进一步亏损。在景气高涨期，如2004年上半年，钢铁股市盈率可以达到20倍以上，那时候如果看到市盈率不断走高而不敢买入钢铁股就会错过一轮上升行情。相对于市盈率，市净率由于对利润波动不敏感，倒可以更好地反映业绩波动明显的周期性股票的投资价值，尤其对于那些资本密集型的重工行业更是如此。当股价低于净资产，即市净率低于1时，通常可以放心买入，不论是行业还是股价都有随时复苏的极大可能。

在整个经济周期里，不同行业的周期表现还是有所差异的。当经济在低谷出现拐点，刚刚开始复苏时，石化、建筑施工、水泥、造纸等基础行业会最先受益，股价上涨也会提前启动。在随后的复苏增长阶段，机械设备、周期性电子产品等资本密集型行业和相关的零部件行业会表现优异，投资者可以调仓买入相关股票。在经济景气的最高峰，商业一片繁荣，这时上场的主角就是非必需的消费品，如轿车、高档服装、奢侈品、消费类电子产品和旅游等行业，换入这类股票可以享受到最后的经济周期盛宴。

所以，在一轮经济周期里，配置不同阶段受益最多的行业股票，可以让投资回报最大化。最后，在挑选那些即将迎来行业复苏的股票时，对比一下这些公司的资产负债表，可以帮助你找到表现最好的股票。那些资产负债表健康、现金相对宽裕的公司，在行业复苏初期会有更强的扩张能力，股价表现通常也会更为抢眼。

（三）防守型行业

防守型行业的经营状况在经济周期的上升和下降阶段都很稳定。这种运动态势的存在是因为该类型行业的产品需求相对稳定，需求弹性小，经济周期处于衰退阶段对这种行业的影响也比较小。甚至有些防守型行业在经济衰退时期还会有一定的实际增长。该类型行业的产品往往是生活必需品或是必要的公共服务，公众对其产品有相对稳定的需求，因而行业中有代表性的公司盈利水平相对稳定。例如，食品业和公共事业就属于防守型行业。也正是因为这个原因，投资于防守型行业一般属于收入型投资，而非资本利得型投资。

四、行业生命周期分析

通常情况下，每个行业都要经历一个由成长到衰退的发展演变过程。这个过程便称为行业的生命周期。一般来说，行业的生命周期可分为幼稚期、成长期、成熟期和衰退期。

（一）幼稚期

一个行业的萌芽和形成，最基本和最重要的条件是人们的物质文化需求。社会的物质文化需求是行业经济活动的最基本动力。资本的支持与资源的稳定供给是行业形成的基本保证。行业形成的方式有三种：分化、衍生和新生长。分化是指新行业从原行业

（母体）中分离出来，分解为一个独立的新行业，比如电子工业从机械工业中分化出来，石化行业从石油工业中分化出来等。衍生是指出现与原有行业相关、相配套的行业，如汽车业衍生出来的汽车修理业，房地产业衍生出来的房地产咨询业等。新生长是指新行业以相对独立的方式进行，并不依附于原有行业。这种行业的生产往往是科学技术产生突破性进步的结果，经常萌芽于实验室或者科技园区。

在这一阶段，由于新行业刚刚诞生或初建不久，只有为数不多的投资公司投资于这个新兴的行业。另外，创业公司的研究和开发费用较高，而大众对其产品尚缺乏全面了解，致使产品市场需求较少，销售收入较低，因此这些创业公司可能不但没有盈利，反而会出现较大亏损。同时，较高的产品成本和价格与较少的市场需求之间的矛盾使得创业公司面临很大的市场风险，而且还可能因财务困难引发破产风险。因此，这类企业更适合投机者和创业投资者。

在幼稚期后期，随着行业生产技术的成熟、生产成本的降低和市场需求的扩大，新行业便逐步由高风险、低收益的幼稚期迈入高风险、高收益的成长期。

（二）成长期

行业的成长实际上就是行业的扩大再生产。各个行业成长的能力是有差异的。成长能力主要体现在生产能力和规模的扩张、区域的横向渗透及自身组织结构的变革能力。

判断一个行业的成长能力，可以从以下方面来考察：（1）需求弹性。一般而言，需求弹性较高的行业，其成长能力也较强。（2）生产技术。技术进步快的行业创新能力强，生产率上升快，容易保持优势地位，其成长能力也强。（3）产业关联度。产业关联度强的行业，其成长能力也强。（4）市场容量与潜力。市场容量和潜力大的行业，其成长空间也大。（5）行业的空间转移活动。行业的空间转移活动停滞，一般可以说明行业成长达到了边界，成长期也就进入尾声。（6）产业组织变革活动。在行业成长过程中，通常伴随着企业向集团化、大型化方向的持续发展。

在成长期的初期，企业的生产技术逐渐成形，市场认可并接受了产品，产品的销量迅速增长，市场逐步扩大，然而企业可能仍然处于亏损或者微利状态，需要外部资金注入以增加设备、人员，并着手下一代产品的开发。进入加速成长期后，企业的产品和劳务已为广大消费者接受，销售收入和利润开始加速增长，新的机会不断出现，但企业仍然需要大量资金来实现高速成长。在这一时期，拥有较强研究开发实力、市场营销能力、雄厚资本实力和畅通融资渠道的企业逐渐占领市场。这个时期的行业增长非常迅猛，部分优势企业脱颖而出，投资于这些企业的投资者往往能够获得极高的投资回报，所以成长期有时被称为投资机会时期。

随着市场需求上升，新行业也随之繁荣起来。投资于新行业的企业大量增加，产品也逐步从单一、低质、高价向多样、优质和低价方向发展，出现了生产厂商之间和产品之间相互竞争的局面。这种状况会持续数年或数十年。在此期间，市场竞争不断加剧、产品产量不断增加、生产厂商数量不断增加。进入成长期后期，生产厂商不仅要依靠扩大产量和提高市场份额获得竞争优势，还需要不断提高生产技术水平、降低成本、研制和开发商品，从而战胜或紧跟竞争对手，维持企业的生存。

这一时期企业的利润虽然增长很快，但所面临的竞争风险也非常大，破产率与被兼并率相当高。由于市场竞争优胜劣汰规律的作用，市场上生产厂商的数量会在一个阶段后出现大幅度减少，之后开始逐渐稳定下来。由于市场需求趋向饱和，产品的销售增长率减缓，迅速赚取利润的机会减少，行业便开始进入成熟期。

（三）成熟期

行业成熟表现在四个方面：（1）产品的成熟。产品的成熟是行业成熟的标志。产品的基本性能、式样、功能、规格、结构都将趋向成熟，且已经被消费者习惯使用。（2）技术上的成熟，即行业内企业普遍采用的是适用且至少有一定先进性、稳定性的技术。（3）生产工艺的成熟。（4）产业组织上的成熟。也就是说，行业内企业间建立起了良好的分工协作关系，市场竞争是有效的，市场运作规则合理，市场结构稳定。

行业的成熟期是一个相对较长的时期。具体来看，各个行业成熟期的时间长短往往有所区别。一般而言，技术含量高的行业成熟期历时相对较短，而公用事业行业成熟期持续的时间较长。处于成熟期行业的特点主要有：（1）企业规模空前、地位显赫，产品普及程度高。（2）行业生产能力接近饱和，市场需求也趋于饱和，买方市场出现。（3）构成支柱产业地位，其生产要素份额、产值、利税份额在国民经济中占有一席之地。不过，一个行业何时真正进入成熟期在短期内很难识别。

进入成熟期的行业市场已被少数资本雄厚、技术先进的大厂商控制，各厂商分别占有自己的市场份额，整个市场的生产布局和份额在相当长的时期内处于稳定状态。厂商之间的竞争手段逐渐从价格手段转向各种非价格手段，如提高质量、改善性能和加强售后服务等。行业的利润由于一定程度的垄断达到了较高的水平，而风险却因市场结构比较稳定、新企业难以进入而较低。

在行业成熟期，行业增长速度降到一个适度水平。在某些情况下，整个行业的增长可能会完全停滞，其产出甚至下降。行业发展很难较好地保持与国内生产总值同步增长。当然，由于技术创新、产业政策、经济全球化等各种原因，某些行业可能会在进入成熟期之后迎来新的增长。

（四）衰退期

行业衰退是客观的必然，是行业经济新陈代谢的表现。行业衰退可以分为自然衰退和偶然衰退。自然衰退是一种自然状态下的衰退。偶然衰退是指在偶然的外部因素作用下，提前或者延后发生的衰退。行业衰退还可以分为绝对衰退和相对衰退。绝对衰退是指行业本身内在的衰退规律起作用而发生的规模萎缩、功能衰退、产品老化。相对衰退是指行业因结构性原因或者无形原因引起行业地位和功能发生衰减的状况，并不一定是行业实体发生了绝对的萎缩。

衰退期出现在较长的稳定期之后。由于大量替代品的出现，原行业产品的市场需求开始逐渐减少，产品的销售量也开始下降，某些厂商开始向其他更有利可图的行业转移资金，因而原行业出现了厂商数目减少、利润水平停滞不前或不断下降的萧条景象。至此，整个行业便进入了衰退期。但在很多情况下，行业的衰退期往往比行业生命周期的其他三个阶段的总和还要长，大量的行业都是衰而不亡，甚至会与人类社会长期共存。例如，钢铁业、纺织业在衰退，但是人们却看不到它们的消亡。烟草业更是如此，难有终期。

证券分析师应当仔细研究公司所处的行业生命周期阶段，跟踪考察该行业发展的趋势，分析行业的投资价值和投资风险。针对不同偏好的投资者，证券分析师应有不同的投资建议。比如，对于收益型的投资者，可以建议优先选择处于成熟期的行业，因为这些行业基础稳定，盈利丰厚，市场风险相对较小。

知识链接

典型的行业所处的生命周期阶段

1. 人工智能大模型在工业领域的应用尚处于幼稚期，但展现出巨大潜力。随着技术的飞速发展，人工智能大模型正逐步跨越技术边界，向工业领域深度渗透。人工智能大模型凭借其强大的数据处理能力、高度的泛化性以及不断优化的算法结构，正逐步成为推动工业转型升级的重要引擎。目前人工智能大模型落地工业领域尚处于幼稚期，其产品形态、服务内容都还在逐步摸索中。

2. 电子信息（电子计算机及软件、通信）、生物医药等行业处于行业生命周期的成长期。其中，生物医药行业处于成长阶段的初期，无线通信行业处于成长阶段的中期，大规模计算机行业处于成长阶段的后期。由此便可初步判断生物医药行业将会以很快的速度增长，但企业所面临的竞争风险也将不断增长；而大规模计算机行业在增长速度上要低于生物医药行业及无线通信行业，竞争风险则相对较小。

3. 石油冶炼、超级市场和电力等行业已进入成熟期。这些行业将会继续增长，但速度要比前面各阶段的行业慢。处于成熟期的行业通常是盈利的，而且盈利水平比较稳定，投资的风险相对较小。

4. 自行车、钟表等行业已进入衰退期。对这些行业的投资应当谨慎。如果是长期投资，这种投资可能存在较大的不安全性。当然，随着技术进步、经济全球化等因素的变化，某些处于衰退期的行业还会重新焕发成长的生机。证券投资分析界所奉行的“没有夕阳产业，只有夕阳企业”的论断也正缘于此。

需要说明的是，上述关于行业生命周期四个阶段的分析只是对行业发展共性的一种描述，它并不适用于所有行业的情况。同一行业在不同发展水平的不同国家或者在同一国家的不同发展时期，可能处于生命周期的不同阶段。典型的行业所处的生命周期阶段如图 4－3 所示。

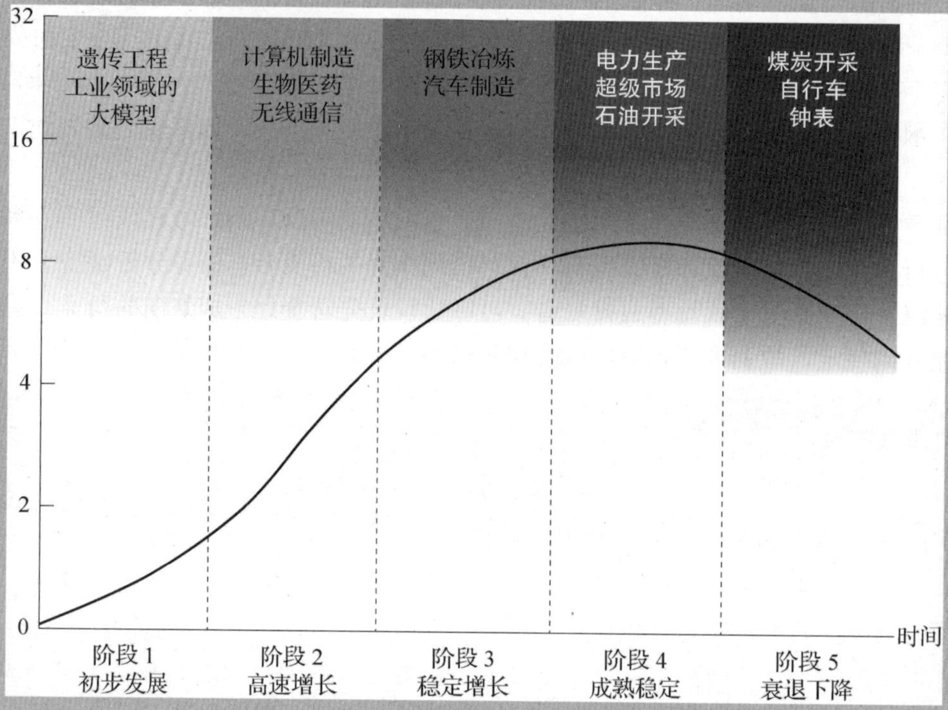

图 4-3　典型的行业所处的生命周期阶段

五、板块分析

在股市中，板块是指具有某一共同特征的股票，被称为“××板块”或“××概念股”，它们因相同的特征而在价格走势中呈现较大的联动性。板块的划分是多样的，如按行业划分，有“钢铁板块”“水泥板块”等；按地域划分，有“边疆概念股”“首都概念股”等；按经营状况划分，有“绩优板块”“亏损板块”。一家上市公司往往因为其不同题材而归属若干个不同的板块。如同仁堂既属于“绩优板块”又属于“医药板块”。根据划分范围的大小，板块之间也存在交错关系，如“生物制药板块”中的个股也包含在“高科技板块”之列。

板块分析是依据股票二级市场情况的变化，对众多具有某种共同特征的个股进行归总，分析其共同的特点，并探讨其成为近期市场热点的可能性，从而确定是否进行投资。板块分析对于投资者及时把握市场热点具有实用价值，在不同的行情波段中，介入代表市场主流的强势板块对于二级市场获利具有重要意义。但市场在同一阶段讨论的板块往往很多，某一板块能否成为市场热点有待具体分析，而且强势板块中的个股在行情启动初期往往联动性较好，但最后成为“黑马”的却只是少数。因此，投资者在认清主流板块的同时，个股的选择就更为关键。

由于对市场热点的分析方法多种多样，分析角度也各有差异，因此，市场上的板块也非常多，投资者可以根据自己的投资需要，选择或发现具有投资价值的板块。每种板块的特点与投资策略也应有所不同。

（一）行业板块

所谓行业板块，就是以行业为标准进行归类的板块，例如钢铁板块、通信板块、生物医药板块、高科技板块等。不同时期，行业发展的状况各异，国家的产业政策也会相应调整，二级市场在不同阶段随之形成不同的行业板块热点。自2020年以来，在“双碳”政策推动下，新能源（光伏、风电、储能）板块表现尤为突出，特别是2021年全球电动化浪潮中，宁德时代等龙头公司市值大幅攀升。2022年，在国家大力发展数字经济的背景下，信创（信息技术创新）板块成为市场新主线，国产替代概念备受资金青睐。受疫情后经济复苏预期影响，2023年大消费（食品饮料、旅游酒店、航空运输）板块表现活跃。2024年以后，半导体板块因国际环境变化及政策支持力度加大而持续受到资金关注。ChatGPT引爆全球AI热潮后，A股人工智能相关板块迎来爆发式增长，代表性公司科大讯飞、寒武纪等的股价翻倍增长，其增长逻辑在于大模型技术突破带来的产业变革预期，叠加国家“东数西算”战略的支持。投资者需密切跟踪产业政策调整和国际产业格局变化，把握板块轮动节奏。

（二）区域板块

区域板块是基于上市公司所在的不同地理位置进行划分的市场概念，它将同一区域的上市公司统一归类，形成如粤港澳大湾区板块、长三角一体化板块、雄安新区概念、海南自由贸易港板块等投资主题。近年来，随着国家区域发展战略的深入实施，新兴区域经济集群的市场表现日益突出。最典型的是在“双区驱动”战略背景下，粤港澳大湾区上市公司在资本市场展现出强劲的协同效应；随着海南自由贸易港建设提速，相关本土企业也呈现明显的板块联动特征。自2020年以来，成渝地区双城经济圈概念股的集体走强，以及长三角科技创新板上市企业的良好表现，都彰显了区域政策的巨大影响力。与此同时，新设立的北京证券交易所也带动了京津冀地区上市公司的市场热度。在当前高质量发展背景下，区域板块的活力与潜力愈发受到市场关注。

（三）业绩板块

按业绩划分股票板块是一种基础且重要的分类方法，涵盖蓝筹股板块、绩差股板块和ST板块等。这种分类方式体现了市场理性投资的核心逻辑——上市公司的经营业绩是股价长期表现的根本。在当前市场环境中，投资者应关注以下几点：首先，对蓝筹股的理解需与时俱进。近年来，随着产业格局的变化，传统蓝筹股如格力、美的等家电企业的增长速度显著放缓。尽管这些企业基本面稳健，但高基数效应导致其成长性减弱，估值面临上限。相比之下，新能源、半导体等新兴产业的龙头企业展现出更强的业绩弹性。其次，对待ST板块应辩证看待。随着注册制改革的深化和退市机制的完善，ST股的壳资源价值大幅缩水。2023年数据显示，A股退市公司数量创历史新高，投资者更加重视企业的持续经营能力。然而，在严格筛选下，那些进行真实业务转型（如向新能源、数字经济领域转型）的ST企业仍可能存在结构性机会。当前投资应重点关注以下几类企业：一是具有持续盈利能力的行业龙头；二是业绩拐点明确的困境反转品种；三是符合国家战略方向的成长型企业。投资者需结合最新财报和产业政策动态调整持仓，既要避免盲目追捧估值过高的“伪成长股”，也要警惕持续亏损且无实质性重组的ST公司。

（四）题材板块

题材板块是指因特定事件或行业现象而形成的具有共同特征的股票集合，主要涵盖以下几种类型：政策导向型（如国家产业政策扶持板块、WTO 概念板块）、重组并购型（包括资产重组、股权转让、收购兼并等）、业绩预期型（经营业绩改善、分红送转等）、资产增值型（如土地资产重估增值）以及事件驱动型（如反倾销、灾后重建等特殊事件）。市场运作规律显示，题材炒作需有实质性支撑，投资者在参与时应特别留意甄别题材真伪，细致分析其实际价值和持续时间，警惕部分题材可能仅是短期炒作或掩护出货的手段。对于未能充分理解题材实质的情况，建议保持观望态度。尤其对于普通投资者而言，准确判断题材的市场意义具有一定难度，因此更需注重基本面分析，避免盲目跟风。

同步检测（判断题）

1. 增长的行业的股票价格不会随经济周期的变化而变化。（ ）
2. 处于行业生命周期幼稚期的企业适合投资者投资，而不适合投机者。（ ）
3. 食品业和公用事业在经济衰退时，其收入仍然相对稳定。（ ）
4. 公用事业是政府实施管理的主要产业之一。（ ）
5. 行业的市场结构可分为完全竞争、垄断竞争、寡头垄断和完全垄断四种。（ ）

任务三 影响行业兴衰的主要因素

行业兴衰的实质是行业在整个产业体系中的地位变迁，也就是行业经历“幼稚产业—先导产业—主导产业—支柱产业—夕阳产业”的过程，是资本在某一行业领域“形成—集中—大规模集聚—分散”的过程，是新技术的“产生—推广—应用—转移—落后”的过程。

一个行业的兴衰会受到技术进步、产业政策、产业组织创新、社会习惯改变和经济全球化的影响而发生变化。比如，随着中国加入 WTO，国际竞争和国际分工作用的结果将会导致国内某些行业的生命周期在原来的轨迹上发生一定的变化。

一、技术进步

（一）当前技术进步的行业特征

当前技术进步的行业特征如下：

（1）以信息通信技术为核心的高新技术成为 21 世纪国家产业竞争力的决定性因素之一。20 世纪 90 年代末，以微电子、网络技术、计算机和通信为代表的信息产业每年以 30%以上的速度高速发展，最终取代汽车、化工、钢铁等行业成为发达国家的主导产业，是迄今为止发展最快、渗透性最强、应用关键技术最广的行业之一。

(2) 信息技术的扩散与应用引起相关行业的技术革命，并加速改造着传统产业。以制药行业为例，药物研究及临床试验的高昂成本一直是困扰制药公司的关键问题。美国技术评估局估计，向市场推出一种新药物需要耗费数亿美元，周期甚至长达20年，而生物信息技术将技术先进、功能强大的计算机技术应用于新药研制过程中，制药工业的面貌大大改变，新药面世速度加快，而药品价格不断下降。在传统制造业领域，信息技术早已通过计算机辅助设计（CAD)、计算机辅助制造（CAM)、计算机集成制造系统(CIMS)、计算机模拟等系统技术在汽车、机械制造、航天航空、新材料等行业广泛应用，大大降低了研发成本，缩短了研发周期。

(3) 研发活动的投入强度成为划分高技术群产业类和衡量产业竞争力的标尺。从技术进步的方式上看，研究与开发的投资强度比以设备更新投资为主要形式的技术改造投资强度更能体现一个国家和一个产业技术进步的实力与潜力。目前，多数国家和组织以研发投入占产业或行业销售收入的比重来划分或定义技术产业群体。

(4) 技术进步速度加快，周期明显缩短，产品更新换代频繁。从1981年IBM推出第一台个人计算机起，到1995年计算机产业的蓬勃发展，大约用了15年。信息产业中两个流行的定律——摩尔定律和吉尔德定律就是很好的说明。所谓摩尔定律，即微处理器的速度会每18个月翻一番，同等价位的微处理器的计算速度会越来越快，同等速度的微处理器会越来越便宜。所谓吉尔德定律，是指在未来的25年，主干网的带宽将每6个月增加1倍。

(二) 技术进步对行业的影响

当前正是科学技术日新月异的时代，不仅新兴科学不断涌现，而且理论科学向实用技术的转化过程也被大大缩短，速度大大加快。技术进步对行业的影响是巨大的，它往往催生了一个新的行业，同时迫使一个旧的行业加速进入衰退期。例如，电灯的出现极大地消减了对煤油的需求，蒸汽动力行业则被电力行业逐渐取代，喷气式飞机代替了螺旋桨飞机，大规模集成电路计算机则取代了一般的电子计算机，等等。这些新产品在定型和大批量生产后，市场价格大幅降低，从而很快就能被消费者所使用。上述这些特点使得新兴行业能够很快超过并代替旧行业，或严重地威胁原有行业的生存。未来有些行业将伴随新的技术创新而到来，处于技术尖端的基因技术、纳米技术等将催生新的优势行业。

当然，新、旧行业并存是未来全球行业发展的基本规律和特点，大部分行业都是国民经济所不可缺少的。多数行业都会在竞争中发生变化，以新的增长方式为自己找到生存的空间。例如，传统农业已经遍布全世界，未来农业还会靠技术创新获得长足发展。传统工业在通过技术创新获得长足发展的同时，还可以通过行业的国际转移，在其他相对落后的国家获得发展的机会。

二、产业政策

政府对于行业的管理和调控主要是通过产业政策来实现的。产业政策是国家干预或参与经济的一种形式，是国家（政府）系统设计的有关产业发展的政策目标和政策措施的总和。一般认为，产业政策可以包括产业结构政策、产业组织政策、产业技术政策和产业布局政策等部分。其中，产业结构政策与产业组织政策是产业政策的核心。

（一）产业结构政策

产业结构政策是选择行业发展重点的优先顺序的政策和措施，其目标是促使行业之间的关系更协调、社会资源配置更合理、产业结构高级化。产业结构政策是一个政策系统，它主要包括以下内容。

1. 产业结构长期构想

它是根据现阶段发展水平和进一步发展的要求，遵循产业发展演变的规律，提出在较长一段时期内产业发展的目标和方向。

2. 对战略产业的保护和扶植

对战略产业的保护和扶植政策是产业结构政策的重中之重。所谓战略产业，通常指的是那些具有较高需求弹性和收入弹性，能够带动国民经济其他部门发展的关键产业。

对战略产业的保护政策主要包括限制同类国外产品的进口，以及限制国外私人直接投资等措施；对战略产业的扶植政策则涵盖财政投资、倾斜金融、倾斜税收等一系列行政性干预手段，如政府直接投资、差别税率、优惠税、保护性关税、补贴、折旧和成本控制等。

当前，全球战略产业政策更加注重技术主权与供应链安全，主要经济体通过“双轨制”策略实施保护与扶持。根据经合组织（OECD）2022 年报告，战略产业的选择标准新增了技术关联度（75%的国家采用）和供应链韧性指标（例如芯片产业的设备自给率）。美国《芯片与科学法案》（2022）提供了 527 亿美元半导体补贴，同时限制 14nm 以下技术对华投资；欧盟《芯片法案》（2023）动员 430 亿欧元提升本土产能。我国则通过“专精特新”企业培育（已认证 4 万家企业）和“制造强国”专项基金推动产业升级。

在监管方面，美国 FTC2023 年规定要求科技并购必须证明不削弱创新竞争，欧盟 DMA 法案强制大型平台数据共享。

在数字经济领域，印度 2023 年数字个人数据保护法创新性地采用“数据信任”模式，而中国的“东数西算”工程已带动 3 000 亿元新基建投资。特殊行业监管普遍采用“利润帽”机制（如英国水务公司 RO 限价 7%），并引入 AI 实时成本监测系统。

3. 对衰退产业的调整和援助

对衰退产业的调整和援助政策主要包括限制进口、财政补贴、减免税等。对衰退产业及时进行救援和调整，有利于减少经济损失、避免社会动乱。日本政府自 20 世纪 50 年代中期起，先后对煤炭、铝、合成纤维、船舶、化肥、石化等衰退产业采取了规模收缩和合理化对策，通过课税特例、特定产业信用基金的债务保证以及开发银行的融资等措施促进相关企业的设备处理等。

（二）产业组织政策

产业组织政策是调整市场结构和规范市场行为的政策，以“反对垄断、促进竞争、规范大型企业集团、扶持中小企业发展”为核心，其目的在于实现同一产业内企业组织形态和企业间关系的合理化。所谓同一产业，是指具有相同使用功能和替代功能的产品或劳务的集合，实质上就是具有竞争关系的卖方企业的集合。产业组织政策主要包括以下内容。

1. 市场秩序政策

市场秩序政策的核心在于构建公平竞争的市场环境，同时防范市场垄断行为。以2021年欧盟发布的《数字市场法案》为例，该法案明确要求大型科技平台（“守门人”企业）保持开放性，禁止自我优待行为，确保了中小企业的创新空间。政府监管重点转向建立数字时代的竞争新规则，通过设定透明的市场准则而非直接干预，促进数字经济的健康发展。

2. 产业合理化政策

产业合理化政策着力于优化资源配置，提升产业集中度。我国2020年发布的《新能源汽车产业发展规划》颇具代表性：通过设定年产销200万辆的目标倒逼产业整合，推动形成比亚迪、蔚来、小鹏等头部企业集群。新政策实施后，行业CR5（前5家企业集中度）从2018年的53%提升至2022年的72%，有效避免了低水平重复建设，促进了动力电池等核心技术的集中攻关。

3. 产业保护政策

实施产业保护的目的在于减少国外企业对本国幼稚产业的冲击。我国有关外商投资的产业政策中，对外商投资方式的限制性规定在一定程度上起到了对本国部分产业内的现有企业进行保护的作用。

（三）产业技术政策

产业技术政策是促进产业技术进步的政策，是产业政策的重要组成部分。它主要包括以下两方面内容：

（1）产业技术结构的选择和技术发展政策。主要涉及制定具体的技术标准，规定各产业的技术发展方向，鼓励采用先进技术等方面。

（2）促进资源向技术开发领域投入的政策。主要包括技术引进政策、促进技术开发政策、基础技术研究的资助与组织政策。

（四）产业布局政策

产业布局是产业存在和发展的空间形式。产业布局政策的目标是实现产业布局合理化。产业布局政策一般遵循以下原则：

（1）经济性原则，即保证那些投资效率高、经济效益好、发展速度快的地区优先发展。

（2）合理性原则，即鼓励各地区根据自身资源、经济、技术条件，发展具有相对优势的产业。

（3）协调性原则，即促进地区间的经济、技术交流，形成合理的分工协作体系。

（4）平衡性原则，即在加快先进地区发展的同时，逐步缩小先进地区与落后地区的差距。

（五）我国主要产业政策的发展变化

我国比较系统地实行产业政策是在20世纪80年代后半期。在此以前，产业政策的内容主要体现在国民经济发展计划之中。1988年，原国家发展计划委员会成立了产业政策司；1989年2月14日，国务院颁布了《中国产业政策大纲》，在政府文件中首次使用“产业政策”一词；1989年3月15日，国务院发布《有关当前产业政策要点的决定》，这是我国第一个正式的产业政策。进入20世纪90年代，我国产业政策工作逐渐步入正轨，国家先后制定并颁布了一系列产业政策、规划，如《90年代国家产业政策纲要》《90年代中国农业发展纲要》以及汽车、电子等专项产业政策。2002年3月11日，基于经济全球化与中国加入WTO的新形势，原国家发展计划委员会、原国家经济贸易委员会及原对外贸易经济合作部联合修订并发布的《外商投资产业指导目录》及其附件成为我国产业政策的主要组成部分。2007年，我国对该指导目录进行了修订，并于同年12月1日起实施。此次修订内容主要涉及五个方面：（1）坚持扩大对外开放，促进产业结构升级。（2）节约资源，保护环境，鼓励外商投资发展循环经济、清洁生产、可再生能源和生态环境保护，并在目录中新增了相关的鼓励类条目。（3）调整单纯鼓励出口的导向政策。（4）促进区域协调发展。（5）维护国家经济安全。对部分涉及国家经济安全的战略性和敏感性行业持谨慎开放态度，适当调整相关条目。

我国还针对具体产业制定了详细的产业政策。现将我国目前主要的产业政策概述如下：《玻璃纤维行业准入条件》（国家发展和改革委员会，2007年1月18日）；《钨、锡、锑三个行业准入条件》（国家发展和改革委员会，2006年12月22日）；《有关加强生物燃料乙醇项目建设管理　促进产业健康发展的通知》（国家发展和改革委员会、财政部，2006年12月14日）；《水泥工业产业发展政策》（国家发展和改革委员会，2006年10月17日）；《有关规范铅锌行业投资行为　加快结构调整指导意见的通知》（国家发展和改革委员会、财政部、国土资源部、商务部、中国人民银行，2006年9月13日）；《电解金属锰企业行业准入条件》（国家发展和改革委员会，2006年8月8日）；《关于加强煤炭建设项目管理的通知》（国家发展和改革委员会、国土资源部、建设部、安全监管总局、煤炭安监局，2006年7月3日）；《铜冶炼行业准入条件》（国家发展和改革委员会，2006年6月30日）；《有关加快纺织行业结构调整　促进产业升级若干意见的通知》（国家发展和改革委员会、财政部、商务部、中国人民银行，2006年5月30日）；《关于加快电石行业结构调整有关意见的通知》（国家发展和改革委员会、国土资源部、原中国银行业监督管理委员会，2006年5月11日）；《关于推进铁合金行业加快结构调整的通知》（国家发展和改革委员会、财政部、商务部、中国人民银行，2006年4月11日）；《钢铁产业发展政策》（国家发展和改革委员会，2005年7月8日）；《汽车产业发展政策》（国家发展和改革委员会，2004年5月21日）。

2008年金融危机后，各工业强国高度重视战略性新兴产业。所谓新兴战略性产业，是指以低碳经济为特征的新能源、节能环保产业，以降低成本、提高生产力的新材料和信息技术产业，以延长生命、促进健康和拓展人类生存空间的新医药、空间技术产业。

2010年10月公布的《国务院关于加快培育和发展战略性新兴产业的决定》，明确了战略性新兴产业发展目标：到2015年，战略性新兴产业形成健康发展、协调推进的基本格局，对产业结构升级的推动作用显著增强，增加值占国内生产总值的比重力争达到8%左右。到2020年，战略性新兴产业增加值占国内生产总值的比重力争达到15%左右，吸纳、带动就业能力显著提高。节能环保、新一代信息技术、生物、高端设备制造产业成为国民经济的支柱产业，新能源、新材料、新能源产业成为国民经济的先导产业；创新能力大幅提升，掌握一批关键核心技术，在局部领域达到世界领先水平；形成一批具有国际影响力的大企业和一批创新活力旺盛的中小企业；建成一批产业链完善、创新能力强、特色鲜明的战略性新兴产业集聚区。

党的十八大以来，我国功能性产业政策逐渐发力，产业创新政策愈发重要。党的二十大以来，我国的产业政策强调推进产业基础高级化、产业链供应链优化升级，提高经济质量、效益和核心竞争力。同时，我国也明确提出要加快发展数字经济、人工智能等新兴产业，促进绿色低碳发展，发展新质生产力。

三、产业组织创新

产业组织是指同一产业内企业的组织形态和企业间的关系，包括市场结构、市场行为、市场绩效三方面内容。因此，所谓产业组织创新，是指同一产业内企业的组织形态和企业间关系的创新。产业组织的创新过程（活动）实际上是对影响产业组织绩效的要素进行整合优化的过程，是使产业组织重新获取竞争优势的过程。

从作用的效果来看，产业政策的调控与产业组织的创新都有优化产业组织的功能，但产业政策在产业组织合理化过程中的作用是一种经济过程中的被组织力量，而产业组织创新往往是产业及产业内企业的自组织过程。一方面，产业组织与产业结构息息相关，是连接产业结构与产业政策的纽带。因此，产业组织创新是推动产业结构升级的重要力量之一。另一方面，产业组织又与企业组织密切相关，是具有某种同一性的互动范畴。因此，产业组织创新不仅仅是产业内企业与企业之间垄断或竞争关系平衡的结果，更是企业组织创新与产业组织创新协调与互动的结果。

实践证明，产业组织创新的直接影响包括实现规模经济、形成专业化分工与协作、提高产业集中度、促进产业进步和有效竞争等；间接影响包括创造产业增长机会、构筑产业赶超效应、适应产业经济增长等多项功效。产业组织创新能在一定程度上引起产业（或行业）生命周期运行轨迹或生命周期阶段持续时间的变化。

与所有创新活动一样，产业组织的创新不存在一成不变的模式。在不同行业或同一行业的不同发展阶段，产业组织创新呈现与行业固有属性、所处生命周期阶段特征、企业组织变革乃至社会经济演进紧密相关的多样化形式。例如，产业优化经营致力于延长产业链，提升附加值，深化产业与相关产业的融合，解决产品产供销的衔接问题，促进商业资本与产业资本的相对集中，从而产生规模效益的聚合效应；产融结合则通过产业部门与金融部门的资本融合，加速产业资本的集中，充分发挥金融对产业发展的融资作用，使产业结构调整得以迅速而有效地进行；服务体系建设旨在完善产业市场信息体系、产业质量标准体系及产业自律体系；大规模数字化经济则旨在改变产业内企业的组织管理形式、厂商与消费者的关系、竞争者之间的竞争方式以及企业间乃至产业间的分工协作方式等。以我国农业为例，家庭承包制、一体化经营、农业产业化等，是我国农业在不同发展阶段产业组织创新的尝试，它们构筑了从传统农业向现代农业演进的产业升级之路。此外，产业组织创新是由产业组织创新的结果所驱动的。技术创新是组织创新的一个方面，而组织创新是技术创新的有效载体，二者之间存在着相互促进的互动关系。具有创新活力且通过组织创新不断优化的产业组织，能够最大限度地、系统地为产业技术创新配置资源（如资本资源、人力资源、环境资源等）。因此，产业组织创新与产业技术创新共同成为产业不断适应外部竞争环境或从内部增强产业核心能力的关键。

四、社会习惯的改变

随着生活水平和受教育程度的提高，人们的消费心理、消费习惯、文明程度和社会责任感会逐渐改变，从而使某些商品的需求发生变化并进一步影响行业的兴衰。在解决基本温饱问题之后，人们更注重生活的质量，不受污染的天然食品备受人们的青睐；对健康投资从注重保健品转向健身器材；在物质生活丰富后，注重智力投资和丰富的精神生活，旅游、音响成了新的消费热点；快节奏的现代生活使人们更偏好便捷的交通和通信工具；高度工业化和生活现代化又使人们认识到保护生态环境免受污染的重要性。发达国家的工业部门每年都要花费几十亿美元的经费来研制和生产与环境保护有关的各种设备，以便使工业排放的废渣、废水和废气能够符合规定的标准。所有这些社会观念、社会习惯、社会趋势的变化对企业的经营活动、生产成本和收益等方面都会产生一定的影响，足以使一些不再适应社会需要的行业在衰退的同时激发新兴行业的发展。

需求变化是未来优势产业的发展导向，并在相当程度上影响行业的兴衰。在收入相对较低的时候，人们对生活用品有较大需要。提供生活消费品的可口可乐、宝洁、强生公司和满足这些需求的销售渠道如沃尔玛，均在不断满足这些消费者需求的过程中发展起来。随着收入水平的提高，生活消费品支出的比例逐渐下降，人们需要更多的服务消费和金融投资，从而使金融、旅游、教育、医疗、保险、体育、文化等行业从中获得了快速增长的动力。

五、经济全球化

所谓经济全球化，是指商品、服务、生产要素与信息跨国界流动的规模与形式不断增加，通过国际分工，在世界市场范围内提高资源配置效率，各国经济相互依赖程度有日益加深的趋势。经济全球化是全球生产力发展的结果，其推动力是追求利润和取得竞争优势。20 世纪 90 年代以来，经济全球化的趋势大大加强。导致经济全球化的直接原因是国际直接投资与贸易环境出现了新的变化。

（一）经济全球化的表现

1. 生产活动全球化，传统的国际分工正在演变成为世界性的分工

国际分工的形成机制在变化，出现了协议性分工，即主要是跨国公司经营的分工和

地区经贸集团成员内组织的分工。世界性的国际分工使各国成为世界生产的一部分，成为商品价值链中的一个环节。它有利于世界各国充分发挥优势，节约社会劳动，使生产要素合理配置，提高经济效益，促进世界经济发展。

2. 1995 年 1 月 1 日诞生的世界贸易组织标志着世界贸易进一步规范化，世界贸易体制开始形成

作为世界多边贸易体制组织和法律基础的世界贸易组织，以其法人地位对所有成员方都有严格的约束力。因此，世界贸易组织的建立标志着一个以贸易自由化为中心、囊括当今世界贸易诸多领域的多边贸易体制大框架已经构筑起来。

3. 各国金融日益融合在一起，金融全球化加速推进

随着全球化，各国金融市场紧密相连，形成复杂网络。金融国际化加速，国际金融市场融合，形成全球市场。这种融合表现在：资本自由流动、金融机构扩张和金融政策监管协调；地区经贸集团如欧盟、北美自由贸易区、东盟推动金融业一体化，通过共同金融政策、统一监管和成员方合作，扩大金融市场，促进经济一体化和贸易；金融科技发展，如互联网、大数据、区块链等，提高金融服务效率，打破地理界限，促进资金流动；技术进步提升市场效率，促进金融创新，满足多样化需求。

4. 投资活动已扩展至全球范围，全球投资规模的架构正逐步确立

投资活动已成为推动经济增长与发展的新动力。国际直接投资的主体呈现多元化趋势，众多发达国家与发展中国家和地区逐渐成为吸引外国直接投资的主要目的地。国际借贷资金的流动量显著增加，证券股权投资亦迅速发展，投资自由化已成为各国制定国际直接投资政策的主要目标。

5. 跨国公司的作用进一步加强

随着跨国公司数量的急剧增加，以发达国家和发展中国家为基地的大型跨国公司正日益走向全球化。这些公司开始构建新型的战略联盟，全球范围内的跨国并购总额持续攀升，跨国公司在国际生产中的规模和重要性亦不断增长。跨国公司内部的贸易在其所在国家的贸易总额中所占比例有所提升，经济活动的无国界现象愈发显著。

（二）经济全球化对各国产业发展的重大影响

1. 经济全球化导致产业的全球性转移

随着经济全球化的不断推进，世界各地的产业布局正在经历一场深刻的变革。发达国家正在积极地将一些劳动密集型产业，比如纺织服装和消费类电子产品，以及部分资本密集型产业，例如中低档汽车制造，转移到发展中国家。这一趋势不仅有助于发达国家降低生产成本，还能使其在全球市场上保持竞争优势。与此同时，发达国家仍然牢牢掌握着这些传统行业的核心技术，并通过技术专利的转让在发展中国家获取市场利益。

例如，尽管我国已经成为全球鞋类产品的制造中心，拥有庞大的生产和加工能力，但美国耐克公司依然掌握着最尖端的运动鞋设计和制造技术。耐克公司通过将生产环节外包给发展中国家的工厂，既降低了生产成本，又保持了其产品的技术优势和品牌价值。类似的情况也出现在如手机等产品的生产中。许多国际知名品牌，如苹果、三星等，虽然在中国、印度等国家设有生产基地，但其核心技术和关键零部件仍然掌握在发达国家手中。通过这种方式，发达国家不仅能够在全球产业链中占据高端位置，还能通过技术专利的转让和授权，从发展中国家获取丰厚的市场利益。这种产业转移和技术控制的双重策略，使得发达国家在全球经济中依然保持着强大的竞争力。

在全球化的背景下，各国纷纷通过选择性发展策略来培育和强化其优势产业。由于技术水平和资源潜力的限制，一个国家很难在所有领域都取得领先地位。因此，许多国家采取了战略性产业发展策略，以期在某些特定领域取得竞争优势。例如，美国在信息技术和生物技术产业方面取得了显著成就，日本在机器人产业方面处于领先地位，印度通过发展技术和软件产业成为全球信息技术服务的重要提供者。

产业全球化不仅引发了国际竞争，还带来了国际投资的动态变化，这些因素将对行业结构产生深远的影响。以美国汽车行业为例，长期以来，该行业一直由通用、福特和克莱斯勒三大公司主导，市场相对稳定。然而，近年来，美国汽车行业面临着来自中国、日本、西欧乃至韩国汽车品牌的激烈竞争。这种国际竞争不仅改变了美国国内市场的原有格局，还对美国汽车行业的生命周期产生了深远的影响。随着国际品牌的涌入，美国本土汽车制造商不得不进行战略调整，以应对新的市场挑战。这种竞争不仅促进了技术创新和产品质量的提升，还推动了全球汽车产业的整合和优化。

2. 国际分工经历了显著的变革

（1）国际分工的基础经历了显著的转变。传统国际分工理论指出，国家间分工的基础源于各国资源禀赋的差异。这些差异造成了各国产业结构的差异，而通过不同商品的贸易可以提升各国的福利水平。然而，随着经济全球化的不断深入，生产要素、商品和服务跨国流动的障碍与成本显著降低，一个国家的优势行业不再主要依赖于资源禀赋。在决定各国比较优势的因素中，资源禀赋的作用正在减弱，而诸如政府效率、市场机制完善程度、劳动者掌握知识与信息的能力以及政府影响下的市场规模等后天因素的作用逐渐增强。后天因素的改善能够弥补资源禀赋方面的不足，反之，后天因素的不足可能导致资源禀赋方面的比较优势难以发挥。

（2）国际分工的模式经历了重要转变。过去，国际分工是各国基于其比较优势，用具有比较优势的行业商品交换其他行业的商品。这种分工在贸易结构上主要表现为行业间的贸易。随着经济全球化的不断推进，跨国公司开始在全球范围内寻求资源的最佳配置，将产业链的不同环节布局在不同国家，越来越多的国家被纳入跨国公司的全球生产与服务网络。这种新的国际分工在贸易结构上表现为行业内贸易和公司内贸易的比重显著增加。

（3）经济全球化促使贸易理论与国际直接投资理论趋向一体化。在这一理论框架下，企业行为被划分为两大类别。第一类是总部行为，包括工程、管理、金融服务以及品牌和信誉等可以无偿转让给远程生产区位的服务。这类行为有时被概括为研究与开发。第二类是实际生产行为，实际生产行为又可分为上游生产（中间产品）和下游生产（最终产品）。企业在两个国家间活动时，可以选择将总部行为安排在母国，而将实际生产转移到东道国（纵向一体化），或者在国内外同时进行（横向一体化）。因此，跨国企业不仅通过价格和质量进行竞争，还通过生产组织的方式进行竞争。贸易理论与国际直接投资理论的一体化表明，在经济全球化背景下，不能仅以单纯的贸易行为来衡量国家间的经济利益。

拓展阅读

战略性新兴产业的内涵

自“十二五”规划以来，我国连续三个五年规划中均提及发展战略性新兴产业。政府对此类产业给予高度重视。《“十四五”规划建议稿》中明确指出：“发展战略性新兴产业。加快壮大新一代信息技术、生物技术、新能源、新材料、高端装备、新能源汽车、绿色环保以及航空航天、海洋装备等产业。”《工业战略性新兴产业分类目录（2023）》中，将2018版的“八大产业”调整为“九大产业”，新增了“航空航天”和“海洋装备”两大产业，同时取消了“数字创意”产业。

一、战略性新兴产业的定义

根据《国务院关于加快培育和发展战略性新兴产业的决定》（国发〔2010〕32号），战略性新兴产业是引导未来经济社会发展的重要力量。发展战略性新兴产业已成为世界主要国家抢占新一轮经济和科技发展制高点的重大战略。战略性新兴产业基于重大技术突破和重大发展需求，对经济社会全局和长远发展具有重大引领带动作用，是知识技术密集、物质资源消耗少、成长潜力大、综合效益好的产业。

二、九大战略性新兴产业的内涵

（一）新一代信息技术产业

发展新一代信息技术产业，是我们实施网络强国战略和建设“数字中国”的重要手段，主要通过物联网、云计算和人工智能等技术与各行业的全面融合渗透，构建万物互联、融合创新、智能协同、安全可控的新一代信息技术产业体系。例如：加大5G建设投资；加快基础材料、关键芯片、高端元器件等核心技术攻关；推进工业互联网、人工智能、物联网、车联网、大数据、云计算、区块链等技术集成创新和融合应用；加快推进基于信息化、数字化、智能化的新型城市基础设施建设；发展智慧广电、智慧水利、智慧港口、智慧物流、智慧市政等成长潜力大的新兴产业；实施数字乡村发展战略，加强数字乡村产业体系建设，发展农村互联网新业态新模式；实施“互联网＋”农产品出村进城工程，加快农业全产业链的数字化转型。

（二）高端装备制造业

高端装备制造产业，顾名思义，是为了经济建设和国防建设的需要，大力发展现代航空装备、卫星及应用产业、先进轨道交通装备、海洋工程装备、智能制造装备等高端装备制造。主要包括：工业机器人、建筑和医疗等特种机器人、高端仪器仪表、轨道交通装备、高档五轴数控机床、节能异步牵引电动机、高端医疗装备和制药装备、航空航天装备、海洋工程装备及高技术船舶等高端装备生产；建设城市市政基础设施运维、农业生产专用传感器、智能装备、自动化系统和管理平台；建设“互联网＋”协同制造示范工厂，建立高标准工业互联网平台。

（三）新材料产业

新材料主要指一些新型功能材料、先进结构材料和复合材料，运用纳米、超导、智能等这些优秀的材料提高工艺装备的保障能力，主打高性能、轻量化和绿色化。主要包括：在光刻胶、高纯靶材、高温合金、高性能纤维材料、高强高导耐热材料、耐腐蚀材料、大尺寸硅片、电子封装材料等领域实现突破，保障大飞机、微电子制造、深海采矿等重点领域产业链供应链稳定；提升稀土、钒、钛、钨、钼、锂、铷、铯、石墨等特色资源在开采、冶炼、深加工等环节的技术水平；加快拓展石墨烯、纳米材料等在光电子、航空装备、新能源、生物医药等领域的应用。

（四）生物技术产业

生物技术产业涉及与人类、动植物相关的技术。主要包括：通过新技术发展精准医疗和个性化医疗，发展高效精准的农业育种，拓展海洋生物资源新领域等，建设健康中国、美丽中国。主要包括：推动创新疫苗、体外诊断与检测试剂、抗体药物等产业重大工程和项目落实落地；支持遗传细胞与遗传育种技术研发中心、合成生物技术创新中心、生物药技术创新中心建设；促进中药新药研发和产业发展；实施生物技术惠民工程，为自主创新药品、医疗装备等产品创造市场。

（五）新能源汽车产业

我国已成为世界上最大的新能源汽车生产国。该产业与我们的生活息息相关。主要包括：开展公共领域车辆全面电动化城市示范；加快新能源汽车充/换电站建设；实施智能网联汽车道路测试和示范应用，加大车联网、车路协同基础设施建设力度；支持建设一批自动驾驶运营大数据中心；建设城市道路、建筑、公共设施融合感知体系，推动智能汽车与智慧城市协同发展。

（六）新能源产业

主要通过核电、风电、太阳能光伏和热利用、页岩气、生物质发电、地热和地温能、沼气等新能源，开发新型太阳能光伏和热发电、生物质气化、生物燃料、海洋能等可再生能源技术。主要包括：聚焦新能源装备制造“卡脖子”问题，加快主轴承、IGBT、控制系统、高压直流海底电缆等核心技术部件研发；建设智能电网、微电网、分布式能源、新型储能、制氢加氢设施、燃料电池系统等基础设施网络；提升先进燃煤发电、核能、非常规油气勘探开发等基础设施网络的数字化、智能化水平；大力开展综合能源服务，推动源网荷储协同互动，有条件的地区开展秸秆能源化利用。

（七）绿色环保产业

绿色环保产业旨在运用现代技术成果实现能源高效利用、污染防治、资源循环利用等目标，最终形成资源节约型、环境友好型社会。主要包括：结合城市更新和城镇老旧小区改造，进行小区内的建筑节能节水改造；开展共用物流集装化体系，实现仓储物流标准化周转箱高效循环利用；发展智慧农业，推进农业生产环境自动监测、生产过程智能管理；探索以生态环境为导向的开发（EOD）模式，推动环保产业持续发展；加大节能、节水环保装备产业和海水淡化产业培育力度；鼓励绿色出行、绿色商场、绿色饭店、绿色电商等绿色流通主体加快发展；积极推行绿色建造，大力发展钢结构建筑，提高资源利用效率。

（八）航空航天产业

航空航天产业是指以飞机、导弹、卫星、航天器等为代表的高新技术和重要的战略产业。其主要包括民用航空、军用航空、航天器、导弹及相关配套领域的制造、测试、试飞、装配、运输、使用等全过程活动。例如利用3D打印技术生产部件、先进复合材料制造、数字化制造等航空制造技术的研究和实践。

（九）海洋装备产业

海洋装备产业是指专门为满足海洋探测、勘探、开发、利用、保护等需求而设计、开发、制造的设备、技术和服务的产业。海洋装备包括各种类型的船舶、海洋工程装备、海洋测绘仪器、深海探测设备、海洋环境保护设备、海洋农业装备等，旨在满足海上业务和海洋资源开发利用的需求。例如：海洋勘探设备，包括海底地震勘探设备、海洋钻探设备、海洋电磁探测设备、海洋震源器等；海洋采掘设备，包括采油平台、海底生产系统、海底采矿设备等；海洋环境保护设备，包括海洋污染治理设备、海洋生态修复设备、海洋质量检测设备、水下机器人等；海洋运输设备，包括货运船、客运船、渔船、港口装卸设备等；海洋渔业装备，包括大型渔船、渔业养殖设备、海洋渔业安全设备等；海洋新能源设备，包括海洋风电设备、海洋潮汐能利用设备、海洋光电设备等。

同步检测（论述题）

1. 国家出台燃油税政策、房地产税政策，对哪些行业会产生影响？会产生怎样的影响？

2. “互联网+”行业发展的主要原因是什么？

基础知识
考核与技能实训

项目五 公司分析

知识目标

1. 熟悉公司基本面分析的主要内容
2. 熟悉上市公司的主要财务报表
3. 熟悉财务比较分析法
4. 理解主要财务比率的内涵

能力目标

1. 学会收集各种影响公司分析的信息
2. 能够从公司业务和财务两个角度对上市公司进行分析
3. 能够研判上市公司股票价格的中、短期运动方向与幅度
4. 能够准确地表达本人关于股票的研判结论
5. 能够熟练地撰写公司简评
6. 能够区分各种公司分析方法

素养目标

1. 培养学生积极的学习态度和健康向上的人生态度
2. 培养学生具有科学精神和正确的世界观、人生观、价值观
3. 引导学生养成关心时事和证券市场信息的习惯
4. 培养学生具备公司分析的职业素养

案例导入

巴菲特的投资生涯并非一帆风顺。在 1973—1974 年那场严重的经济衰退中，他投资的公司受到了严重打击，股价从每股 90 美元跌至 40 美元。在 1987 年的股灾中，他投资的公司又受到冲击，股价从每股 4 000 美元跌至 3 000 美元。在 1990—1991 年海湾战争前的几个月内，他投资的公司再次遭到重创，股价从每股 8 900 美元急剧跌至 5 500 美元。然而，巴菲特在坚持用价值投资理念择股的同时，采取了长期持股策略。2002 年，巴菲特领导的伯克希尔公司的股票价格每股涨到了 75 000 美元（最高时曾涨到过每股千万美元）。如果你 1956 年把 1 万美元交给巴菲特，今天就变成了 3 亿

多美元，税后收入大约为2.7亿美元。几十年中，巴菲特在30万忠实于他的股东之中，孕育了数以万计的千万、亿万富翁。仅在他居住的奥马哈市，就培养了200名巴菲特级的亿万富翁。

巴菲特认为，选股票应选择自己熟悉、喜爱又被市场低估的绩优股票，并长期持有，这就是巴菲特的价值投资理念。对此，他直白地说："我用屁股比用脑子赚的钱还要多。"在风云变幻的美国证券市场，同样存在着各式各样美丽的陷阱，但巴菲特从不为之心动，他有着自己独特的选股标准。巴菲特认为：赚钱的秘诀不在冒险，而在于避险。他认为买股票同做生意是一样的道理。在生意成交前，首先要了解对方的情况，把钱交给一个诚实、守信、经营有方的人去管理，必须用企业合伙人的心态去选择购买股票。为此，他坚持以价值投资为导向，擅长分析企业的基本面，总是反复、仔细地阅读候选股票的季报、年报和各种财务信息，甚至连竞争对手的情况也了如指掌。每次作出投资决定前，他总要在心里掂量20次以上，吃准了才动作。比如，巴菲特购买吉列公司股份的理由是这样的："每当我在入睡之前，想到明天会有25亿名男士不得不剃须的时候，我的心头就会涌出一丝喜悦。吉列刀片已有100多年历史。每年全世界要用掉200亿～210亿片刀片，其中的30%是吉列生产的，而市场销售价的60%属于吉列公司。吉列公司刀片的市场份额在有些国家达到了90%。"因此，他向吉列公司投入巨资，并一直持有至今。

资料来源：基尔帕特里克．投资圣经：巴菲特的真实故事［M］．何玉柱，等译．北京：机械工业出版社，2007.

思考：

巴菲特重视上市公司基本面分析的价值投资理念是否同样适用于中国股市？

任务一 公司基本面分析

一、公司与上市公司的含义以及公司分析的意义

（一）公司与上市公司的含义

在不同的国家，由于社会习惯、经济、文化和法律的差异，关于公司的定义各不相同，即使在同一国家，随着社会、经济的发展，对公司的传统定义也不断地被突破。

从经济学的角度来看，所谓公司，是指依法设立的从事经济活动并以营利为目的的企业法人。从立法角度而言，我国的现行法律并没有对公司进行直接的定义。根据《中华人民共和国公司法》，公司是企业法人，有独立的法人财产，享有法人财产权。公司以其全部财产对公司的债务承担责任。公司有两种组织形式：有限责任公司和股份有限

公司。有限责任公司的股东以其认缴的出资额为限对公司承担责任，股份有限公司的股东以其认购的股份为限对公司承担责任。

按照股份是否在证券交易所公开上市流通，股份有限公司可分为上市公司和非上市公司。证券分析师主要是对上市公司进行调研和分析，但其在对上市公司进行分析的过程中往往还会关注一些与上市公司存在关联关系或者收购行为的非上市公司。

（二）公司分析的意义

宏观经济与政策分析、行业分析只是证券投资决策的前两步分析工作，对投资者来说，更重要的是在前两步的基础上进行具体的公司分析，以选择合适的公司作为具体的投资对象。事实上，每个行业都包含着诸多公司，每个公司又各有特色，如治理结构、规模大小、财力强弱、技术水平高低、经营管理优劣等，都是千差万别的。投资者显然不能仅根据宏观经济与政策分析和行业分析来确定应该对选定行业中的哪家公司进行投资，而需要对行业中的各个公司进行具体的分析。通过对候选对象的背景资料、业务资料、财务资料的分析，多角度、多方位地了解公司，以便筛选出最适合投资者的公司，获得最佳投资收益。

公司分析从内容上讲可分为两部分。第一部分为公司基本面分析，偏重定性分析；第二部分为财务分析，偏重定量分析。公司分析的主要内容是财务分析。

（三）公司分析报告

公司分析报告就是从公司背景及股东结构、公司业务及所处行业、财务状况、投资机会、相关政策影响、企业竞争态势、市场营销策略等方面对公司进行综合研究，提炼出精当、真正有价值的信息，为公司管理层、投资者提供科学的决策依据。

公司分析报告是没有固定的内容及格式的，可以根据公司所处的不同行业特征，进行有针对性的分析。一般来说，公司分析报告包括的内容有：公司的背景情况、股东结构、主要交易数据、近期股价走势、募集资金投向、投资机会和发展趋势的基础性分析；公司的产品结构、市场结构和区域结构的变动分析；比较分析同行业主要公司的竞争态势、营销策略和市场行为，对多种财务指标进行综合分析，并预测公司以后年度的主要财务数据和发展态势。

公司分析报告一般一开始就对公司的投资要点进行总结，以便使用者能马上抓住主要的投资建议，并且对公司的基本情况、主要交易数据、近期股价走势、主要财务数据进行简单介绍，让投资者对公司的整体发展趋势有个大致的了解。

公司业务及所处行业分析：介绍公司的主营业务及在行业中所处的地位，对近几年公司营业收入、营业利润和净利润的数据进行趋势分析，并分析行业发展、宏观政策、国内与国际市场对公司业务发展的影响。分析公司的竞争优势，包括技术优势、品牌优势和营销优势等。

公司的财务状况分析：可以从偿债能力、营运能力、盈利能力和投资收益等方面进行分析；可以和以前年度做比较，也可以和同行业平均水平或者行业其他公司做比较，从而弄清楚公司的财务状况。

对公司募集资金投向、投资机会进行分析，并且预测以后年度的财务数据：募集资金投向方面，包括项目内容、投资额和建设期等。投资机会分析可选择业务相近的同类上市公司进行参考，包括流通股本、每股盈利、价格和市盈率等。财务预测方面，包括主要的财务数据和财务比率以及公司的价值。

根据公司的具体情况，以上内容的具体顺序可以调换，也可以着重分析对公司有重要影响的某一方面。不同公司的基本情况、所处的行业各不相同，与宏观经济的关系以及所受的影响因素也不一样，因此公司分析报告的具体内容及格式不尽相同。

二、常用的公司估值方法

公司估值是指着眼于公司本身，对公司的内在价值进行评估。公司内在价值决定于公司的资产及其获利能力。进行公司估值的逻辑在于“价值决定价格”。公司估值是证券投资分析中最重要的环节，是开展宏观分析、行业分析及财务分析的落脚点，即所有分析，无论是宏观分析，还是行业分析和财务分析，都是为公司的估值提供基础，为投资者的决策提供依据。

关于公司估值，证券分析师和财务专家们发明了几十种方法，比较常用的方法如图 5-1 所示。

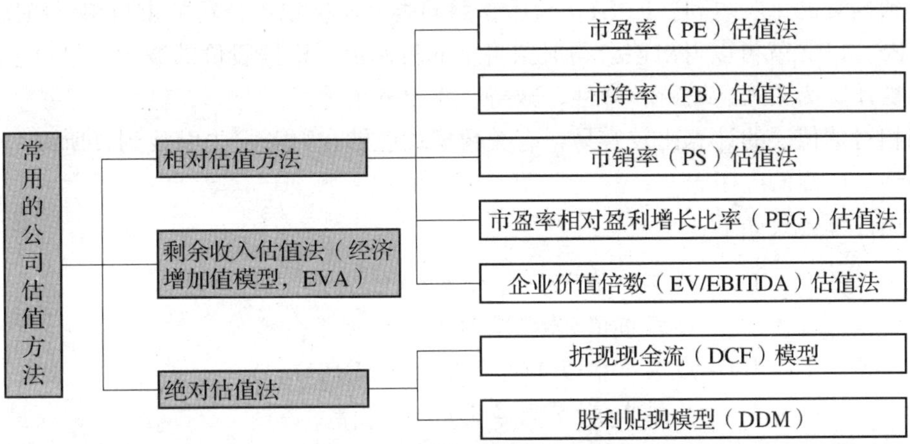

图 5-1　常用的公司估值方法

（一）绝对估值法

绝对估值法是通过预测公司未来的自由现金流或者未来的股利，将其折现得到公司股票的内在价值。在绝对估值法中，又有两种方法：一种是预测公司未来的自由现金流，即折现现金流模型，简称 DCF（Discount Cash Flow）模型；另一种是预测公司未来的股利，即股利贴现模型，简称 DDM（Dividend Discount Model）。其中，DCF 模型的应用更为广泛。

DCF 模型的基本原理是一项资产的价值等于该资产预期在未来所产生的全部现金流量的现值总和，其主要步骤为：（1）对未来各时期的现金流进行估计；（2）选择适当的折现率；（3）计算公司的价值。绝对估值法基于非常详细的财务报表分析，通过计算得到自由现金流数据。但是模型中的一些基本参数，例如折现率、无风险收益率的敏感程度非常高，如选择不当，将造成最后结果和实际情况有相当大的偏差。

（二）相对估值法

相对估值法也称可比市场乘数估值法，该估值方法所使用的主要指标为市盈率、市净率等。相对估值法是根据市场上同类公司的价值确定所评估公司的价值。相对估值法试图克服绝对估值法的缺点和主观随意性，该方法认为公司无所谓内在价值，或者即使有也无从把握，而只有相对价值。

相对估值法需要完成三个关键步骤：第一步是确定标准价格，即对不同公司的共同评价标准，如市盈率、市净率、市销率等。在实践中，市盈率的应用最为普遍。第二步是寻找相类似的公司，一般来说，在选择可比公司时，主要从经营与财务方面考虑。在经营方面主要考虑以下因素：行业、产品、销售渠道、市场、客户、生产销售的季节性、经营的周期性和经营策略等。在财务方面主要考虑以下因素：资产规模、销售收入、营业利润、净利润、资产负债率、股东结构、红利政策以及销售收入、净利润的增长率。可比公司应该是同一行业或同一业务的公司，最好是同一市场的公司，股本规模和有关指标的增长率应该大体相当。第三步是在控制基本变量差异的情况下比较标准价格，解释可比公司之间的差异。以市盈率估值法为例，在对公司未来业务发展预期的基础上得到预测的每股盈利（EPS），然后参照同类公司确定该公司的市盈率（PE），根据上述 EPS 和 PE 就可以得出该公司股票将来的目标价。根据股价的波动趋势，上市公司通常可被评定为买入、增持、中性、减持、卖出五个等级。

因相对估值法的计算比较容易，有关数据均能够在财务报告中找到，所以，相对估值法得到了广泛的应用。

常用计算公式如下：

$$\begin{aligned}\text{市盈率}(PE) &= \text{股票价格}(P)/\text{每股收益}(EPS)\\ &= \text{公司市值}/\text{公司净利润}\end{aligned} \tag{5.1}$$

$$\begin{aligned}\text{市净率}(PB) &= \text{股票价格}(P)/\text{每股净资产}(BPS)\\ &= \text{公司市值}/\text{公司净资产}\end{aligned} \tag{5.2}$$

$$\begin{aligned}\text{市销率}(PS) &= \text{股票价格}(P)/\text{每股销售收入}(SPS)\\ &= \text{公司市值}/\text{公司销售收入}\end{aligned} \tag{5.3}$$

$$\text{市盈率相对盈利增长比率}(PEG) = \text{市盈率}(PE)/[\text{盈利增长率}(G)\times 100] \tag{5.4}$$

式中：盈利增长率=未来三年的每股收益复合增长率。

$$\text{企业价值倍数}(EV/EBITDA) = \text{企业价值}/\text{息税折旧摊销前利润} \tag{5.5}$$

式中：企业价值=总市值+全部有息债务价值-现金及短期投资。

（三）剩余收入估值法

剩余收入估值法也称经济增加值模型（Economic Value Added，EVA）。EVA 是企业税后净营业利润与全部投入资本（含权益资本和债权资本）成本之间的差额，EVA 不同于会计利润，它反映了企业创造的经济利润，即会计利润超过资本成本的额外回报，有利于投资者了解企业是否真正创造了价值。在该模型中，企业价值为投资资本与未来年份 EVA 折现值之和。具体计算公式如下：

$$V = V_0 + \sum_{t=1}^{n} \frac{EVA_t}{(1+r)^t} \tag{5.6}$$

式中：V_0 表示初始投资资本，V 表示企业评估价值，r 表示预期收益率，$\sum_{t=1}^{n} \frac{EVA_t}{(1+r)^t}$ 表示企业未来 EVA 的现值。

剩余收入估值法和现金流量折现法适用于不同类型的公司。现金流量折现法适用于现金流稳定的公司，而剩余收入估值法适用于现金流不稳定但成长很快的公司。

关于 EVA 及其计算，后文将详细阐述。

> **课堂讨论：** 以上三种估值方法各适用于什么样的公司？

三、公司基本面分析的内容

（一）公司行业地位分析

行业地位分析的目的是判断企业在所处行业中的竞争地位，如是否为领导型企业、在价格上是否具有影响力、是否有竞争优势等。在大多数行业中，无论其行业平均盈利能力如何，总有一些企业比其他企业具有更强的盈利能力。企业的行业地位决定了其盈利能力是高于还是低于行业平均水平，衡量企业行业竞争地位的主要指标有产品的市场占有率和行业综合排名等。

市场占有率是指一个企业的产品销售量占该类产品整个市场销售总量的比例。企业的市场占有率是利润之源。市场占有率越高，表示企业的经营能力和竞争力越强，企业的销售和利润水平越好、越稳定。效益好并能长期存在的企业，其市场占有率必须是长期稳定并呈增长趋势的。例如，美国的可口可乐公司，产品遍及全球，在每个销售区，其市场占有率都很高，如此巨大而稳定的市场份额是可口可乐公司百年立身之本，也是可口可乐公司的利润之源。市场占有率是企业生命之本，而高的市场占有率是依赖于强大的市场开拓能力来实现的。不断挖掘现有市场潜力，并不断开拓新的市场甚至进军全球市场是大多数企业奋斗的目标。企业为提高市场占有率，一般会采取各种策略。如长虹彩电曾通过大幅降价挤垮竞争对手，扩大市场份额；海尔集团保持优质优价的形象并拓展海外市场是维持其高利润下高市场占有率的法宝。

企业之间的比较，只有放在行业背景下才能得出客观、公正的结果。行业综合排名能够便于投资者了解各企业在行业中的竞争地位。世界上有较大影响的几种企业排名所用的方法和指标各不尽相同，《财富》500 强以上年的销售额为基准，《商业周刊》1 000 强以市场价值为依据，《标准普尔》50 强则以销售额增长、净收入增长、一年期和三年期股东收益回报率、利润增长、资产回报率等指标综合衡量，可以说各有千秋。投资者可以根据自己的需要来选择合适的排名方式。处于行业龙头地位的企业，在规模、技术、产品质量上都是领先的，其经营业绩和成长性一般也领先于同行业的企业，投资者应特别关注这类企业。

（二）公司经济区位分析

经济区位是指地理范畴上的经济增长带或经济增长点及其辐射范围。经济区位是资本、技术和其他经济要素高度积聚的地区，也是经济快速发展的地区。我们通常所说的美国的硅谷高新技术产业区等就是经济区位的典型例子。上市公司的投资价值与区位经济的发展密切相关，处在经济区位内的上市公司一般具有较高的投资价值。对上市公司进行区位分析，就是将上市公司的投资价值与区位经济的发展联系起来，通过分析上市公司所在区位的自然条件、资源状况、产业政策、政府扶持力度等方面来考察上市公司发展的优势和后劲，确定上市公司未来发展的前景，以判断上市公司的投资价值。中国的上市公司中有很多典型的板块，例如自贸区概念、西部大开发、东北振兴、新农村建设、津滨概念等。

区位的自然和基础条件包括矿产资源、水资源、能源、通信设施等，它们在区位经济发展中起着重要作用，也对区位内上市公司的发展起着重要的限制或促进作用。分析区位的自然条件和基础条件，有利于分析该区位内上市公司的发展前景。如果上市公司所从事的行业与当地的自然和基础条件不符，其发展可能会受到很大的制约。

为了进一步促进地区经济的发展，当地政府一般都会制定经济发展的战略规划，提出相应的产业政策，确定优先发展和扶持的产业，并给予相应的财政、信贷及税收等诸多方面的优惠措施。这些措施有利于引导和推动相关产业的发展，相关产业内的公司将因此受益。在此情况下，区位内主营业务符合当地政府产业政策的上市公司通常会获得诸多政策支持，对上市公司的进一步发展有利。例如，西部大开发根据区域经济、文化发展的现状，充分考虑自然条件和经济条件的限制，通过政府有效的宏观政策调控和市场机制的作用，克服区域产业结构趋同的现状，大力发展生态农业、集约化农业、农牧产品深加工、旅游业等特色产业，建立能源、冶金、石化、机电一体化、稀有金属材料、航空航天等主导产业集群。

区位的经济特色是指区位内经济与区位外经济的联系和互补性、龙头作用及其发展活力与潜力的比较优势。它包括区位的经济发展环境、条件与水平、经济发展现状等有别于其他区位的特色。特色在某种意义上意味着优势，利用自身的优势发展本区位的经济，无疑在经济发展中找到了很好的切入点。比如，某区位在电脑软硬件方面或在汽车工业领域已经形成了优势和特色，那么该区位内的相关上市公司，在同等条件下就比其他区位主营业务相同的上市公司具有更大的竞争优势和发展空间。“产业集群”是区位经济特色的一个典型例子。所谓“产业集群”，是指从事某一产业的组织在一定区域内大量集聚，形成了具有竞争优势的经济群落。产业集群不仅包括公司，也包括科研机构、行业协会等组织，是一个类似有机生物体的产业群落。浙江有名的“区块经济”就可以用产业集群的概念进行解释，如温州的皮鞋、义乌的小商品以及宁波的服装等。这些地区近年来的迅猛发展得益于产业集群的有效聚集和形成，产业集群中的公司在规模生产成本上有突出的优势，因而具有更强的竞争力。

（三）产品竞争力分析

企业的最终目的是获得利润，而要获得利润就要把产品卖出去，因此，产品竞争力是公司分析非常重要的一个方面。产品竞争力包括成本、技术、质量和品牌等方面。

成本优势是指企业的产品依靠低成本获得高于同行业中其他企业的盈利能力。在很多行业中，成本优势是决定竞争优势的关键因素，理想的成本优势往往成为同行业价格竞争的抑制力。如果企业能够创造和维持成本领先地位，并创造出与竞争对手价值相等或近似的产品，那么它只要将价格控制在行业平均或接近平均的水平，就能获得优于平均水平的经营业绩。成本优势的来源各不相同，并取决于行业结构。一般来讲，产品的成本优势可以通过规模经济、专有技术、优惠的原材料、低廉的劳动力、科学的管理、发达的营销网络等实现，其中由资本的集中程度决定的规模经济是决定产品生产成本的基本因素。当企业达到一定的资本投入或生产能力时，根据规模经济理论，生产成本和管理费用将会得到有效降低。

技术优势是指企业拥有的比同行业其他竞争对手更强的技术实力及研究与开发新产品的能力。这种能力主要体现在生产的技术水平和产品的技术含量上。在现代经济中，企业新产品的研究与开发能力是决定企业竞争成败的关键因素。因此，企业一般都确定了占销售额一定比例的研究开发费用，这一比例的高低往往能决定企业的新产品开发能力。产品的创新包括：通过新核心技术的研制，开发出新产品或提高产品的质量；通过新工艺的研究，降低现有的生产成本，开发出一种新的生产流程；根据细分市场进行产品细分，实行产品差别化生产；通过研究产品组成要素的新组合，获得一种原料或半成品的新供给来源等。

质量优势是指企业的产品以高于其他企业同类产品的质量赢得市场，从而取得竞争优势。由于企业技术能力及管理等诸多因素的差别，不同企业间相同产品的质量是有差别的。消费者在进行购买选择时，产品的质量始终是影响他们购买倾向的一个重要因素。当某企业的产品价格溢价超过了其为追求产品的质量优势而附加的额外成本时，该企业就能获得高于其所属行业平均水平的盈利。换句话说，在与竞争对手成本相等或近似的情况下，具有质量优势的企业往往在该行业中占据领先地位。

品牌是商品名称和商标的总称，可以用它来识别一个卖者或卖者集团的货物或劳务，以便同竞争者的产品相区别。一个品牌不仅是一种产品的标识，而且是产品质量、性能、满足消费者使用可靠程度的综合体现。品牌竞争是产品竞争的深化和延伸，当产业发展进入成熟阶段，产业竞争充分展开时，品牌就成为产品及企业竞争的一个越来越重要的因素。如果企业有知名的品牌，其产品的竞争力就会相对强一些，会更有利于企业的快速发展。例如，小米公司已经形成了一流的电子产品品牌优势，拥有一大批“米粉”，小米公司也因此获得了巨大的市场份额。

想一想： 对于制造新能源汽车的公司，你认为应如何打造其品牌优势？

（四）公司发展战略分析

发展战略是企业面对激烈的市场变化和严峻的挑战，为求得长期生存和不断发展而进行的总体性谋划。企业战略规划支配着企业的发展，预示着企业的前景，它是企业战略思想的集中体现，是企业经营计划制订的基础。企业的发展战略是在符合和保证实现企业使命的条件下，在充分利用环境中存在的各种机会和创造新机会的基础上，确定企业同环境的关系，规定企业从事的经营范围、成长方向和竞争对策，合理地调整企业产业结构和分配企业资源。企业的发展战略具有全局性、长远性和纲领性的特点，它从宏观上规定了企业的成长方向、成长速度及其实现方式。企业发展战略主要有产品发展战略、营销发展战略和人才发展战略。

在科学技术发展日新月异的今天，只有不断进行产品创新、技术改造的企业才能长期立于不败之地。企业应经常进行产品市场的调查，分析市场供需情况及消费者的新需求，组织新产品的研制和开发，不断设计、制造和推广新产品，保持企业产品的生命力。因此，产品发展战略对企业未来的发展非常重要。

产品生产出来要销售出去才会获得最终的利润。企业应对今后产品的销售方式、销售对象有全局的概念，对营销网络和销售渠道的建设也应提前做好规划。

企业的一切经营活动最终都是通过人来控制和完成的。人员素质的高低是影响企业经营状况好坏的根本因素。在生产经营过程中，企业一方面需要具有较高素质的科研人员研制、开发新产品，或提高现有产品的质量，改善其性能，另一方面需要管理人才加强科学管理以降低产品的生产成本。确立人才观念，建立正确的人才发展战略，就是要善于引进人才、发现人才、培养人才和使用人才，为人才在生产经营和管理活动中发挥最大作用创造良好条件。

（五）管理层经营能力分析

一个企业的兴衰与管理层的素质和开拓精神密切相关。管理层的经营能力直接影响企业的盈利能力和长期发展，是投资者在选择投资对象时必须考虑的因素之一。很多时候，对企业的投资就是对企业管理层的投资，就是对管理层的认同。良好的管理层是企业最有价值的资产，能干的管理层能使企业朝着正确的方向发展，增加企业的价值；而庸碌的管理层不明智或不必要的投资行为，则会减少企业的价值。管理层经营能力的分析可以从管理层的学历、经历和品德等方面来进行。

一般说来，管理者的能力和其他素养同他的知识水平成正比，知识面越宽，思路越开阔，眼光越长远，思维能力越强。优秀的管理者应具备的知识包括：企业管理、经济学、文学、心理学、社会学和行为科学等方面的知识。健全的知识结构，对于管理者认识企业发展的外部环境，进行有效的内部管理有重要的意义。一般管理者应掌握以下几方面的知识：政治、法律方面的知识，以便正确把握组织的发展方向；经济学和管理学知识，懂得按经济规律办事，了解当今管理理论的发展情况，掌握基本的管理理论和方法；人文社科方面的知识，如心理学、社会学方面的知识，有助于管理者了解管理对象，从而有效地协调人与人之间的关系和调动员工的积极性；科学技术方面的知识，无论管理什么行业，都要有一定的本专业的科技基础知识，否则就难以根据行业的技术特性进行有效的管理，而投资者要了解一个管理者的知识水平，可以看他的学历，一般来说，学历高知识水平也高。当然，这不是绝对的，因为也有好多学历不是很高但知识面很广的管理者。在当今信息高度发达，竞争如此激烈的时代，有抱负、有进取心的管理者都会抽出时间进行深造，学习更多更新的知识，以适应变化如此之快的世界。因此，从学历上判断一个管理者的知识水平在通常情况下是可行的。

管理者除了要有很高的知识水平，还要有将各种管理理论和业务知识应用于实践、进行具体管理、解决实际问题的本领。能力和知识是相互联系、相互依赖的，基本理论和专业知识的不断积累与丰富，有助于潜能的开发与实际能力的提高；而实际能力的增长与发展，又能促进管理者对基本理论知识的学习消化和具体运用。管理者的基本能力主要是技术技能、人际技能和概念技能。技术技能是指执行一项特定的任务所需的能力。也就是说，技术技能与一个人所从事的工作有关。对于管理者来说，就是要掌握和运用各种管理技术，并熟悉和了解本部门和其他有关部门所应用的技术。人际技能是指与人共事、激励或指导组织中的各类员工或群体的能力。人际技能是一个人以合适的方式与人沟通的能力。对管理者来说，表达能力、协调能力和激励能力都是非常重要的。概念技能是一种洞察既定环境复杂程度的能力和减少这种复杂性的能力。作为一名管理者，需要快速敏捷地从混乱而复杂的环境中辨清各种因素之间的相互关系，抓住问题的实质，并根据形势和问题果断地作出正确的决策。投资者要了解管理者的技能，可以看他的经历。管理者的经历可能帮助其适应经营情况、政治环境和企业微观结构的变化，有经验的管理者对经营环境的变化更为敏感，反应也更迅速。例如，有国外工作经历的管理者在国际化方面有优势，有政府工作经历的管理者在公共关系方面有优势。

品德体现了一个人的世界观、人生观、价值观、道德观和法治观念，持续有力地指导着他对现实的态度和他的行为方式。作为管理者，从其应履行的职责出发，应具有强烈的管理意愿和良好的精神素质。如果一个人缺乏为他人工作承担责任和激励他人取得更大成绩的愿望，那么即使他已经走上了管理岗位或者具有从事管理工作的潜能，他也不可能成为一名合格的管理者。管理愿望是决定一个人能否学会并运用管理基本技能的主要因素。只有树立一定的理想，有强烈的事业心和责任感，一个人才会有干劲，勇挑重担，渴望在管理岗位上有所作为，有所贡献。由于管理工作的特殊性，管理者还应该有良好的精神素质，即要具有创新精神、冒险精神、实干精神、合作精神和奉献精神。面对复杂多变的管理环境，管理人员要有创新精神，勇于开发新产品、开拓新市场、引进新技术、起用新人、采用新的管理方法，以适应时代发展的要求；要敢于冒风险，没有一定的承受风险的心理素质，也是不适合从事管理工作的；在组织发展过程中，往往会遇到各种意想不到的困难，会遇到强大的竞争对手，甚至遭受挫折和失败，这就要求管理者具有百折不挠的拼搏精神和吃苦耐劳的实干精神；管理者的工作依赖于他人的努力程度，管理者要有与人合作共事的精神，善于团结群众、依靠群众；同时，管理者要有一种服务于社会、造福于人民的奉献精神，对事业执着追求，愿意为此牺牲个人利益。

在经济交往中，诚实守信是企业发展的基础。管理层如果品德有问题，那么在企业经营过程中会以权谋私，侵吞企业财产，损害投资者的利益。因此，投资者在对企业分析时，要了解管理层在品德方面是否有缺陷。目前，对管理层的学历和经历有信息披露的要求，对品德方面还没有比较具体的披露要求，利用互联网的搜索功能或许能够找到一些相关的信息。

（六）公司法人治理结构分析

公司法人治理结构有狭义和广义两种定义。狭义上的公司法人治理结构是指有关公司股东会、董事会、经理层权利和责任分配的相关制度安排；广义上的法人治理结构是指有关企业控制权和剩余索取权分配的一整套法律、文化和制度安排，包括人力资源管理、收益分配和激励机制、财务制度、内部制度和管理等。健全的公司法人治理结构至少体现在以下七个方面。

1. 规范的股权结构

股权结构是公司法人治理结构的基础，许多上市公司的法人治理结构出现问题都与不规范的股权结构有关。规范的股权结构包括三层含义：一是降低股权集中度，改变“一股独大”局面；二是流通股股权适度集中，发展机构投资者、战略投资者，发挥他们在公司法人治理中的积极作用；三是股权的流通性良好。

2. 有效的股东大会制度

股东大会制度是确保股东充分行使权利的最基础的制度安排。根据《上市公司治理准则》，有效的股东大会制度应具备规范的召开与表决程序；股东大会应给予每个提案合理的讨论时间；对董事会的授权原则、授权内容明确具体；股东大会会议时间、地点的选择应有利于让尽可能多的股东参加；充分运用现代信息技术手段扩大股东参与股东大会的比例等。

3. 董事会权力的合理界定和约束

董事会作为公司的决策机构，对于公司法人治理机制的完善具有重要作用。股东大会应赋予董事会合理充分的权力，但也要建立对董事会权力的约束机制。根据《上市公司治理准则》，合理的董事会制度应制定规范、透明的董事选聘程序；在董事的选举过程中，应充分反映中小股东的意见，并积极推进累积投票机制；董事应根据公司和全体股东的最大利益，忠实、诚信、勤勉地履行职责；上市公司法人治理结构应确保董事会能够按照法律法规和公司章程的规定行使职权，公平对待所有股东，并关注公司其他利益相关者的利益；董事会授权董事长在董事会闭会期间行使董事会部分职权的，上市公司应在公司章程中明确规定授权原则和授权内容，凡涉及公司重大利益的事项，应由董事会集体决策等。

4. 完善的独立董事制度

在董事会中引入独立董事制度，可以加强公司董事会的独立性，有利于董事会对公司的经营决策作出独立判断。2001 年 8 月，中国证监会发布了《关于在上市公司建立独立董事制度的指导意见》（证监发〔2001〕102 号），要求上市公司在 2002 年 6 月 30 日之前建立独立董事制度。

5. 监事会的独立性和监督责任

一方面，应该加强监事会的地位和作用，增强监事会的独立性和加强监督的力度，限制大股东提名监事候选人和作为监事会召集人；另一方面，应该加大监事会的监督责任，对公司的经营管理进行全面监督，包括调查和审查公司的业务状况，检查各种财务情况，并向股东大会或董事会提供报告，对公司高管的行为实行监督，对高管的任免提出建议，对公司的决策及其实施进行监督等。

6. 优秀的职业经理层

优秀的职业经理层是保证公司法人治理结构规范化、高效化的人才基础。形成高效运作的职业经理层的前提条件是上市公司必须建立和形成一套科学化、市场化、制度化的选聘制度和激励约束制度。

7. 相关利益者的共同治理

相关利益者包括员工、债权人、供应商和客户等主要利益相关者。相关利益者共同参与的共同治理机制可以有效建立公司外部治理机制，弥补公司内部治理机制的不足。

（七）公司主要股东分析

股东是公司的所有者，股东的构成及行为方式将在很大程度上影响公司的经营状况。股东大会是公司的权力机构，决定公司的经营方针和投资计划，而主要股东的意见在股东大会中有决定性的作用。主要股东是指持股比例排名在前的股东。我国上市公司的主要股东大致有国有股东、民营股东和机构投资者。机构投资者一般不参与公司的管理决策，但对市场有较大的影响力，例如，券商、基金和 QFII 等。主要股东可以分为管理股东和策略股东。管理股东对上市公司的发展有决定意义，策略股东对股票价格的波动有重要的影响。

现在有越来越多的国内上市公司引进国外的战略投资者。引进国外战略投资者，不仅可以增强上市公司的资本实力，改善资本结构，优化公司治理结构，更重要的意义在于国外的战略投资者可以带来先进的管理模式和经营理念，从而提升上市公司的核心竞争力和综合实力。

上市公司在发行股票时，可能会有战略投资者的加入。尽管对战略投资者所持有的股票通常会安排一个时段的禁售期，希望战略投资者能够长线持有公司的股票。但是，在股市大牛的“诱惑”下，会有不少战略投资者在禁售期一结束便抛售套现。2006 年 4 月 27 日，建行（0939.HK）一名战略投资者趁半年禁售期刚结束即抛售建行股票，套现 13.1 亿元。据有关销售文件披露，该战略投资者以每股作价 3.2 港元～3.275 港元配售 4 亿股，占建行已发行股份的 0.178%。在二级市场上，机构投资者对某一上市公司股票的增持和减持经常发生，在一定程度上能够说明股票价格的波动趋势和市场热点的变化。不同的机构投资者增持和减持股票的情况会有较大的差异，说明机构投资者的投资理念以及对市场的判断并不一致。

知识链接

SWOT 分析模型

在实践中，公司基本面分析可应用多种模型，如波特五力分析模型、SWOT 分析模型、经济护城河分析模型等，这些模型，从不同的角度提供了对公司进行基本面分析的思维框架。下面简要介绍 SWOT 分析模型的应用。

SWOT分析模型，又称态势分析法，由美国旧金山大学管理学教授韦里克(H. Weihrich)于20世纪80年代提出。SWOT是Strength(优势)、Weakness(劣势)、Opportunity(机会)、Threat(威胁)的缩写，SWOT分析模型要求识别出企业发展的优势、劣势、机会与威胁因素，发挥优势，抓住机会，明确发展方向，并找出差距和不足，针对威胁因素采取相应措施，最终实现自身的发展目标。

SWOT分析可通过构建SWOT分析矩阵来进行，具体如图5-2所示。

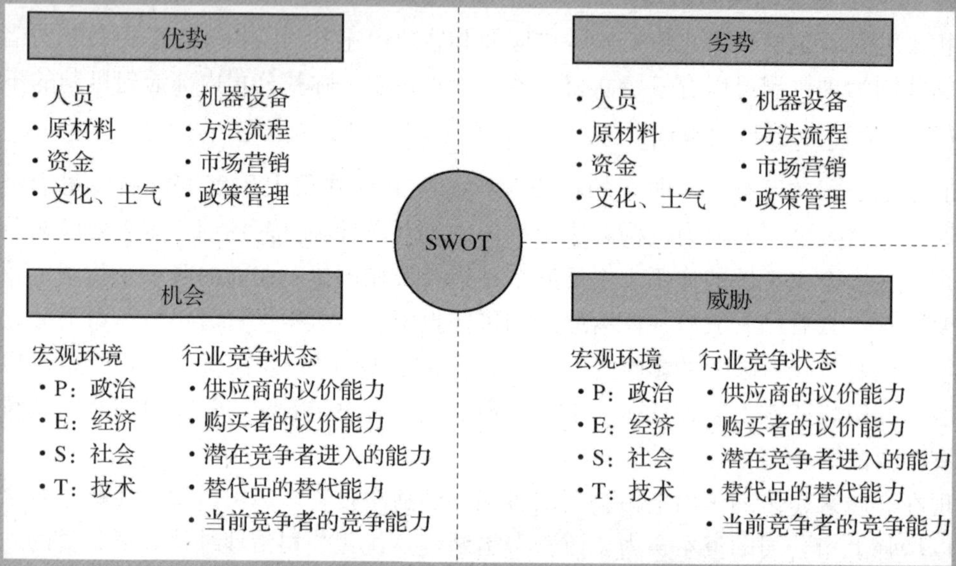

图5-2 SWOT分析矩阵

举例说明，万科地产的SWOT分析如图5-3所示。

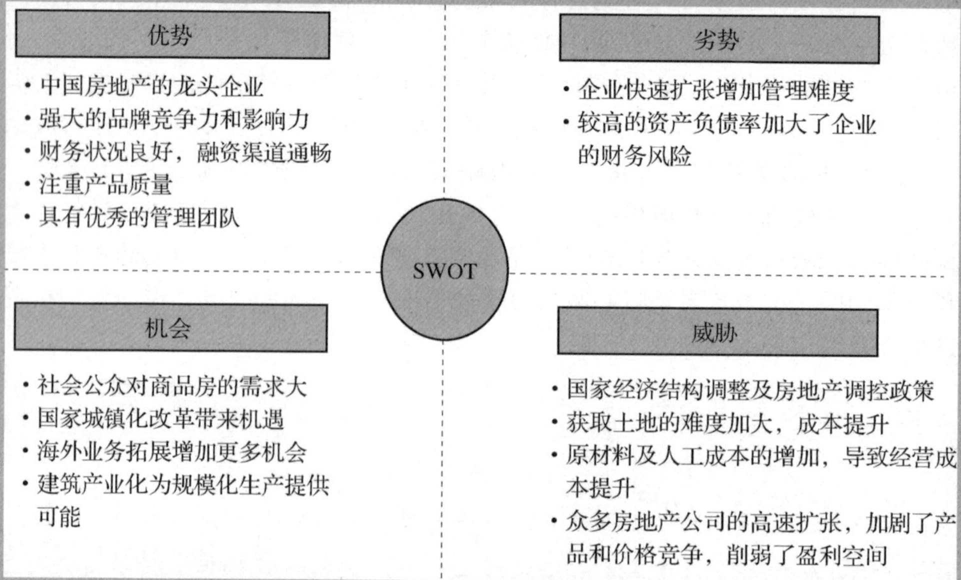

图5-3 万科地产的SWOT分析

四、公司基本分析在上市公司调研中的实际运用

（一）公司调研的目的

公司调研是上市公司基本面分析的重要环节。证券分析师通过公司调研可以达到以下几个目的：

（1）核实公司公开信息中披露的信息，如重要项目的进展、融资所投项目等是否与披露信息一致。

（2）对公司公开信息中披露的对其利润有重大影响的会计科目或使主营业务发生重大改变的事项进行实地考察和咨询。

（3）通过与公司管理层的对话与交谈，深入了解公司管理层对公司未来战略的设想（包括新的融资计划等），并对其素质有一个基本的判断。

（4）通过对车间或工地的实地考察，对公司的开工率和员工精神面貌有比较清醒的认识。

（5）深入了解公司可能面临的风险。

（6）提高公司盈利预测模型中相关参数的准确性。

（二）公司调研的对象

公司调研的对象并不限于上市公司本身。为了达到公司调研的主要目的，公司调研围绕上市公司的内部条件和外部环境进行，调研的对象包括：公司管理层及员工、公司本部及子公司、公司车间及工地、公司所处行业协会、公司供应商、公司客户、公司产品零售网点。总之，凡是可能影响上市公司经营状况的因素，均应纳入证券分析师的视野。当然，不同行业的证券分析师由于行业特点，在调研对象上会各有侧重。

（三）公司调研的分类内容及重点

根据调研所涉及问题的广度不同，公司调研可以分为全面调查和专项调查。其中，全面调查覆盖上市公司经营活动的各个层面，调查项目多，动用的人力、物力都较大。通常情况下，卖方研究机构在编写重点上市公司深度研究报告过程中会进行全面调查。为公司股票或债券发行、兼并、重组等重大事项而进行的实地尽职调查通常也属于全面调查。专项调查在调研对象和范围上具有较为明确的指向性。当投资者对上市公司公开披露信息中部分重要敏感信息存在疑虑，或外界流传关于上市公司的特定信息，或影响上市公司经营状况的若干重要因素发生变化时，投资者或卖方研究机构可能会展开针对特定问题的专项调查。

具体来看，公司基本情况、历史沿革及独立情况（包括重大股权变动、重大重组、主要股东及相关利益人情况、历史沿革及独立情况、商业信用等），业务与技术（包括行业优势与竞争、购产销环节、核心技术与研发情况等），同业竞争与关联交易（包括关联方情况），高级管理人员信息（包括高级管理人员变动及持股投资情况等），组织结构与内部控制，财务与会计信息，业务发展目标（包括发展战略、经营理念及模式、发展计划执行及实现情况、募集资金投向及使用情况等），公司风险因素及其他重要事项，在不同的公司调研目标下，将不同程度地成为公司调研的侧重点。

（四）公司调研的流程

证券分析师在进行公司调研时通常遵循以下流程：

（1）调研前的案头准备工作，包括资料收集和分析等工作。

（2）编写调研计划，计划内容包括：调研目的、调研对象、调研内容、调研参与人员、调研时间、调研费用等。该计划得到研究主管批准后方可开展。

（3）实地调研，包括访谈、考察、笔录等。其中，访谈是目前上市公司实地调研中最常用的方法。上市公司高级管理人员或投资者关系负责人在接待来访人员时，通常首先进行企业相关情况介绍，然后再与调研人员进行对话，并回答相关提问。随后调研人员还可能有机会与上市公司的员工（如财务人员、销售人员、中层管理人员等）、上市公司外部利益相关者（银行信贷员、上游供应商、下游买方采购人员、消费者等）、地方政府及监管机构、竞争对手等进行对话。对上市公司相关人、财、物等进行客观而有针对性的观察，以及通过体验式消费或角色扮演来进行的参与体验，是考察环节所采用的主要方法和手段。

（4）编写调研报告，主要包括调研成果和投资建议。

（5）发表报告。并非所有的调研报告均要公开发表，证券分析师发表调研报告应遵守公司的内部程序以及外部相关法律法规。

（五）公司调研所涉及的防止内幕信息及分析师职业道德问题

根据《关于进一步做好上市公司公平信息披露工作的通知》，上市公司及其工作人员在接受调研过程中不得披露任何未公开披露的信息（法律法规另有规定的情形除外）。调研过程及会谈内容须形成书面记录，由接受调研的人员与来访调研人员共同亲笔签字确认，并由上市公司董事会秘书通过交易所网站“上市公司专区”进行报备。

调研人员应加强职业修养，坚守职业道德，与调研对象之间保持恰当距离，不收受馈赠或其他不当待遇，避免利益冲突。

证券分析师通过自身分析研究而得出的有关上市公司经营状况的判断不属于内幕信息，可以向客户披露。

同步检测（多项选择题）

1. 公司分析报告的内容包括（　　）。

A. 公司业务及所处行业的分析　　B. 公司的财务状况分析

C. 对公司募集资金投向进行分析　　D. 对公司的投资机会进行分析

2. 常用的公司估值模型有（　　）。

A. 剩余收入估值法　　B. 绝对估值法

C. 相对估值法　　D. 以上均不对

3. 以下属于公司基本面分析的是（　　）。

A. 公司行业地位分析　　B. 公司主要股东分析

C. 公司治理结构分析　　D. 产品竞争力分析

4. 属于公司调研对象的是（　　）。

A. 公司管理层及员工　　B. 公司本部、子公司、分公司及网点

C. 公司供应商　　D. 公司客户

任务二
财务报告分析

财务报告分析是公司分析的核心组成部分。财务报告分析是指以财务报表和其他相关资料为依据，采用专门的方法，系统分析和评价公司的经营成果、财务状况及其变动，目的是了解过去、评价现在、预测未来。财务报告分析的基本功能，是将大量的报表数据转换成对决策有用的信息，减少决策的不确定性。

财务报告是投资者了解上市公司经营管理状况的最为重要的信息来源，也是投资者对公司未来发展趋势作出预测的重要依据。因此，对投资者而言，学会如何利用上市公司提供的财务报表来获得有用的信息是极为重要的。投资者决策是否投资，要分析公司的资产盈利能力；决策是否转让股份，要分析公司的发展前景；投资者考察公司高级管理人员的绩效，要分析公司的竞争能力；投资者预测公司的股利分配，要分析公司的投融资和现金流状况等。

财务报告只能反映公司过去的经营成果和财务状况，当投资者得到这些数据时，可以说是时过境迁。因此，投资者不仅仅要研读财务报表，还应随时从多种渠道获取有关上市公司的最新资料，结合财务报表的数据，进行综合分析，并审慎决策。

一、基本财务报表分析

财务报告分析的起点是财务报表，分析使用的数据大部分来源于公开发布的财务报表。

最基本的财务报表就是资产负债表、利润表和现金流量表。财务报表的各个组成部分是相互联系的，它们从不同的角度说明企业的财务状况、经营成果和现金流情况。资产负债表主要反映企业在某一时点静态的财务状况；利润表主要提供企业在一段时间动态的经营成果，即盈利或亏损情况；现金流量表反映企业在一段时间内动态的现金来源、运用以及增减变动的原因等。财务报表分析是把整个财务报表的数据分成不同部分的指标，并找出有关指标之间的关系，以评价企业的偿债能力、营运能力、盈利能力、发展能力。财务报表分析也很重视在综合分析的基础上从总体上把握企业的综合实力。

（一）资产负债表分析

1. 资产负债表的作用和结构

资产负债表是反映企业某一特定日期（如某一年度 12 月 31 日或 6 月 30 日）财务状况的会计报表，是静态会计报表。它是根据资产、负债和所有者权益（或股东权益）之间的相互关系，按照一定的分类标准和一定的顺序，把企业特定日期的资产、负债和所有者权益各项目予以适当排列，并对日常工作中形成的大量数据进行高度浓缩整理后编制而成的。它表明企业在某一特定日期所拥有或控制的经济资源、所承担的现有义务和所有者对净资产的要求权。

资产负债表提供了资产、负债、所有者权益的全貌。它提供了特定日期资产的总额，表明企业拥有或控制的经济资源及其分布情况，是分析企业生产经营能力的重要资料；它也反映了某一日期的负债总额以及结构，表明企业未来需要用多少资产或劳务清偿债务；它还反映了所有者权益的情况，表明投资者在企业资产中所占的份额。资产负债表能够提供进行财务分析的基本资料，如通过资产负债表可以计算流动比率和速动比率等。

资产负债表的基本结构是“资产＝负债＋所有者权益”，无论企业处于怎样的状态，该会计平衡式永远是恒等的：左边反映的是企业所拥有的资源；右边反映的是这些资源的来源以及不同权利人对这些资源的要求权。债权人对企业的全部资产有要求权，企业以全部资产对不同债权人承担偿付责任，偿付完全部的负债之后，余下的才是所有者权益，即企业的资产净额。利用资产负债表，通过分析企业资产的分布状态、负债和所有者权益的构成情况，能够评价企业财务结构是否合理，分析企业的流动性或资产变现能力，长、短期债务数量及偿债能力，评价企业承担风险的能力。利用资产负债表提供的资料还有助于分析企业的获利能力，评价企业的经营绩效。

表 5－1 是某新能源汽车公司 A 公司 2024 年度的合并资产负债表。

表 5－1　合并资产负债表

编制单位：A 公司　　2004 年　　单位：千元

项目	2024 年 12 月 31 日	2023 年 12 月 31 日
资产		
流动资产		
货币资金	102 738 734	109 094 408
交易性金融资产	40 511 496	9 542 789
衍生金融资产	35 093	19 761
买入返售金融资产	392 472	—
应收账款	62 298 988	61 866 019
应收款项融资	10 449 966	5 564 924
预付款项	3 974 023	2 215 413
其他应收款	3 616 030	2 757 912
存货	116 036 237	87 676 748
合同资产	1 410 541	2 660 319
一年内到期的长期应收款	11 379 480	7 508 351
其他流动资产	17 729 184	13 214 802
流动资产合计	370 572 244	302 121 446
非流动资产		

续表

项目	2024 年 12 月 31 日	2023 年 12 月 31 日
长期应收款	10 206 134	8 238 190
长期股权投资	19 082 496	17 647 212
其他权益工具投资	8 501 093	5 327 283
其他非流动金融资产	2 655 245	2 696 374
投资性房地产	60 228	82 510
固定资产	262 287 302	230 903 820
在建工程	19 954 343	34 726 196
使用权资产	10 575 072	9 678 956
无形资产	38 423 925	37 236 261
开发支出	508 038	541 000
商誉	4 427 571	4 427 571
长期待摊费用	5 006 717	4 062 529
递延所得税资产	8 559 492	6 584 422
其他非流动资产	22 535 955	15 273 900
非流动资产合计	412 783 611	377 426 224
资产总计	783 355 855	679 547 670
负债		
流动负债		
短期借款	12 103 272	18 323 216
衍生金融负债	1 993	7 713
应付票据	2 383 996	4 053 314
应付账款	241 643 424	194 429 817
合同负债	43 729 585	34 698 510
应付职工薪酬	21 843 196	17 138 836
应交税费	10 096 912	7 852 324
其他应付款	144 989 197	164 972 849
预计负债	3 547 165	2 620 325
一年内到期的非流动负债	10 222 575	7 740 491
其他流动负债	5 423 861	1 829 276
流动负债合计	495 985 176	453 666 671
非流动负债		
长期借款	8 257 786	11 975 139
租赁负债	9 875 967	8 847 186

续表

项目	2024年12月31日	2023年12月31日
递延所得税负债	2 787 484	3 950 836
其他非流动负债	67 761 233	50 645 725
非流动负债合计	88 682 470	75 418 886
负债合计	584 667 646	529 085 557
股东权益		
股东权益		
股本	2 909 266	2 911 143
其他权益工具	14 894 442	—
其中：永续债	14 894 442	—
资本公积	60 679 40	62 041 774
减：库存股	723 968	1 266 944
其他综合收益	1 440 616	603 663
专项储备	29 461	22 370
盈余公积	7 374 087	7 374 087
未分配利润	98 647 794	67 123 972
归属于母公司股东权益合计	185 251 104	138 810 065
少数股东权益	13 437 105	11 652 048
股东权益合计	198 688 209	150 462 113
负债和股东权益总计	783 355 855	679 547 670

2. 资产负债表的分析事项

资产负债表的分析事项包括资产要素分析、负债要素分析和股东权益分析，应注意对一些重要项目的分析，如对应收账款、存货和资本公积金等的分析。

（1）资产要素分析。

对资产要素进行分析时，要关注各个要素的构成情况及其各个年份的变动情况，要特别关注应收账款、存货等项目。

①流动资产分析。

分析流动资产时，要分析企业的货币资金、各种存款、短期投资、各种应收款项、存货等。与往年相比，流动资产增加，说明企业的支付能力与变现能力增强。在分析流动资产时，要特别注意对存货和应收账款的分析。把应收账款作为调节营业收入工具的做法早被广泛滥用。如在本年底虚开发票，同时增加应收账款和营业收入，到次年又以诸如质量不符合要求等名义将其冲回，使本年营业收入虚增。除此之外，高龄应收账款是最可能发生潜亏的资产项目。在正常情况下，其他应收款和其他应付款的余额不应过大，如出现余额过大，就应注意识别是否有操纵利润的情况。通过其他应收款虚增利润的常见方法主要是：将已损失的资产转入其中，使亏损不体现出来。存货是流动资产中流动性较差的，而且往往会占流动资产的很大一部分，如果上市公司的流动性不错，但是存货数量很大，则要注意分析。存货计价方式的改变也会影响存货的金额。

表5-1中，A公司的流动资产年末数比年初数有所上升，但是要注意到其流动性最高的货币资金的金额有所下降，而应收账款融资增加了近一倍。应收账款融资存在收不回来的风险，这时要具体分析其账龄，账龄越高，其收回来的可能性越小，流动性就越小。

②长期投资分析。

长期投资是指一年期以上的投资，包括长期股权投资和长期债权投资。企业进行长期投资的目的可以是实施多元化经营或者企业控股等。长期投资的增加，表明企业的成长前景看好。表5-1中，A公司的长期股权投资年末数比年初数有所上升。在进行长期股权投资分析时，可以通过查阅企业的年报，分析上市公司的具体投资项目，逐一分析。

③固定资产分析。

固定资产分析是对实物形态资产进行的分析。资产负债表所列的各项固定资产数字，仅表示在持续经营的条件下，各固定资产尚未折旧、折耗的金额。因此，我们应特别注意，折旧、折耗是否合理将直接影响到资产负债表、利润表和其他各种报表的准确性。显然，少提折旧就会增加当期利润，而多提折旧则会减少当期利润。有些公司常常就此进行处理以调节利润。

对固定资产进行分析时，还要关注在建工程。在建工程大致分为生产经营性在建工程和非经营性在建工程两大类，生产经营性在建工程可形成新的利润增长点，促使公司进一步发展。因此应重视对生产经营性在建工程的分析：第一，分析生产经营性在建工程竣工后，能否扩大已有的品牌优势和市场占有率；第二，分析生产经营性在建工程规模的大小，这将决定公司未来利润增幅大小；第三，分析生产经营性在建工程建造过程，生产经营性在建工程建成投入运营的时间也决定上市公司利润增长的进程。表5-1中A公司的固定资产年末数比年初数有所增加，而在建工程却减少，主要原因是在建工程转入固定资产，并且购买新的固定资产。投资者可以通过查阅财务报表附注来了解公司新增加的固定资产及在建工程项目的具体情况。

④无形资产及其他资产分析。

无形资产包括商标权、著作权、土地使用权、非专利技术、商誉、专利权等。对商誉及其他无确指的无形资产一般不予列账，除非商誉是购入或在企业合并时形成。取得无形资产后，应登记入账并在规定期限内摊销完毕。其他资产主要指长期待摊费用。表5-1中，A公司无形资产有所增加，结合A公司年度财务报告里披露的附注信息，可知无形资产的增加缘于上市公司技术专利等知识产权的增加。

（2）负债要素分析。

①流动负债分析。

分析流动负债时，要分析企业的短期借款、各种应付款项、应交款项、预收款项、预提费用和一年内到期的长期负债。对流动负债的分析要结合资产和权益的变动。表5-1中，A公司流动负债增加，主要源于应付账款和应付职工薪酬的增加，这说明该公司正处于业务扩张期间，短期投入有所增加。

②长期负债分析。

长期负债包括长期借款、应付债券、长期应付款项、专项应付款等。对长期负债进行分析时，要关注长期负债的不同形态，了解公司债权人的情况。表 5-1 中 A 公司其他非流动负债增加，投资者可查阅会计报表附注，了解具体的原因。

（3）股东权益分析。

股东权益包括股本、资本公积、盈余公积和未分配利润 4 个方面。分析股东权益，主要是了解股东权益中投入资本的不同形态及股权结构，了解股东权益中各要素的优先清偿顺序等。表 5-1 中，A 公司所有者权益增加，主要是发行永续债及未分配利润增加所致。

（二）利润表分析

利润表又称损益表，是反映企业一定期间（如一年、半年）生产经营成果的会计报表。利润表把一定期间的营业收入与同一会计期间相关的营业费用进行配比，进而计算出企业一定时期的净利润（或净亏损）。利润表中的收入、费用等反映了企业生产经营的收益和成本耗费情况，表明企业生产经营成果。利润表提供的不同时期的比较数据（本月数、本年累计数、上年数），可用于分析企业今后利润的发展趋势。

利润表依据“收入－费用＝利润”来编制，主要反映一定时期内公司的收入减去支出之后的净收益。通过利润表，我们可以对上市公司该时期内的经营业绩、管理的成功程度作出评估，从而评价公司的投资价值和预测的投资回报。利润表包括两个方面：一方面反映公司的收入及费用，说明公司在一定时期内的利润或亏损数额，据以分析公司的经济效益及盈利能力，评价公司的管理业绩；另一方面反映公司财务成果的来源，说明公司的各种利润来源在利润总额中占的比例，以及这些来源之间的相互关系。表 5-2 是 A 公司 2024 年度的合并利润表。

表 5-2　合并利润表

编制单位：A 公司　　　　2024 年　　　　单位：千元

项目	2024 年	2023 年
一、营业收入	777 102 455	602 315 354
减：营业成本	626 046 616	490 398 945
税金及附加	14 752 402	10 349 628
销售费用	24 085 317	15 370 800
管理费用	18 644 661	13 461 708
研发费用	53 194 745	39 574 945
财务费用	1 216 206	(1 474 894)
其中：利息费用	2 093 781	1 827 605
利息收入	2 483 756	2 796 195
加：其他收益	14 051 650	5 253 459
投资收益	2 291 475	1 635 141

续表

项目	2024 年	2023 年
其中：对联营企业和合营企业的投资收益	1 468 954	1 277 455
以摊余成本计量的金融资产终止确认损	(7 411)	
公允价值变动收益	531 933	257 740
信用减值损失	(1 553 315)	(1 579 612)
资产减值损失	(3 871 677)	(2 188 219)
资产处置收益	(126 527)	90 364
二、营业利润	50 486 047	38 103 095
加：营业外收入	1 251 576	711 370
减：营业外支出	2 056 946	1 545 828
三、利润总额	49 680 677	37 268 637
减：所得税费用	8 092 737	5 924 567
四、净利润	41 587 940	31 344 070
五、按经营持续性分类		
持续经营净利润	41 587 940	31 344 070
六、按所有权归属分类		
归属于母公司所有者的净利润	40 254 346	30 040 811
少数股东权益	1 333 594	1 303 259
七、每股收益（元/股）		
基本每股收益	13.84	10.32
稀释每股收益	13.84	10.32
八、其他综合收益	843 398	
不能重分类进损益的其他综合收益	408 375	220 896
其他权益工具投资公允价值变动	(40 823)	(54 047)
所得税影响	367 552	166 849
将重分类进损益的其他综合收益	(12 095)	38 479
应收款项融资公允价值变动		(10 453)
应收款项融资信用减值准备	481 496	(19 544)
外币报表折算差额	469 401	8 482
归属于少数股东的其他综合收益的税后净额	6 445	8 697
九、综合收益总额	42 431 338	31 528 098
其中：		
归属于母公司股东的综合收益总额	41 091 299	30 216 142
归属于少数股东的综合收益总额	1 340 039	1 311 956

对利润表进行分析，主要关注利润的构成和成本费用的合理性。成本费用的合理性主要关注如营业费用、管理费用、财务费用等；利润主要由主营业务利润、其他业务利润、投资收益、营业外收入和补贴收入等构成，要分析影响利润变化的各种因素。

1. 成本费用分析

费用是收入的扣除，费用的确认、扣除正确与否直接关系到企业的盈利。所以分析费用项目时，首先，应注意费用包含的内容是否适当，确认费用应贯彻权责发生制原则、历史成本原则、划分收益性支出与资本性支出原则等；其次，要对成本费用的结构与变动趋势进行分析，分析各项费用占营业收入的百分比，分析费用结构是否合理，对不合理的费用要查明原因。同时对费用的各个项目进行分析，看看各个项目的增减变动趋势，以此判定企业的管理水平和财务状况，预测企业的发展前景。从表 5－2 中可以看出，A 公司的主营业务收入、营业利润、净利润均在增长，在销售费用和管理费用大幅增加的同时，能够确保净利润同步增长，说明上市公司发展势头良好，管理有效。

2. 利润构成分析

看利润表时最好结合资产负债表来分析。上市公司的利润主要来源于主营业务、其他业务和投资收益。投资收益有一部分为参股企业的回报，还有一部分是短期投资回报。如果一家公司的短期投资回报所占比例过大，说明公司的利润来源很不稳定，公司的经营管理存在一定的问题。主营业务利润变化的原因：一是公司主营业务量的增减情况；二是营业成本和各项费用的增减情况。如果一家上市公司的营业成本和各种费用大幅增加，该公司的经营管理很可能发生了严重问题。投资者还要分析利润总额中是否掺入了水分。为此，投资者尤其应该注意分析待摊费用及预提费用科目的金额和构成内容，看有无应摊未摊和应提未提的费用。分析财务费用支出与长短期贷款是否匹配。分析公司各类资产的变化史，看固定资产计提折旧及无形资产、递延资产摊销是否正常。同时，也要看存货中是否隐含着利润或损失。

上市公司利润增长点可能来自很多方面，但比较可靠的主要是主营业务的扩张能力及其他投资交易活动。现在不少公司的主营业务收入与主营业务利润只占不大的比重，而其他业务利润的比重越来越大。主营业务利润比重小不一定是坏事，只要能赚钱，总是好的。有的公司投资于其他公司参股联营，如果这些公司的市场前景很好的话，也可能有稳定的投资收益或其他业务收入，从而使净利润可以有稳定的增长。因此，对于公司其他业务与投资收益的增长，关键还是看这种增长是否能够持久。由于公司财务报表附注一般对于其他业务与投资收益的情况披露得不是很详尽，较难对它们的稳定性进行判断，所以，对于主要靠主营业务以外的收入取得净利润增长的公司，必须小心谨慎。

除了以上这些原因外，公司还可能因为税率，尤其是所得税率的降低，而获得净利润的增长。这时候就必须注意，这样的调整只可能有一次性的效果，而且以后税率政策还可能变化。因此，这些非经常性因素，如税率、营业外收入等导致的净利润增长，不应该作为实际的经营业绩增长来考虑。如果公司能够同时在营业收入与净利润上取得较大的增长，就要看市场环境是否能够持久地支持这种增长。我们常常会看到这样的情况，当一家公司看中一个新的市场并取得丰厚利润后，很快就会有许多公司跟进，结果造成供大于求的局面，引起效益滑坡，上市公司也是这样。除了看产品是否有市场潜力外，很重要的一点是看公司是否有竞争力，也就是该公司的产品与其竞争对手相比，有什么比较竞争优势。

（三）现金流量表分析

现金流量表是以现金收支为基础编制的财务状况变动表，反映企业一定期间内现金的流入和流出，表明企业获得现金和现金等价物的能力。企业日常运作的好坏，从现金流量表中可以有个初步判断。因为从其他财务报表中，投资者只能掌握企业现金的静态情况，而现金流量表却反映了企业现金流动的动态情况。投资者在研究现金流量表时，如果再参阅其他报表，对企业的了解就会更为全面。一家企业是否有足够的现金流入是至关重要的，这不仅关系到其支付股利、偿还债务的能力，还关系到企业的生存和发展。因此，投资者、债权人在关心上市公司的每股净资产、每股净收益等资本增值和盈利能力指标时，对企业的支付、偿债能力也要予以关注。盈利是企业获得现金净流入的根本源泉，而获得足够的现金则是企业创造优良经营业绩和持续经营的有力保障。

现金流量表从上到下按经营性现金流量、投资性现金流量和筹资性现金流量的顺序逐项列示。在每一部分所列示的现金流量项目中，从上到下分别列出现金流入项目、现金流出项目，并给出现金流量净额＝现金流入合计－现金流出合计。表 5－3 是 A 公司 2024 年度的合并现金流量表。

表 5－3　合并现金流量表

编制单位：A 公司　　　　2024 年　　　　单位：千元

项目	2024 年	2023 年
一、经营活动产生的现金流量：		
销售商品、提供劳务收到的现金	774 347 395	572 704 798
收到的税费返还	12 073 925	15 165 447
收到其他与经营活动有关的现金	28 396 310	23 947 858
经营活动现金流入小计	814 817 630	611 818 103
购买商品、接受劳务支付的现金	489 866 241	313 433 210
支付给职工以及为职工支付的现金	117 067 584	84 287 908
支付的各项税费	52 697 132	29 528 359
支付其他与经营活动有关的现金	21 732 800	14 843 601
经营活动现金流出小计	681 363 757	442 093 078
经营活动产生的现金流量净额	133 453 873	169 725 025
二、投资活动产生的现金流量：		
收回投资收到的现金	128 755	—
处置合营或联营公司所收到的现金	13 898	122 617
取得投资收益收到的现金	469 217	192 409
处置子公司及其他营业单位收到的现金净额	7 776	73 840

续表

项目	2024 年	2023 年
处置固定资产、无形资产和其他长期资产收回的现金净额	1 068 016	470 793
收到其他与投资活动有关的现金	13 712 511	22 245 824
投资活动现金流入小计	15 400 173	23 105 483
购建固定资产、无形资产和其他长期资产支付的现金	97 359 768	122 093 509
收购子公司及其他营业单位支付的现金净额	125 437	14 077 769
投资支付的现金	3 666 259	2 084 953
支付其他与投资活动有关的现金	43 330 991	10 512 896
投资活动现金流出小计	144 482 455	148 769 127
投资活动使用的现金流量净额	−129 082 282	−125 663 644
三、筹资活动产生的现金流量：		
吸收投资收到的现金	98 000	98 000
取得借款收到的现金	37 663 666	45 304 083
发行债券收到的现金	2 960 000	—
其他权益工具持有者投入的现金	14 894 442	—
收到的其他与筹资活动有关的现金	105 558	28 233
筹资活动现金流入小计	55 721 666	45 430 316
偿还债务支付的现金	50 103 695	27 230 939
分配股利、利润或偿付利息支付的现金	10 051 081	4 101 617
其中：子公司支付给少数股东的股利、利润	415 066	127 297
支付其他与筹资活动有关的现金	5 834 437	1 280 633
筹资活动现金流出小计	65 989 213	32 613 189
筹资活动（使用）/产生的现金流量净额	−10 267 547	12 817 127
四、汇率变动对现金及现金等价物的影响	−359 247	450 780
五、现金及现金等价物净增加额	−6 255 203	57 329 288
加：年初现金及现金等价物余额	108 511 745	51 182 457
六、年末现金及现金等价物余额	102 256 542	108 511 745

现金流量表的分析包括经营活动现金流量分析、投资活动现金流量分析和筹资活动现金流量分析，其中经营活动现金流量分析是重点。

1. 经营活动现金流量分析

企业经营活动产生的现金流量，包括销售商品或提供劳务、经营性租赁、购买货物、接受劳务、制造产品、广告宣传、推销产品、缴纳税款等活动形成的现金流入和流出。经营活动产生的现金流量是企业通过运用其拥有或控制的资产创造的现金流量，主要是与企业净利润有关的现金流量，但企业一定期间内实现的净利润并不一定都构成经营活动产生的现金流量。在权责发生制下，这些流入或流出的现金，其对应收入和费用的归属期不一定是本会计年度。现金流量表中反映的经营活动产生的现金流入和流出，可以说明企业经营活动对现金流入和流出净额的影响程度。不同的企业由于行业特点不同，对经营活动的认定会存在一定差异。由于商业信用的大量存在，营业收入与现金流入可能存在较大差异，能否真正实现收益，还取决于企业的收现能力。了解经营活动产生的现金流量，有助于分析企业的收现能力，从而全面评价其经营活动成效。

现金流量表中经营活动产生的现金流量净额与利润表的净利润往往不等，这主要由以下两个方面的原因造成：

（1）影响利润的事项不一定同时发生现金流入、流出。有些收入，增加利润但未发生现金流入，比如应收账款的增加。有的上市公司对应收账款管理存在薄弱环节，未及时做好应收货款及劳务款项的催收与结算工作，有的上市公司依靠关联方交易支撑其经营业绩，而关联方资金又迟迟不到位。这些情况造成的后果，都会在现金流量表中有所体现，甚至使企业经营活动几乎没有多少现金流入，但经营总要支付费用、购买物资、交纳税金，发生大量现金流出，从而使经营活动现金流量净额出现负数，使企业的资金周转发生困难。应收账款迟迟不能收回，在一定程度上也暴露了所确认收入的风险。另外，有些成本费用，虽然减少了利润但并未伴随现金流出。例如，固定资产折旧、无形资产摊销，只是按权责发生制、配比原则要求将这些资产的取得成本，在使用它们的受益期间合理分摊，并不需要付出现金。

（2）对现金流量分类的需要。净利润反映了企业经营、投资及筹资三大活动的财务成果，而现金流量表上则需要分别反映经营、投资及筹资各项活动的现金流量。例如，支付经营活动借款利息，既减少利润又发生现金流出，但在现金流量表中将其作为筹资活动现金流出列示，不作为经营活动现金流出反映。又如，转让短期债券投资取得净收益，既增加利润又发生现金流入，但在现金流量表中将其作为投资活动现金流入列示，不作为经营活动现金流入反映。

上述两方面是使经营活动现金流量净额与净利润产生差异的原因，其实也是现金流量表附注中要求披露的内容。利润表列示了企业一定时期实现的净利润，但未揭示其与现金流量的关系，资产负债表提供了企业货币资金期末与期初的增减变化，但未揭示其变化的原因。现金流量表如同桥梁，沟通了资产负债表和利润表中的会计信息，使上市公司的会计报表体系进一步完善，向投资者与债权人提供更全面、更有用的信息。

2. 投资活动现金流量分析

投资活动是指企业长期资产的购建和不包括在现金等价物范围内的投资及其处置活动。这里的长期资产是指固定资产、在建工程、无形资产、其他资产等持有期限在一年或一个营业周期以上的资产。投资活动产生的现金流量不包括作为现金等价物的投资，作为现金等价物的投资属于现金内部的增减变动，如购买三个月内到期的债券等，属于现金内部各项目的转换，不会影响现金流量净额的变动。其中，分得股利或利润、取得债券利息收入而流入的现金，是以实际收到为准，而不是以权益归属或取得收款权为准。这与利润表中确认投资收益的标准不同。

通过现金流量表反映的投资活动产生的现金流量，可以分析企业通过投资获取现金流量的能力，以及投资产生的现金流量对企业现金流量净额的影响程度。一个企业从经营活动、筹资活动中获得现金是为今后的发展创造条件。现金不流出，是不能为企业带来经济效益的。企业投资活动中发生的各项现金流出，往往反映了企业为拓展经营所作的努力，可以从中大致了解企业的投资方向。投资活动一般较少发生一次性大量的现金流入，而发生大量现金流出并导致投资活动现金流量净额出现负数往往是正常的。这是为了企业的长远利益，为以后能有较高的盈利水平和稳定的现金流入打基础。当然错误的投资决策也会事与愿违，所以投资者应特别关注投资项目是否能如期产生经济效益和现金流入。

3. 筹资活动现金流量分析

筹资活动是指导致企业资本及债务规模和构成发生变化的活动，包括吸收投资、发行股票、分配利润、发行债券、从银行贷款、偿还债务等收到和付出的现金。其中，“偿付利息所支付的现金”项目反映企业用现金支付的全部借款利息、债券利息，而不管借款的用途如何，利息的开支渠道如何，不仅包括计入损益的利息支出，而且还包括计入在建工程的利息支出。因此该项目比利润表中的财务费用更能全面地反映企业偿付利息的负担。这里的债务是指企业对外举债所借入的款项，如发行债券、向金融机构借入款项等。通过现金流量表中筹资活动产生的现金流量，可以分析企业筹资的能力，以及筹资产生的现金流量对企业现金流量净额的影响程度。

课堂讨论：资产负债表、利润表、现金流量表这三张财务报表之间是否存在某些联系（钩稽关系）？

二、常用财务分析方法

（一）比率分析法

比率分析法是指将相关的财务项目进行对比，计算出具有特定经济意义的相对财务比率，据此评价企业财务状况和经营成果的一种分析方法。比率可以写成倍数的形式，或是写成百分数的形式。比率分析法是最常用的分析方法，其最大的优点，就是把一个财务指标变为一个相对量，以便于不同规模企业之间进行比较。

需要注意的是，比率分析法中运用的财务比率并不是固定不变的。从比率分析法出现至今，财务比率不断地变化和发展，并且越来越丰富。选取什么样的项目来计算财务比率，关键在于其经济意义和分析主体的分析目的。只要两个项目相除计算出的相对数具有一定的经济意义并能够实现分析主体的分析目的，这个相对数就是一个有价值的财务比率。但同时应注意，并不是任意两个项目相除得到的相对数都具有经济意义。例如，将企业的短期投资与主营业务成本相除，就不具有明显的经济意义，因而也就没有这样一个财务比率。因此，对财务比率，不仅要会计算，更重要的是能够解释，即计算出的比率能够反映一定的情况，说明一定的问题。

企业的财务项目繁多，很容易让分析者抓不住重点、理不清关系。比率分析法通过将两个相关项目进行对比计算出一个相对数，能够揭示出很多重要、有意义的经济关系，为了解和评价企业的财务状况和经营成果提供线索。财务比率中用来进行对比的财务项目既可以是同一期间的数据，也可以是不同期间的数据；既可以是同一会计报表中的项目，也可以是不同会计报表中的项目，甚至可以是会计报表以外的财务数据。因此，财务比率能够揭示的经济关系非常广泛，涉及企业的方方面面。正是由于上述原因，比率分析法是应用最为广泛的一种财务分析方法。

(二) 比较分析法

比较分析法是指对两个或几个有关的可比数据进行对比以揭示差异的一种方法。用于比较的数据既可以是财务报表中的绝对数额，也可以是结构分析中的结构百分比，还可以是各种财务比率。财务比率是相对数，排除了规模的影响，使不同比较对象建立起可比性，财务比率的比较分析最重要。财务比率的计算是比较简单的，但对它加以说明和解释是相当复杂和困难的。

要评判优劣就必须经过比较，要比较就必须有比较的标准。比较的标准也就是跟什么相比，可以和历史的数据相比，和计划的数据相比，也可以和同行业的其他企业相比，或者和行业的标准相比。

1. 历史标准

把企业的当期数据与历史数据相比，可以确定项目增减变动的方向和幅度，有利于把握企业发展的态势，预测企业未来的状况。历史数据常用去年同期的数据或者前一期的数据，例如本年度三季度税后利润与去年三季度相比或者与本年度二季度相比，分别称为同比和环比。历史数据也可以是历史最佳水平或者是历史平均水平。把企业的当期数据与历史数据相比是一种纵向比较，也被称为“趋势分析”。通过纵向比较，还有利于企业进一步找到财务状况和经营成果发生变化的原因，并及时作出决策，以保持良好的发展趋势、遏制不良的发展趋势。趋势分析常用于企业的成长性分析，例如用于趋势分析的企业未来的复合年均增长率（Compound Annual Growth Rate，CAGR）指标，其计算公式如下：

$$CAGR=\left[\left(\frac{X_n}{X_0}\right)^{\frac{1}{n}}-1\right]\times 100\% \tag{5.7}$$

式中，X_0——当年数；

X_n——第 n 年数；

n——年数。

2. 计划标准

计划标准是以企业的计划数据作为标准。计划水平反映的是企业预定的目标，将企业当期的实际情况与计划情况进行比较，可以对企业完成计划的情况进行评判，找到与计划的差异以及产生差异的原因。对由于企业内部管理和控制造成的差异，企业应及时调整；对由于市场等外部环境因素造成的差异，企业应积极应对。

3. 行业标准

行业标准是以企业所在行业的数据作为标准。行业数据可以是行业平均水平、行业先进水平或是行业中特定企业的水平，如竞争对手的水平等。将本企业情况与所在行业情况进行比较，属于一种横向比较。通过横向比较，可以确定企业在行业中所处的地位，找出企业与行业先进水平、竞争对手水平等之间的差异，并进一步分析形成差异的原因，为企业今后的发展指明方向。

在运用比较分析法时，要注意财务数据的可比性问题。不同的会计处理、计价方法会导致数据的不可比，比如固定资产折旧方法的不同，必然导致反映在账面上的企业资产价值、成本费用大小和利润高低的不同，使相关指标不可比。存货计价方法的不同，也会导致相关指标的不可比。两个企业或同一企业不同时期，即使实际情况完全相同，只因采用不同的计价方法，也将对期末存货、企业利润等产生重大影响。

（三）结构分析法

结构分析法是将相关项目金额与同期相应的合计金额、总计金额或特定项目金额进行对比，以查看相关项目的结构百分比，得出企业各项结构的一种分析方法。由于进行结构分析时往往是对纵向排列的各项目进行比重的计算，因而该法又被称为垂直分析法。

在对资产负债表进行结构分析时，报表左边通常将资产总计金额设定为100%，分别计算各个资产项目占总资产的比重，以反映各项资产在总资产中的结构百分比；报表右边通常将负债和所有者权益总计金额（即总权益）设定为100%，分别计算各个负债项目和所有者权益项目占总权益的比重，以反映各项负债和所有者权益在总权益中的结构百分比。

在对利润表进行结构分析时，由于营业收入的水平最能体现企业的营业规模，它对各项收入、费用和利润都有一定的影响，因而通常将营业收入设定为100%，分别计算各项收入、费用和利润占营业收入的结构百分比。

现金流量的结构分析是指对现金流量的各个组成部分及其相互关系的分析。现金流量的结构分析包括流入结构分析、流出结构分析和流入流出比分析。流入结构分析分为总流入结构分析和三项活动（经营、投资和筹资）流入的内部结构分析。流出结构分析分为总流出结构分析和三项活动（经营、投资和筹资）流出的内部结构分析。流入流出比分析分为经营活动流入流出比分析、投资活动流入流出比分析和筹资活动流入流出比分析。通过流入和流出结构的历史比较与同业比较，可以得到更有意义的信息。

当然，结构分析中将什么项目设定为100%要视分析目的而定，并没有统一的规定。例如，为了分析流动资产的结构，可以将流动资产合计金额设定为100%，分别计算货币资金、应收账款、存货等各个流动资产项目占所有流动资产的结构百分比。又如，为了分析负债的结构，就可以将负债总额设定为100%，分别计算各类流动负债和长期负债占负债总额的结构百分比。

（四）因素分析法

应用比率分析法和比较分析法，可以确定财务报表中各项经济指标变动所产生的差异，至于差异形成的原因及各种原因对差异形成的影响程度，则需要进一步应用因素分析法来进行具体分析。因素分析法是依据分析指标与其影响因素之间的关系，按照一定的程序和方法，确定各因素对分析指标差异影响程度的一种技术方法。因素分析法不仅是经济活动中最重要的方法之一，也是财务分析的重要方法之一。因素分析法适用于对多种因素构成的综合性指标的分析，如成本、利润、资金周转率等方面的指标。杜邦财务分析法就是一种因素分析法。

杜邦财务分析法是利用几种主要财务比率之间的内在联系，综合分析企业财务状况的一种方法。图 5 - 4 为杜邦财务分析体系。

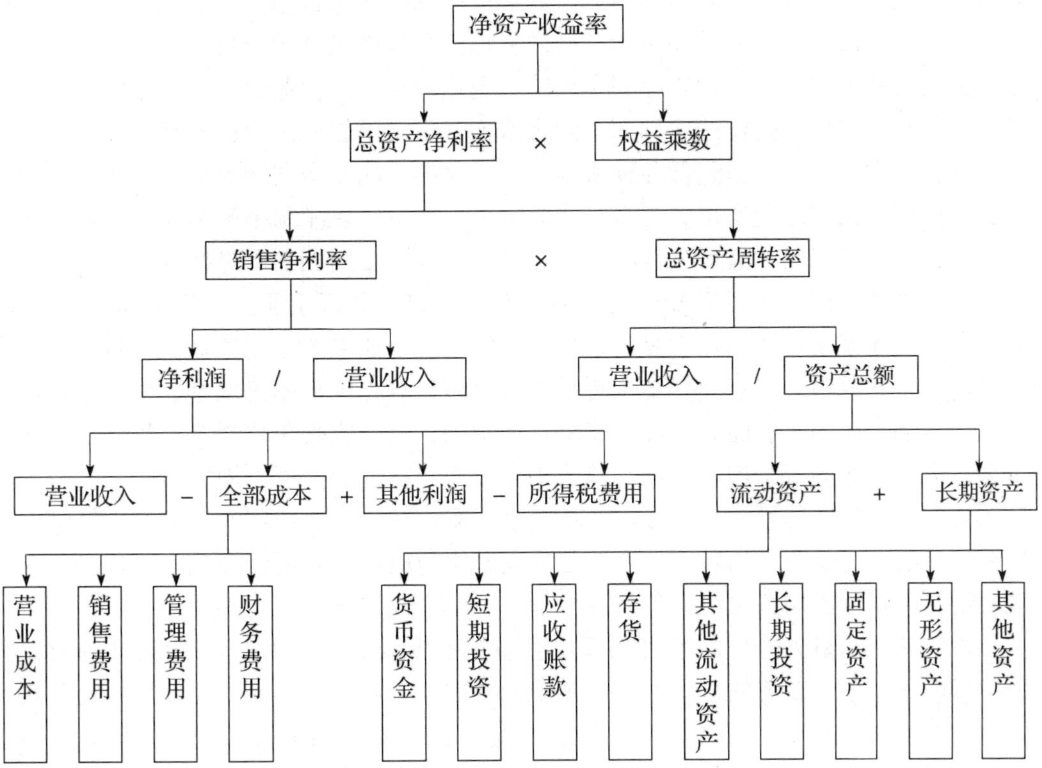

图 5 - 4　杜邦财务分析体系

杜邦财务分析体系主要反映了以下几种主要的财务比率关系：(1) 净资产收益率与总资产净利率及权益乘数之间的关系，净资产收益率＝总资产净利率×权益乘数，权益乘数＝资产总额/股东权益。(2) 总资产净利率与销售净利率及总资产周转率之间的关系，总资产净利率＝销售净利率×总资产周转率。(3) 销售净利率与净利润及营业收入之间的关系，销售净利率＝净利润/营业收入。(4) 总资产周转率与营业收入及资产总额之间的关系，总资产周转率＝营业收入/资产总额。

杜邦财务分析是对企业财务状况自上而下进行的综合分析。它通过几种主要的财务指标之间的关系，直观、明了地反映出企业的偿债能力、营运能力、盈利能力及其相互之间的关系，从而为经营者提供解决企业财务问题的思路并为企业提供财务目标的分解及控制途径。

从杜邦财务分析体系可以看出，净资产收益率是杜邦财务分析体系的核心，是综合性最强的一个指标，反映着企业财务管理的目标。企业财务管理的重要目标之一就是实现股东财富的最大化，净资产收益率正是反映了股东投入资金的获利能力，这一比率反映了企业筹资、投资和生产运营等各方面经营活动的效率。净资产收益率取决于企业总资产净利率和权益乘数。总资产净利率反映企业运用资产进行生产经营活动的效率高低，而权益乘数则主要反映企业的筹资情况，即企业资金来源结构。

总资产净利率是反映企业获利能力的一个重要财务比率，它揭示了企业生产经营活动的效率。企业的销售收入、成本费用、资产结构、资产周转速度以及资金占用量等各种因素都直接影响总资产净利率的高低。总资产净利率是销售净利率与总资产周转率的乘积。因此，可以从企业的销售活动与资产管理两个方面来进行分析。

从企业的销售方面看，销售净利率反映了企业净利润与营业收入之间的关系。一般来说，营业收入增加，企业的净利润会随之增加，但是要想提高销售净利率，必须一方面提高营业收入，另一方面降低各种成本费用，这样才能使净利润的增长高于营业收入的增长，从而使销售净利率得到提高。由此可见，提高销售净利率必须在以下两个方面下功夫：一是开拓市场，增加销售收入；二是加强成本费用控制，降低耗费。

在企业资产方面，主要应分析以下两个方面：(1) 分析企业的资产结构是否合理，即流动资产与非流动资产的比例是否合理。一般来说，如果企业流动资产中货币资金占的比重过大，就应当分析企业现金持有量是否合理，有无现金闲置现象，因为过多的现金闲置会影响企业的获利能力。如果流动资产中的存货与应收账款过多，就会占用大量的资金，影响企业的资金周转。(2) 结合销售收入分析企业的资产周转情况。如果企业资产周转较慢，就会占用大量资金，增加资金成本，减少企业的利润。资产周转情况的分析要从分析企业总资产周转率、企业存货周转率与应收账款周转率几方面进行，并将其周转情况与资金占用情况结合起来分析。

总之，从杜邦财务分析体系可以看出企业的获利能力涉及生产经营活动的方方面面。净资产收益率与企业的筹资结构、销售规模、成本水平、资产管理等因素密切相关，这些因素构成一个完整的系统，系统内部各因素之间相互作用。只有协调好系统内部各个因素之间的关系，才能使净资产收益率得到提高，从而实现股东财富最大化的理财目标。

需要注意的是，上述财务分析方法经常是相互融合的。例如，将企业当期某个财务比率的实际值与企业的历史水平进行比较，以查看该比率的变动趋势，就是既运用了比率分析法，又运用了比较分析法。

想一想： 杜邦财务分析法为何要以净资产收益率作为开展公司财务分析的核心指标？

三、财务比率分析

（一）偿债能力分析

偿债能力是企业偿还到期债务本息的能力。按到期时间的不同，企业债务可分为短期债务（到期时间不超过一年的负债）和长期债务（到期时间超过一年的负债）。因此，偿债能力分析分为短期偿债能力分析和长期偿债能力分析。短期偿债能力分析又称流动性分析。

1. 短期偿债能力

偿债能力的高低，对企业的生产经营和财务状况有重要的影响。一个企业虽然拥有良好的营运能力和盈利能力，但如果短期偿债能力不足，可能就要被迫出售长期资产以偿还债务，这将直接影响企业的正常生产经营活动，甚至会出现资不抵债的情况，从而导致企业破产。

流动资产一年内可以变现，是短期偿债能力的基础，因此，通常以流动资产与流动负债的比较来衡量企业的短期偿债能力。流动负债通常包含应付账款、应付票据、应交税费和一年内到期的长、短期债务。企业偿还流动负债的现金来源主要依靠流动资产，流动资产通常包含现金、短期投资、应收账款和存货。衡量企业短期偿债能力主要有以下几个指标：

（1）流动比率。

流动比率是流动资产除以流动负债的比值，其计算公式为：

$$流动比率=流动资产/流动负债 \tag{5.8}$$

式中：流动资产＝货币资金＋应收账款＋有价证券＋存货＋其他流动资产；

流动负债＝应付账款＋应付票据＋应交税费＋一年内到期的长、短期借款。

对流动比率的计算公式还可以作如下变形：

$$\begin{aligned}流动比率&=流动资产/流动负债\\&=[(流动资产-流动负债)+流动负债]/流动负债\\&=(营运资金+流动负债)/流动负债\\&=1+营运资金/流动负债\end{aligned} \tag{5.9}$$

流动比率反映企业可在短期内将流动资产变现以偿还到期流动债务的能力。在这里要注意到，营运资金＝流动资产－流动负债。流动比率和营运资金这两个指标都可以用于考察流动资产和流动负债的关系。但是营运资金是绝对数额，如果企业之间规模相差很大，绝对数额的比较就没有什么意义，而流动比率是相对数额，排除了企业规模不同的影响，更适合企业之间以及企业不同历史时期的比较。另外，从流动比率的变形公式可以看出，流动比率超出 1 的部分就是营运资金与流动负债的比值，因此流动比率还能反映出营运资金与流动负债的关系。由于流动资产的变现时间和流动负债的到期时间不见得匹配，而营运资金反映的是流动资产超出流动负债的部分，因此用营运资金给流动负债作保障更加安全。

一般来说，流动比率越高，说明企业的流动性越强，流动负债的安全程度越高。但从企业角度看，流动比率并非越高越好。流动比率太高，就要注意分析企业的资产结构和负债结构是否存在以下问题：一是流动负债低，即企业没有充分利用商业信用和现有的借款能力，可能更多地用长期负债解决流动资产需求，从而提高了筹资成本；二是流动资产高，这可能是由于存货大量积压、大量应收账款迟迟不能收回等原因所致，表明企业的资产管理效率较低，盈利能力较差。

根据经验，通常认为流动比率维持在 2∶1 比较合理，但是这个经验数据不是绝对的，不同的环境、不同的时期、不同的行业，情况不尽相同。例如，商业企业的流动比率往往大大地高于服务行业的流动比率，因为商业企业有大量的商品存货等流动资产，而服务行业的流动资产相对较少。又如，一般来说，企业的营业周期越短，流动比率可能越低。因为营业周期越短，则意味着存货、应收账款等流动资产的周转速度越快，那么存货和应收账款的存量必然越小，流动比率也就越低。实际上，由于各个企业的经营能力和筹措短期资金的能力不同，对流动比率的要求也有所不同，对于一个信誉良好、很容易筹措到短期资金的企业来说，即使流动比率较低也不会影响企业资产的安全性和流动性。

计算出来的流动比率，只有和同行业平均流动比率、本企业历史的流动比率进行比较，才能知道这个比率是高还是低。这种比较通常并不能说明流动比率为什么这么高或这么低，要找出过高或过低的原因还必须分析流动资产与流动负债所包括的内容以及经营上的因素。一般情况下，营业周期、流动资产中的应收账款数额和存货的周转速度是影响流动比率的主要因素。

例如：A 公司 2024 年末的流动资产是 370 572 244 千元，流动负债是 495 985 176 千元，则流动比率为：

$$流动比率=370\ 572\ 244\div 495\ 985\ 176=0.75$$

（2）速动比率。

速动比率是速动资产除以流动负债的比值，其计算公式为：

$$速动比率=速动资产/流动负债 \quad (5.10)$$

$$速动资产=流动资产-存货 \quad (5.11)$$

把存货从流动资产中剔除的主要原因是：在流动资产中存货的变现速度最慢；部分存货可能已损失报废还没作处理；部分存货可能已抵押给某债权人；存货估价还存在着成本与合理市价悬殊的问题。综合上述原因，把存货从流动资产总额中减去，通过速动比率反映的短期偿债能力更加可信。

一般来说，速动比率越高，说明企业的流动性越强，流动负债的安全程度越高。但与流动比率类似，从企业角度看，速动比率也不是越高越好，对速动比率的分析要具体情况具体分析。根据经验，通常认为速动比率维持在 1∶1 比较合理。但是，不同行业的速动比率会有很大的差别，很难确定速动比率的统一标准。例如，采用大量现金销售的商店，几乎没有应收账款，大大低于 1 的速动比率则是很正常的。相反，一些应收账款较多的企业，速动比率可能要大于 1。

影响速动比率可信性的重要因素是应收账款的变现能力。账面上的应收账款不一定都能变成现金；实际坏账可能比计提的准备要多；季节性的变化，可能使报表的应收账款数额不能反映平均水平。

由于各行业之间的差别，在计算速动比率时，除扣除存货以外，还可以从流动资产中去掉其他一些可能与当期现金流量无关的项目，以计算更进一步的变现能力。如保守速动比率（也称超速动比率）为现金、短期证券投资和应收账款净额三项之和，再除以流动负债的比值。

例如：A公司2024年末的流动资产是370 572 244千元，流动负债是495 985 176千元，存货是116 036 237千元，则速动比率为：

$$速动比率=(370\ 572\ 244-116\ 036\ 237)\div 495\ 985\ 176=0.51$$

可以将流动比率与速动比率结合起来分析，表5-4是A公司的流动比率和速动比率比较表。

表5-4　流动比率和速动比率比较表

项目	2024年末	2023年末	行业平均
流动比率	0.75	0.51	1
速动比率	0.67	0.47	0.5

从上表我们可以看到，A公司的流动比率虽然低于行业平均值，但2024年的流动性要好于2023年。A公司2024年的交易性金融资产以及应收账款融资均大幅增加，说明A公司的销售业绩不错，且资金回收比较顺畅，2024年的流动性比2023年更为充裕。

(3) 现金流动负债比率。

现金流动负债比率是经营活动现金流量净额除以流动负债的比值，其计算公式为：

$$现金流动负债比率=经营活动现金流量净额/流动负债 \quad (5.12)$$

现金流动负债比率更能说明企业的短期偿债能力。如果用流动比率，流动资产中的存货和应收账款比较多，那么这个比率会比较高，说明流动性好，可是实际上存货和应收账款的变现能力是有限的。用经营活动现金流量净额代替流动资产，就能更真实地反映这个企业资产的流动性。

之所以选择经营活动现金流量净额，而没有选择企业所有活动带来的现金流量净额，是因为经营活动在各个期间具有一定的稳定性，而各个期间的投资活动和筹资活动则相差较大，不易预测。

一般而言，现金流动负债比率越高，说明企业资产的流动性越强，流动负债的安全程度越高。但与流动比率和速动比率类似，从企业角度看，现金流动负债比率也不是越高越好，要具体情况具体分析。将流动比率、速动比率和现金流动负债比率这三个指标放在一起分析，可以更好地反映企业的短期偿债能力。

例如：A公司2024年末的经营现金流量净额是133 453 873千元，流动负债是495 985 176千元，则现金流动负债比率为：

$$现金流动负债比率=133\ 453\ 873\div 495\ 985\ 176=0.27$$

(4) 已获利息倍数。

已获利息倍数是指息税前利润除以利息费用，用以衡量企业偿付借款利息的能力，也称利息保障倍数。其计算公式为：

已获利息倍数＝息税前利润/利息费用 （5.13）

在公式中，息税前利润是企业利润表中的利润总额与利息费用之和。息税前利润表明了企业经营的实际收益，是计算和分析企业经营成果的一个比较重要的指标。利息费用是指本期发生的全部应付利息，即它不仅包括计入财务费用中的利息费用，还包括计入固定资产价值中的资本化利息。企业为构建长期资产而专门借入的债务在长期资产构建期间发生的利息费用，不计入当期财务费用，而应列入该长期资产的构建成本，这些列入长期资产构建成本的利息费用就是已资本化的利息费用。但是一般投资者往往很难获得已经资本化的利息费用数据，在这种情况下，通常用财务费用代替利息费用来计算已获利息倍数。

已获利息倍数指标反映企业经营收益是所需支付债务利息的多少倍。已获利息倍数越大，说明企业支付利息的能力越强。若此比率低于1，说明企业的经营收益还不足以支付当期的利息费用，这意味着企业支付利息的能力非常低，财务风险高，需要引起重视。当然，要合理评价企业的已获利息倍数，还需要与其他企业以及本行业平均水平进行比较，而且要从稳健性角度出发，分析、比较本企业连续几年该指标的水平，并选择指标最低年度的数据作为标准。这是因为，企业在经营好的年度要偿债，在经营不好的年度也要偿还大约等量的债务。某一个年度利润很高，已获利息倍数就会很高，但未必能年年如此。采用指标最低年度的数据，可反映企业最低的偿债能力。如果一个很高的已获利息倍数不是由高利润带来的，而是由低利息导致的，则说明企业的财务杠杆程度很低，没有充分利用举债经营的优势。

若息税前利润或者财务费用为负数，则计算出来的已获利息倍数是没有意义的。

例如：A公司2024年初的利润总额是49 680 677千元，财务费用是1 216 206千元，依上式计算已获利息倍数为：

已获利息倍数＝(49 680 677＋1 216 206)÷1 216 206＝41.85

2. 长期偿债能力

长期偿债能力是指企业偿还到期长期债务的能力。企业的长期资产如固定资产、无形资产等变现能力弱，因此，衡量企业长期偿债能力的指标除了考虑企业的总资产外，还应特别注意企业的盈利指标。衡量企业长期偿债能力主要有以下指标：

（1）资产负债率。

资产负债率是负债总额除以资产总额的百分比，也就是负债总额与资产总额的比例关系。其计算公式为：

资产负债率＝负债总额/资产总额×100% （5.14）

公式中的负债总额既包含长期负债，也包含短期负债。这是因为，短期负债作为一个整体，企业总是长期占用着，可以视同长期性资本来源的一部分。

资产负债率反映在总资产中有多大比例是通过借债来筹资的，也可以衡量企业在清算时保护债权人利益的程度，也称举债经营比率。从公式可见，资产负债率越低，长期偿债能力就越强，但从企业角度看，并非资产负债率越低越好。由于债务资本成本低于权益资本成本，负债筹资具有财务杠杆作用，可以提高企业的盈利能力，只是财务杠杆在被运用的同时，也会给企业带来财务风险，影响企业的长期偿债能力。因此，在评价企业的资产负债率时，需要在收益与风险之间权衡利弊，充分考虑企业内部各种因素和外部市场环境，作出合理正确的判断。

一般认为，金融类企业的资产负债率可以高达90%以上，而一般实业性企业的资产负债率大多以不超过50%为好。企业应根据自身情况，确定一个适当的标准，当企业债务负担持续增长并超过这一标准时，进行内部分析则应进一步查找原因，看看是由资产规模下降导致的，还是因大量借债引起的，并及时调整，不能只顾获取财务杠杆利益，而不考虑面临的财务风险。

A公司2024年末的负债总额是584 667 646千元，资产总额是783 355 855千元，则资产负债率为：

资产负债率＝584 667 646÷783 355 855＝74.63%

A公司2024年末的资产负债率处于行业平均水平，较2023年末的资产负债率77.86%略有下降。

（2）股东权益比率。

股东权益比率是指股东权益总额除以资产总额的比值。其计算公式为：

股东权益比率＝股东权益/资产总额×100%　　（5.15）

股东权益比率反映了在企业全部资产中，有多少是所有者提供的。由于一个企业的资产要么是所有者提供的，要么是债权人提供的，因此股东权益比率与资产负债率之和必然是100%。因此，股东权益比率越高，资产负债率就越低，说明所有者投入的资产在全部资产中所占的比例越大，债权人投入的资产所占比例越小。对股东权益比率的分析与资产负债率恰恰相反，此处不再赘述。

例如：A公司2024年末的股东权益总额是198 688 209千元，资产总额是783 355 855千元，则股东权益比率为：

股东权益比率＝198 688 209÷783 355 855＝25.36%

（二）营运能力分析

营运能力也称资产管理能力，是指企业经营的资产所占用资金的使用效率。营运能力比率主要是通过使用的各种资金的周转率和周转天数来分析。由于各种周转率都是按年计算的，因此，周转天数＝360/周转率。一般来说，周转率越高，周转天数越少，表明资金的使用效率越高，企业的营运能力越强。衡量企业营运能力主要有以下指标。

1. 存货周转率

存货周转率，或称存货的周转次数，是主营业务成本与存货平均余额的比值。用时间表示的存货周转率就是存货周转天数，它等于360除以存货周转率。其计算公式为：

存货周转率＝主营业务成本/存货平均余额　　（5.16）

存货周转天数＝360/存货周转率　　（5.17）

公式中，存货平均余额来自资产负债表中的期初存货与期末存货的平均数，即期初存货加上期末存货再除以2。

存货周转率是衡量和评价企业购入原材料、投入生产、销售收回等各环节管理状况的综合性指标。一般来讲，存货周转速度越快，存货的占用水平越低，流动性越强，存货转换为现金或应收账款的速度也就越快。提高存货周转率可以提高企业的变现能力，而存货周转速度越慢则变现能力越差。但是，如果一个企业的存货周转率过高，则有可能是企业的存货水平太低所致，要防止存货水平太低导致缺货，影响企业的正常生产。投资者还可以对存货的结构以及影响存货周转速度的重要项目进行分析，如分别计算原材料周转率、在产品周转率或某种存货的周转率。存货周转分析的目的是从不同的角度和环节找出存货管理中的问题，使存货管理在保证生产经营连续性的同时，尽可能少占用经营资金，提高资金的使用效率。

例如：A公司2024年末的业务成本是626 046 616千元，期初存货是87 676 748千元，期末存货是116 036 237千元，则存货周转率为：

$$\text{存货周转率}=626\ 046\ 616\div[(87\ 676\ 748+116\ 036\ 237)\div 2]=6.15$$

$$\text{存货周转天数}=360\div 6.15=58.54(\text{天})$$

2. 应收账款周转率

应收账款和存货一样，在流动资产中有着举足轻重的地位。应收账款周转率是主营业务收入与应收账款平均余额的比值，用时间表示的应收账款周转率就是应收账款周转天数，它等于360除以应收账款周转率。其计算公式为：

$$\text{应收账款周转率}=\text{主营业务收入}/\text{应收账款平均余额} \tag{5.18}$$

$$\text{应收账款周转天数}=360/\text{应收账款周转率} \tag{5.19}$$

公式中，应收账款平均余额是指因销售商品、产品或提供劳务等应向购货单位或接受劳务单位收取的款项以及收到的商业汇票。它是资产负债表中“应收账款”和“应收票据”的期初、期末金额的平均数之和。有人认为，主营业务收入应扣除现金销售部分，即使用赊销净额来计算，理论上更加完备，但是数据难以得到。

应收账款周转率就是年度内应收账款转换为现金的平均次数，它说明应收账款流动的速度。应收账款周转天数表示企业从取得应收账款的权利到收回款项、转换为现金所需要的时间。及时收回应收账款，不仅可以增强企业的短期偿债能力，也反映出企业在管理应收账款方面具有较高的效率。一般来说，应收账款周转率越高，平均收账期越短，说明应收账款的收回越快。否则，企业的营运资金会过多地呆滞在应收账款上，影响正常的资金周转。但是，如果一个企业的应收账款周转率过高，则可能是由于企业的信用政策过于苛刻所致，这样可能会限制企业销售规模的扩大，影响企业长远的盈利能力。因此，对应收账款周转率和应收账款周转天数不能片面分析，应结合企业具体情况深入了解原因，以便作出正确的决策。

此外，存在一些影响该指标正确计算的因素：季节性经营的企业使用这个指标时不能反映实际情况；大量使用分期付款结算方式；大量使用现金结算的销售；年末大量销售或年末销售大幅度下降。这些因素都会对计算结果产生较大的影响。财务报表的外部使用人可以将计算出的指标与该企业前期指标、行业平均水平或其他类似企业的指标相比较，判断该指标的高低。

例如：A 公司 2024 年末的主营业务收入是 777 102 455 千元，期初应收账款是 61 866 019 千元，应收账款融资是 5 564 924 千元，期末应收账款是 62 298 988 千元，应收账款融资是 10 449 966 千元，依上式计算应收账款周转率为：

$$\text{应收账款周转率}=777\ 102\ 455\div[(61\ 866\ 019+5\ 564\ 924+62\ 298\ 988+10\ 449\ 966)\div 2]=11.09$$

$$\text{应收账款周转天数}=360\div 11.09=32.46(\text{天})$$

3. 营业周期

营业周期是指从取得存货开始到销售存货并收回现金为止的这段时间。营业周期的长短取决于存货周转天数和应收账款周转天数。其计算公式为：

$$\text{营业周期}=\text{存货周转天数}+\text{应收账款周转天数} \tag{5.20}$$

把存货周转天数和应收账款周转天数加在一起计算出来的营业周期，指的是取得的存货需要多长时间才能变为现金。一般情况下，营业周期短，说明资金周转速度快；营业周期长，说明资金周转速度慢。

A 公司 2024 年的营业周期为：

$$\text{营业周期}=\text{存货周转天数}+\text{应收账款周转天数}=58.54+32.46=91(\text{天})$$

4. 流动资产周转率

流动资产周转率是主营业务收入与平均流动资产的比值，其计算公式为：

$$\text{流动资产周转率}=\text{主营业务收入}/\text{平均流动资产} \tag{5.21}$$

式中，平均流动资产=(期初流动资产+期末流动资产)/2。

流动资产周转率反映流动资产的周转速度，周转速度越快，会相对节约流动资产，相当于扩大资产的投入，增强企业的盈利能力；而延缓周转速度，需补充流动资产参加周转，形成资产的浪费，降低企业的盈利能力。当然，如果流动资产周转过快，还需要结合企业具体情况分析原因，看是否是由于流动资产不合理等原因造成的。一般企业设置的标准值为 1，对流动资产周转率应结合存货、应收账款一并进行分析，并要和反映盈利能力的指标结合在一起使用，这样才能全面评价企业的盈利能力，真正分析透彻，找到根源。

例如：A 公司 2024 年末的主营业务收入是 777 102 455 千元，期初流动资产是 302 121 446 千元，期末流动资产是 370 572 244 千元，则流动资产周转率为：

$$\text{流动资产周转率}=777\ 102\ 455\div[(302\ 121\ 446+370\ 572\ 244)\div 2]=2.31$$

5. 总资产周转率

总资产周转率是主营业务收入与平均总资产的比值，其计算公式为：

$$总资产周转率=主营业务收入/平均总资产 \tag{5.22}$$

式中：平均总资产=(期初总资产+期末总资产)/2。

总资产周转率反映总资产的周转速度，周转越快，说明销售能力越强。企业可以采用薄利多销的方法，加速资产周转，带来利润绝对额的增加。总资产周转率指标用于衡量企业运用资产赚取利润的能力，经常和反映盈利能力的指标一起使用，以全面评价企业的盈利能力。

例如：A公司 20243 年末的主营业务收入是 777 102 455 千元，期初总资产是 679 547 670 千元，期末总资产是 783 355 855 千元，则总资产周转率为：

$$总资产周转率=777\ 102\ 455\div[(679\ 547\ 670+783\ 355\ 855)\div 2]=2.29$$

6. 营运指数

营运指数是经营活动现金流量净额与经营应得现金的比值，其计算公式为：

$$营运指数=经营活动现金流量净额/经营应得现金 \tag{5.23}$$

式中，经营应得现金=经营净收益+非付现费用=净利润−非经营收益+非付现费用。

非经营收益主要指经营活动以外所取得的收益，包括投资收益和营业外利润（即营业外收入减去营业外支出）；非付现费用主要包括本期提取的折旧、无形资产摊销和递延资产摊销等。

该指标反映的是已收现收益与应收现收益之比，用于评价收益质量。营运指数接近 1 时，说明企业经营获取的现金与其应获取的现金相当，收益质量高；若小于 1，则说明企业的收益质量不够好，一部分收益尚没有取得现金，停留在实物或债权形态，而实物或债权资产的风险大于现金，因为应收账款是否足额变现是不确定的，存货也有贬值的风险，所以未收现的收益质量远低于已收现的收益。利用报表数据计算时，经营净收益采用净利润，非付现费用则包括计提的资产减值准备、固定资产折旧、无形资产摊销、长期待摊费用摊销等。

7. 现金满足投资比率

现金满足投资比率是近 5 年经营活动现金流量净额之和与近 5 年资本支出、存货增加、现金股利之和的比值，其计算公式为：

$$现金满足投资比率=\frac{近5年经营活动现金流量净额之和}{近5年资本支出、存货增加、现金股利之和} \tag{5.24}$$

近 5 年经营活动现金流量净额之和可以从现金流量表中取值，只要把近 5 年的经营活动现金流量净额相加即可。近 5 年的资本支出、存货增加、现金股利之和也可从现金流量表相关栏目取数，其中：资本支出，从购建固定资产、无形资产和其他长期资产所支付的现金项目中取数；存货增加，从现金流量表附表中取数，取存货的减少栏的相反数即存货的增加；现金股利，从现金流量表的主表中，分配利润或股利所支付的现金项目取数。

现金满足投资比率是反映财务弹性的指标，说明企业经营产生的现金满足资本支出、存货增加和发放现金股利的能力，其值越大越好，比率越大，资金自给率越高。若达到1，说明企业可以用经营获取的现金满足企业扩充所需资金；若小于1，则说明企业部分资金要靠外部融资来补充。一般企业设置的标准值为0.8，不过不同行业、不同企业的情况不一样，企业可以根据自身情况设置。

（三）盈利能力分析

盈利能力是企业赚取利润的能力。盈利是企业存在的根本目的，不论是投资人、债权人还是企业经理人员，都日益重视和关心企业的盈利能力。一般说来，企业的盈利能力只涉及正常的营业状况。非正常的营业状况，也会给企业带来收益或损失，但只是特殊情况下的个别结果，不能说明企业常规的盈利能力。衡量企业盈利能力主要有以下指标。

1. 毛利率

毛利率是营业毛利与营业收入的比值。其计算公式为：

$$毛利率=(营业毛利/业务收入)\times 100\% \tag{5.25}$$

式中：营业毛利＝营业收入－营业成本。

毛利率表示每1元营业收入扣除营业成本后，有多少钱可以用于各项期间费用和形成盈利。毛利率是企业净利率的基础，没有足够大的毛利率便不能盈利。对毛利率可以进行横向和纵向的比较。通过与同行业平均水平或竞争对手的比较，可以洞悉企业的盈利空间在整个行业的地位以及与竞争对手相比的优劣。通过与以往年度的毛利率的比较，可以看出企业盈利空间的变动趋势。

例如：A公司2024年末的营业收入是777 102 455千元，营业成本是626 046 616千元，则毛利率为：

$$\begin{aligned}毛利率&=(777\ 102\ 455-626\ 046\ 616)\div 777\ 102\ 455\times 100\%\\&=19.44\%\end{aligned}$$

2. 净利率

净利率是净利润与营业收入的比值。其计算公式为：

$$净利率=(净利润/营业收入)\times 100\% \tag{5.26}$$

该指标反映每1元营业收入带来的净利润是多少，表示营业收入的收益水平。企业在增加销售收入的同时，必须要相应获取更多的净利润才能使净利率保持不变或有所提高。

例如：A公司2024年末的营业收入是777 102 455千元，净利润是41 587 940千元，依上式计算净利率为：

$$净利率=41\ 587\ 940\div 777\ 102\ 455\times 100\%=5.35\%$$

3. 现金收入比

现金收入比是经营现金流量净额与营业收入的比值。其计算公式为：

$$现金收入比=经营现金流量净额/营业收入\times 100\% \tag{5.27}$$

该指标反映每1元营业收入带来的净现金流入量，其值越大越好。该指标的计算结果要与过去或同业比较才能确定高与低。这个比率越高，企业的收入质量越好，资金利用效果越好。

例如：A公司2024年末的营业收入是777 102 455千元，经营现金流量净额是133 453 873千元，则现金收入比为：

现金收入比＝133 453 873÷777 102 455＝17.17％

4. 资产净利率

资产净利率是企业净利润除以平均总资产的比值，其计算公式为：

资产净利率＝(净利润/平均总资产)×100％ (5.28)

公式中，平均总资产等于期初总资产加上期末总资产再除以2。把企业一定期间的净利润与企业的资产相比较，表明企业资产利用的综合效果，该指标值越高，表明资产的利用效率越高，说明企业在增加收入和节约资金使用等方面取得了良好的效果，否则相反。

资产净利率是主营业务净利率和资产周转率的结合，是一个综合指标。企业的资产是由投资人投入或举债形成的，资产净利率的高低与企业资产的多少、资产的结构、经营管理水平有着密切的关系。为评价企业经济效益的高低，可以用该指标与企业前期、与计划、与同行业平均水平和行业内先进企业进行对比，分析形成差异的原因。影响资产净利率高低的因素主要有：产品的价格、单位成本的高低、产品的产量和销售的数量、资金占用量的大小等。利用资产净利率可以分析经营中存在的问题，提高销售利润率，加速资金周转。

5. 净资产收益率

净资产收益率又称股东报酬率，是净利润与净资产的百分比。其计算公式为：

净资产收益率＝(净利润/净资产)×100％ (5.29)

净资产是指资产负债表中“所有者（股东）权益合计”的期末数。一般来讲，如果所考察的公司不是股份制企业，该公式中的分母也可以使用“平均净资产”。作为主要分析对象的上市公司基于股份制企业的特征，采用年末净资产或年末股东权益为分母，一方面符合中国证监会发布的《公开发行股票公司信息披露的内容与格式标准第2号：年度报告的内容和格式》中关于净资产收益率计算公式的规定；另一方面，也可以和上市公司每股收益、每股净资产等按“年末股份数”计算保持一致。上市公司如果发行股票使股东权益增加，则净资产一般按加权计算。

净资产收益率反映企业所有者的投资报酬率，具有很强的综合性。美国杜邦公司最先采用的杜邦财务分析法就是以净资产收益率为主线，将企业在某一时期的营业成果以及资产运营状况全面联系在一起，层层分解，逐步深入，构成了一个完整的分析体系。

6. 现金税后利润比率

现金税后利润比率是经营活动现金流量净额与税后利润的比值。其计算公式为：

现金税后利润比率=经营活动现金流量净额/税后利润 (5.30)

该指标说明了盈利的质量，如果盈利的质量高，那么企业的利润会有相应的现金作为支持，如果企业只是有盈利，但是现金却没有相应的增加，或者反而减少了，那么盈利的质量就低了。

经营活动现金流量净额和税后利润的关系是值得关注的。因为不少上市公司税后利润是正的，也就是报表上是盈利的，但经营活动现金流量净额却是负的。应该说，在公司有盈利的情况下，公司的现金是要增加的，这是一种正常现象。但是公司的现金不增加或者减少，就说明公司某些方面存在问题，比如说应收账款增加。应收账款形成时，视为销售实现，利润实现，但实际上现金是没有流入的，所以现金会减少。再比如，存货的增加。汽车行业现在开始走下坡路，我们可以从存货里看到这一迹象，汽车行业上市公司的存货的数量开始增长。现在比较明显地陷入困境的是手机行业，也有这样的情况。因此，如果收益质量比较高，税后利润会有相应的现金流入作为支持，如果没有现金流入，那这种盈利就是所谓的纸上富贵。需要指出的是，现金税后利润比率越高，上市公司的盈利质量越高并不是绝对的，因为现金的净流入与利润和非付现费用（如折旧）有关，如果现金税后利润比率较高是由于非付现费用较高所引起的，则公司的盈利质量和盈利水平就不一定高。

（四）投资收益分析

投资收益分析是将公司财务报表中公布的数据与有关公司发行在外的股票数、股票市场价格等资料结合起来进行分析，以便投资者对不同上市公司股票的优劣作出评估和判断。公司投资收益分析主要有以下指标。

1. 每股净资产

每股净资产又称每股权益，是指净资产与普通股总数的比值，该指标反映发行在外的每股普通股所代表的净资产成本即账面净资产。其计算公式为：

每股净资产=净资产/普通股总数 (5.31)

在进行投资分析时，只能有限地使用这个指标，因其是使用历史成本计量的，既不反映净资产的变现价值，也不反映净资产的产出能力。例如，某公司的资产只有一块前几年购买的土地，并且没有负债，公司的净资产是土地的原始成本。现在土地的价格比过去翻了几番，引起股票价格上升，而其账面价值不变。这个账面价值，既不说明土地现在可以卖多少钱，也不说明公司使用该土地能获得什么。

每股净资产在理论上提供了股票的最低价值。如果公司的股票价格低于每股净资产，成本又接近变现价值，说明公司已无存在价值，清算是股东最好的选择。

2. 每股收益

在对公司的财务状况进行研究时，投资者最关心的一个数字是每股收益。每股收益是将公司的净利润除以公司的总股本，反映了公司每一股所具有的当前获利能力。考察每股收益历年的变化，是研究公司经营业绩变化最简单明了的方法。

每股收益是指本年净利润与发行在外的年末普通股总数的比值。其计算公式为：

每股收益＝净利润/普通股总数 (5.32)

当普通股发生增减变化时，该公式的分母应使用按月计算的“加权平均发行在外的年末普通股总数”。其中，“发行在外月份数”指发行已满1个月的月份数，即发行当月不计入“发行在外月份数”。当公司发行了不可转换优先股时，计算时要扣除优先股股数及其分享的股利，已作部分扣除的净利润通常被称为“盈余”，所以扣除优先股股利后计算出的每股收益又称为“每股盈余”。

当公司具有复杂的股权结构，即除了普通股和不可转换的优先股以外，还有可转换优先股、可转换债券、认股权证等的时候，由于可转换债券持有者可以通过转股使自己成为普通股股东，认股权证持有者可以按预定价格购买普通股，其行为的选择有可能造成公司普通股增加，使得每股收益变小，通常称这种情况为“稀释”。由于我国目前绝大多数上市公司属于简单股权结构，中国证监会目前还未对复杂结构下每股收益的具体计算方法作出规定，只原则性地规定发行普通股以外的其他种类股票的公司应按照国际惯例计算该指标，并未说明计算方法和参照依据。

对投资者而言，每股收益的高低，比公司财务状况的好坏或其他获利能力指标更为重要，也更为直观。因为它反映普通股的获利水平。在分析时，可以进行公司间的比较，以评价该公司相对的盈利能力；可以进行不同时期的比较，了解该公司盈利能力的变化趋势。但是投资者要注意不应以每股收益直接衡量上市公司的盈利水平和资金利用效果，因为公司通过生产经营活动所获利润，是利用了所筹集的全部资本，基于同样的理由，以每股收益进行不同公司股票投资价值的对比时，也必须注意其局限性。另外，每股收益多不一定意味着分红多，还要看公司股利分配政策。每股收益不反映股票所含有的风险，例如，某公司原来经营日用品的产销，最近转向房地产投资，公司的经营风险增大了许多，但每股收益可能不变或提高，并没有反映企业经营风险的增加。

3. 每股经营现金流量净额

每股经营现金流量净额是经营活动产生的现金流量净额与发行在外普通股的股数对比的结果，用以反映公司支付股利和资本支出的能力。其计算公式为：

每股经营现金流量净额＝经营活动现金流量净额/普通股总数 (5.33)

注重股利分配的投资者应当注意，每股收益的高低虽然与股利分配有着密切的关系，但它不是决定股利分配的唯一因素。如果每股收益很高，但是缺乏现金，那么也无法分配现金股利。因此，还必须分析公司的每股经营现金流量净额。

一般而言，该比率越大，证明公司支付股息的能力及资本支出的能力越强。对投资者来说，如果公司支付能力很强，每年都能在满足各项开支后支付一定量的股息，那么投资者就能在较短的时间内收回投资成本，对公司的信心就会增强；反之，如果公司支付能力不强，即使账面上获利颇丰，前景良好，部分投资者仍会对公司失去信心，他们或者将资金投向别处，或者要求公司延缓投资项目而发放股息，这将会影响公司的发展。

4. 市盈率

市盈率是指普通股每股市价除以每股收益的倍数。其计算公式为：

市盈率=每股市价/每股收益　　　　(5.34)

市盈率反映上市公司股票的盈利状况，是人们普遍关注的指标，有关证券刊物几乎每天都会报道各类股票的市盈率。它是投资者用以衡量某种股票投资价值和投资风险的常用指标，也是公司管理者了解公司股票在证券市场上的影响程度的主要依据。

市盈率反映投资者对每元净利润所愿支付的股票价格，相当于净收益的倍数，可以用来估计股票的投资报酬和风险。它揭示了每股市价相当于每股净利润的倍数，表明公司需要积累多少年的净利润才能达到目前的股价水平，显然，市盈率越高，表明市场对公司的未来越看好。在市价确定的情况下，每股收益越高，市盈率越低，投资风险越小，反之亦然。在每股收益确定的情况下，市价越高，市盈率越高，风险越大，反之亦然。仅从市盈率高低的横向比较看，高市盈率说明公司能够获得社会信赖，具有良好的前景，反之亦然。

投资者一般都偏好市盈率低的股票，而在股票市盈率高时出货。但是这并不是绝对的，当投资者预期公司盈利将增加时会争相购买该公司股票，市盈率会迅速上升，因此，经营前景好、有发展前途公司的股票，市盈率会趋于升高；而发展机会不多，前景黯淡公司的股票，市盈率经常处于较低水平。

我国现阶段，股票的市价可能并不能很好地代表投资者对公司未来前景的看法，因为股价中含有很多炒作的成分在内。我们应用市盈率对公司作评价时要谨慎，使用市盈率指标时应注意以下问题：该指标不能用于不同行业公司的比较，充满扩张机会的新兴行业的市盈率普遍较高，而成熟工业的市盈率普遍较低，但这并不说明成熟工业的股票没有投资价值。在每股收益很小或亏损时，市价不会降至零，很高的市盈率往往不说明任何问题。市盈率高低受净利润的影响，而净利润受可选择的会计政策的影响，从而使得公司之间的比较受到限制。市盈率高低受市价的影响，市价变动的影响因素很多，包括投机炒作等，因此观察市盈率的长期趋势很重要。

由于一般的期望报酬率为2.5%～10%，因此正常的市盈率为10～40倍。通常情况下，投资者要结合其他有关信息，才能运用市盈率指标判断股票的价值。

此外，还有市现率和市净率等。市现率是每股市价和每股经营活动现金流量净额的比值，这是一个类似于市盈率的指标。市净率是每股市价和每股净资产的比值，是市场对公司价值的评价。市净率可用于投资分析。每股净资产是股票的账面价值，它是用成本计量的，而每股市价是这些资产的现在价值，它是证券市场上交易的结果。市价高于账面价值时，公司资产的质量较好，有发展潜力，反之则资产质量差，没有发展前景。优质股票的市价都超出每股净资产许多。一般来说，市净率达到3可以树立较好的公司形象。市价低于每股净资产的股票，就像售价低于成本的商品一样，属于“处理品”。当然，“处理品”也不是没有购买价值，问题在于该公司今后是否有转机，或者今后能否通过资产重组提升获利能力。

5. 市盈率增长比率

市盈率增长比率（PEG），是用公司的市盈率（PE）除以公司未来3年或5年的每股收益复合增长率。其计算公式为：

$$PEG=(\text{每股市价}/\text{每股收益})/\text{未来 3 年或 5 年的每股收益复合增长率} \quad (5.35)$$

比如一只股票当前的市盈率为 20 倍，其未来 5 年的预期每股收益复合增长率为 20%，那么这只股票的 PEG 就是 1。

市盈率着眼于股票的低风险，而 PEG 在考虑低风险的同时，又加入了未来成长性的因素，弥补了市盈率对公司动态成长性估计的不足。PEG 被普遍用来评估新兴或高速成长市场的股票，如我国目前的金融业和地产业。一般而言，当 PEG 等于 1 时，表明市场赋予这只股票的估值得当，可以充分反映其未来业绩的成长性。如果 PEG 大于 1，则这只股票的价值就可能被高估，或认为这家公司的业绩成长性会高于市场的预期。那些成长型股票的 PEG 通常会高于 1，甚至在 2 以上，投资者愿意给予其高估值，表明这家公司未来很有可能会保持业绩的快速增长，这样的股票就容易有超出想象的市盈率估值。当 PEG 小于 1 时，则认为这只股票的估值过低。此外，投资者不能仅看公司自身的 PEG 来确认它是被高估还是低估，而应该结合其所在行业的其他公司来比较。投资者需要注意的是，像其他财务指标一样，PEG 也不能单独使用，必须和其他指标结合起来，其中最关键的还是对公司业绩的预期。由于 PEG 需要对未来至少 3 年的业绩增长情况作出判断，而不能只用未来 12 个月的盈利预测，因此大大提高了准确判断的难度。事实上，只有当投资者有把握对未来 3 年以上的业绩表现作出比较准确的预测时，PEG 的使用效果才会体现出来，否则反而会起误导作用。计算 PEG 值所需的预估值，建议可以取市场平均预估值，即追踪公司业绩的机构收集多位证券分析师的预测所得到的预估平均值或中值。

6. 股票获利率/获息率

股票获利率是每股股利和市价增值之和与每股市价的比值，其计算公式为：

$$\text{股票获利率}=(\text{每股股利}+\text{市价增值})/\text{每股市价}\times 100\% \quad (5.36)$$

股票获息率是每股股利与每股市价的比值，其计算公式为：

$$\text{股票获息率}=(\text{每股股利}/\text{每股市价})\times 100\% \quad (5.37)$$

股票获利率适用于短线投资者。股票持有人取得收益的来源有两个：一是股利；二是股价上涨的收益。只有股票持有人认为股价将上升，才会接受较低的股票派息率。如果预期股价不能上升，股票获息率就成了衡量股票投资价值的主要依据。

股票获息率适用于长线投资者，反映股利和股价的比例关系。长线投资者一般不考虑价差，只考虑股利收入。使用该指标的局限性在于如果公司采用非常稳健的股利政策，留存大量的净利润用以投资，在这种情况下，股票获息率仅仅是股票投资价值非常保守的估计，股价的未来趋势将成为评价股票投资价值的主要依据。

7. 现金股利保障倍数

现金股利保障倍数是每股经营活动现金流量净额与每股现金股利的比值。其计算公式为：

$$\begin{aligned}\text{现金股利保障倍数}&=\text{每股经营活动现金流量净额}/\text{每股现金股利}\\&=\text{经营活动现金流量净额}/\text{现金股利}\end{aligned} \quad (5.38)$$

该比率越大，说明企业支付现金股利的能力越强。若该比率不高，低于行业平均数，则企业可能没有现金维持当前的股利水平，或者要靠借债才能维持。

注意，仅仅以1年的数据很难说明该指标的好坏，利用5年或者更长时间的平均数计算更能说明问题。

8. 累计超额收益率

某一股票的收益率减去市场收益率得到该股票的超额收益率，将若干个交易日的超额收益率加总得到累计超额收益率。其计算过程如下：

日股票收益率=(当日价格−前一日价格)/前一日价格 (5.39)

日市场收益率=(当日指数−前一日指数)/前一日指数 (5.40)

超额收益率=日股票收益率−日市场收益率 (5.41)

累计超额收益率=计算期内超额收益率的总和 (5.42)

某一股票的价格波动除了受自身因素的影响外，还受到整个股票市场的影响。投资者在判断特定事件对某一股票价格的影响时，不能简单地认为，股价上升就是利好消息，股价下降就是利空消息。特定事件对股价的影响常常会被市场的变动所掩盖，需要把市场的影响去掉，累计超额收益率能够起到这样的作用。累计超额收益率为正，才是利好消息，相反才是利空消息。一个交易日的超额收益率可能是不稳定的，因此需要计算若干个交易日的累计超额收益率。

9. 股利分配率

股利分配率是当年发放股利与当年利润之比，或每股股利除以每股收益，其公式为：

股利分配率=(每股股利/每股收益)×100% (5.43)

一般来说，公司发放股利越多，股利的分配率越高，因而对股东和潜在投资者的吸引力越大，也就越有利于建立良好的公司信誉。一方面，由于投资者对公司的信任，会使公司股票供不应求，从而使公司股票市价上升。公司股票的市价越高，对公司吸引投资、再融资越有利。另一方面，过高的股利分配率政策会使公司的留存收益减少，同时，如果公司要维持高股利分配政策而对外大量举债，则会增加资金成本，最终必定会影响公司的未来收益和股东权益。

股利分配率是股利政策的核心。确定股利分配率，首先要弄清公司在满足未来发展所需的资本支出和营运资本之后，有多少现金可用于发放股利，然后考察公司所能获得的投资项目的效益如何。如果现金充裕，投资项目的效益又很好，则应少发放或不发放股利；如果现金充裕但投资项目效益较差，则应多发放股利。

(五) 成长性分析

成长性比率反映公司的扩展经营能力。成长性指标一般是用本期的数据减去上期的数据，再除以上期的数据。反映成长性的指标有以下几个。

1. 主营业务收入增长率

主营业务收入增长率就是本期的主营业务收入减去上期的主营业务收入之差再除以

上期主营业务收入的比值。其计算公式为：

$$主营业务收入增长率=\frac{(本期主营业务收入-上期主营业务收入)}{上期主营业务收入}\times 100\% \tag{5.44}$$

通常具有成长性的公司多数是主营业务突出、经营比较单一的公司。因此，利用主营业务收入增长率这一指标可以较好地考察公司的成长性。主营业务收入增长率高，表明公司产品的市场需求大，业务扩张能力强。如果一家公司能连续几年保持30%以上的主营业务收入增长率，基本上可以认为这家公司具备成长性。

如果公司的主营业务单一，可以用主营业务收入增长率来衡量公司的产品生命周期，判断公司发展所处的阶段。一般而言，如果主营业务收入增长率超过10%，说明公司产品处于成长期，将继续保持较好的增长势头，尚未面临产品更新的风险，属于成长型公司。如果主营业务收入增长率在5%～10%，说明公司产品已进入稳定期，不久将进入衰退期，需要着手开发新产品。如果该比率低于5%，说明公司产品已进入衰退期，保持市场份额已经很困难，主营业务利润开始滑坡，如果没有已开发好的新产品，将步入衰落期。

2. 主营利润增长率

主营利润增长率就是本期主营业务利润减去上期主营业务利润之差再除以上期主营业务利润的比值。其计算公式为：

$$主营利润增长率=\left[\frac{(本期主营业务利润-上期主营业务利润)}{上期主营业务利润}\right]\times 100\% \tag{5.45}$$

一般而言，主营利润稳定增长且占利润总额的比例呈增长趋势的公司正处在成长期。一些公司尽管利润总额有较大幅度的增加，但主营业务利润却未相应增加，甚至大幅下降，这样的公司质量不高，投资这类公司可能蕴藏着巨大的风险。

3. 净利润增长率

净利润增长率就是本期净利润减去上期净利润之差再除以上期净利润的比值。其计算公式为：

$$净利润增长率=[(本期净利润-上期净利润)/上期净利润]\times 100\% \tag{5.46}$$

净利润是公司经营业绩的最终结果。净利润的增长是公司成长性的基本特征，净利润增幅较大，表明公司经营业绩突出，市场竞争能力强。反之，净利润增幅小甚至出现负增长，也就谈不上公司具有成长性。

四、财务绩效综合评价

前面分别对企业的偿债能力、营运能力、盈利能力等各个方面进行了分析，可以看到，企业的各个方面并不是孤立的，而是相互联系的。因此，我们在进行财务分析时，就不能局限于某一方面。虽然不同的分析主体在分析时有不同的目的，因而会有不同的侧重点，但是如果脱离企业整体，仅仅关注企业的某个方面，是不可能得出全面、客观的结论的。因此，为了全面评价企业的财务状况，分析企业的价值及未来的发展趋势，需要对企业的财务绩效进行综合评价。

（一）财务指标综合评价

财务指标综合评价分析法是利用一系列财务指标及它们之间的相互关系，综合评价公司的财务状况的分析方法。

沃尔评分法是最早的财务指标综合评价分析法。沃尔评分法的发明者是亚历山大·沃尔（Alexander Wole），他在20世纪初出版的《信用晴雨表研究》和《财务报表比率分析》中提出了信用能力指数的概念，把若干个财务比率用线性关系结合起来，以评价企业的信用水平。他选择了7种财务比率，分别给定了其在总体评价中所占的比重，总和为100分，然后确定标准比率，并与实际比率相比较，评出每项指标的得分，最后求出总评分，从而对企业业绩进行评价。

沃尔评分法的基本步骤包括：选择评价指标并分配指标权重；确定各项评价指标的标准值；对各项评价指标计分并计算综合分数；形成评价结果。

原始的沃尔评分法为综合评价企业的财务状况提供了一种非常重要的思路，但是从理论上讲，沃尔评分法存在一个弱点：未能证明为什么要选择这7个指标，也未能证明每个指标所占比重的合理性。这个问题至今仍然没有解决。

沃尔评分法从技术上讲也有一个问题，就是某一个指标严重异常时，会对总评分产生不合逻辑的重大影响。这个毛病是由财务比率与其比重相“乘”引起的。财务比率提高1倍，评分增加100%；而财务比率缩小1倍，其评分只减少50%。

尽管沃尔评分法在理论上还有待证明，在技术上也有待完善，但还是在实践中被普遍应用。耐人寻味的是，很多理论上相当完善的经济计量模型在实践中往往应用并不普遍，但实际使用并行之有效的模型却又在理论上难以解释。这也许就是经济活动复杂性的表现。

（二）经济增加值

经济增加值（Economic Value Added，EVA）是用来度量企业业绩的指标。它衡量了减除资本占用费用后企业经营产生的利润，是企业经营效率和资本使用效率的综合指标。EVA专门从股东的角度定义利润，能够表明企业在一定时期为股东创造了多少价值。EVA不仅可用于企业业绩的度量，也可用于企业内部的部门、产品和员工的业绩考核。

1. EVA与会计收益的区别

会计收益没有考虑公司股本资本的机会成本，从而难以正确反映公司的真实经营业绩；而经营活动现金流量虽然能够正确地反映公司的长期业绩，但却不是衡量公司年度经营业绩的有效指标。EVA指标可以把两方面结合起来，有效地弥补缺陷。

EVA是通过对会计数据进行合理的调整和计算得到的，它基于会计数据，但弥补了会计制度存在的多种弊端和不足，比较准确地解释了公司经营的经济效益。运用EVA指标衡量公司业绩和股东价值是否增加的基本思路是：股东可以自由地将投资于公司的资本变现，并将其投资于其他资产，因此，股东从公司至少应获得其投资的机会成本。这意味着，从经营利润中扣除按权益的经济价值计算的资本机会成本之后，才是股东从经营活动中得到的增值收益。即在 EVA 准则下，投资收益率的高低并非公司经营状况好坏和价值创造能力的评估标准，关键在于投资收益是否超过资本成本。EVA 对于纠正管理者淡化和无视股本融资成本，将股本资本看作一种无成本的资本，不计成本地扩大融资规模，盲目筹资、盲目投资的行为具有特殊的价值。

一个公司的经济增加值是该公司的资本收益与资本成本之间的差额。站在股东的角度，一个公司只有在其资本收益超过为获取该收益所投入的资本的全部成本时才能为公司的股东带来价值。因此，经济增加值越高，说明公司的价值越高，公司的价值越高，股东的回报也就越高，股东的回报越高，公司股票在二级市场上的表现也就越好。

2. EVA 的计算

EVA 等于公司税后净营业利润（Net Operating Profit After Tax，NOPAT）减去资本成本后的余额。资本成本可以理解为公司运用资本的机会成本，应该通过盈利来得到补偿，只有在 EVA 大于 0 的情况下公司才创造了新的价值。因此，EVA 从财务的角度说明了公司新增加的价值。EVA 的计算公式为：

$$EVA = NOPAT - \text{资本} \times \text{资本成本率} \tag{5.47}$$

（1）NOPAT 的计算。

NOPAT 并非会计上的税后净营业利润，由于要衡量的是营业利润，所有与营业无关的收支和非经常性发生的收支应该剔除在外，以保证最终的核算结果真正反映公司的营业状况，因此 NOPAT 是经过调整的税后净营业利润。NOPAT 的计算公式为：

$$\begin{aligned} NOPAT = & \text{主营业务收入} - \text{销售折扣和折让} - \text{税金及附加} - \text{主营业务成本} + \text{其他业务利润} + \text{当年计提或冲销的坏账准备} - \text{管理费用} - \text{销售费用} + \\ & \text{长期应付款、其他长期负债和住房公积金所隐含的利息} + \text{投资收益} - EVA\ \text{税收调整} \end{aligned} \tag{5.48}$$

NOPAT 计算中对利润表的调整：（1）会计准备项目的调整——将会计准备（坏账准备、存货跌价损失准备、短期投资跌价损失准备、长期投资减值准备）冲回，按实际坏账发生额、实际存货跌价损失发生额和实际投资跌价损失发生额计入相应会计期间，并相应进行现金营业所得税和资本的调整。（2）负息债务的利息支出的调整——从净利润中剔除负息债务的利息支出，统一在资本成本中核算，同时对现金营业所得税进行调整。（3）营业外收支的调整——将当期发生的营业外收支（与公司生产经营活动无直接关系的各项收支，主要包括资产处置带来的收益或损失、固定资产的盘盈或盘亏、罚款收入或支出、固定资产减值准备、无形资产减值准备、在建工程减值准备等）从净利润中剔除，并对其进行资本化处理，同时对现金营业所得税进行调整。（4）现金营业所得税——税前净营业利润（NOPBT）乘以公司现行所得税税率计算出的所得税。现金营业所得税＝利润表上的所得税费用＋所得税税率×（财务费用＋长期应付款、其他长期负债和住房公积金所隐含的利息＋营业外支出－营业外收入－补贴收入现金营业所得税）。

（2）资本的计算。

计算 EVA 的资本与资产负债表中的资本不同，其计算公式为：

$$\text{资本}=\text{债务资本}+\text{权益资本}-\text{在建工程}-\text{非营业现金} \tag{5.49}$$

其中，债务资本＝短期借款＋一年内到期的长期借款＋长期负债合计，权益资本＝股东权益合计＋少数股东权益＋坏账准备＋存货跌价准备＋累计税后营业外支出－累计税后营业外收入－累计税后补贴收入。

在计算资本时，需要扣除以下两项资本：（1）无息流动负债。无息流动负债是指公司不负担资本占用费用的流动负债，包括应付账款、应付职工薪酬等。因为公司无须承担这些流动负债的资本成本，所以在计算资本总额时，应该将无息流动负债扣除。（2）无报酬要求资产、非经营性现金。无报酬要求资产主要是指在建工程。在建工程在转为固定资产之前不产生收益，因此没有相关的收益与此资本成本相匹配。非营业现金是公司营业中的现金溢余，这部分现金不创造营业价值。在计算资本总额时，应该将以上两部分资产扣除，不计算它们的资本成本。在实际计算过程中，如果无法区分营业现金和非营业现金，可以把所有现金从资本总额中扣除。此外，非营业现金的相关收益也应从 NOPAT 中扣除。

（3）资本成本率的计算。

资本成本率的计算公式为：

$$\text{资本成本率}=\text{债务资本成本率}\times(\text{债务资本}/\text{总市值})\times(1-\text{所得税税率})+\text{权益资本成本率}\times(\text{权益资本}/\text{总市值}) \tag{5.50}$$

其中，债务资本成本率可采用债权人的预期回报率，如 3～5 年的中长期银行贷款基准利率。权益资本成本率是公司股东的预期回报率，可使用资本资产定价模型计算：

$$\text{权益资本成本率}=\text{无风险收益率}+\beta\times\text{市场风险溢价} \tag{5.51}$$

其中，无风险收益率可采用当前最长期限国债收益率；市场风险溢价＝市场期望收益率－无风险收益率。

3. EVA 的优点和不足

EVA 考虑了权益资本的成本，可以避免高估公司利润，真实反映经理人的管理绩效，EVA 越高，意味着股东财富增加越多。对于经理人而言，主要有四种途径来增加公司的 EVA：（1）提高已有资产的收益，即在不增加资产的条件下，通过降低成本、降低纳税来提高资产的使用效率。（2）在收益高于资本成本的条件下，增加投资，扩大公司规模。（3）减少收益低于资本成本的资产占用。（4）调整公司资本结构，实现资本成本的最小化。

EVA 不仅可以用于业绩评价，而且可以用于资本预算、收购定价、员工激励等方面。通过将所有的财务和经营功能建立在同一基础上，EVA 有利于公司管理体系的统一和协调。EVA 与基于利润的公司业绩评价指标的最大区别在于它将权益资本成本也计入资本成本，从而能够更准确地评价公司或部门的经营业绩，并反映公司或部门的资产运作效率。对于证券分析人员和投资者来说，EVA 是对公司基本面进行定量分析，评估业绩水平和公司价值的重要依据。

当然，EVA 也有不足之处。EVA 是一个绝对值，不适合用于不同规模的公司之间业绩的比较。不是只要创造 EVA 就要进行奖励，这里仍然存在一个奖励标准的确定问题。尽管 EVA 对会计处理方法进行了必要的调整，经理人员仍然可以通过推迟费用的确认、提前确认收入的实现、降低一些必要支出等方法来包装经营业绩。另外，利用 EVA 很难评价研究与开发、培训等部门的业绩。

（三）市场增加值

EVA 是一种从基本面来评价公司所创造价值的指标，可以衡量在一段时间内公司为股东创造财富的状况。对于上市公司，市场可以通过股票价格对其进行评价，为此，美国学者 Stewart 又设计了市场增加值（Market Value Added，MVA）。

1. MVA 的计算

MVA 是公司变现价值与累计资本投入之间的差额，反映了资本市场对公司未来盈利能力的预期，它相当于未来 EVA 的现值。其计算公式为：

$$MVA = 市值 - 资本 \tag{5.52}$$

式中：市值＝股票价格×股票数量＋债务资本市值；资本＝权益资本账面价值＋债务资本账面价值。

2. MVA 的优点和局限性

MVA 是市场对公司未来获取经济增加值能力的预期反映。从理论上看，市场增加值是评价公司创造财富的准确方法，它胜过其他任何方法。因为它就是一个公司增加或减少股东财富的累积总量，是从外部评价公司管理业绩的最好方法。越是有效的证券市场，公司内在价值和市场价值越吻合，MVA 越能反映公司现在和未来获取经济增加值的能力。市场增加值可以反映公司的风险，因为市值既包含了投资者对公司业绩的评价，也包含了他们对风险的判断。因此，市场增加值是创造财富的最终目标，具有较强的可比性。

MVA 反映的是市场价值，是市场对管理人员使用稀缺资源效率的评价，克服了内部人对自身业绩评价的缺陷。MVA 不仅反映了公司开办以来管理者为投资者所创造的增值额，更体现了市场对公司长期业绩的预测和评价。显然，如果将管理者的收入与 MVA 挂钩，将有助于公司股票价值的增加，有利于股东财富的最大化。MVA 可以减轻管理者不愿投资的倾向。在发达的资本市场上，公司市场价值的变化不一定要等到收益实现时才获得市场的认可，关键是管理者采取的发展战略。如果管理者的决策得到市场的认可，同样会使股价得到提高，即使 MVA 没有增加，投资者也可以获得股票的转让收益。实际上真正的价值创造来源于制定出正确的发展战略和使用正确的流程和体系，资本结构仅仅是第二位的东西。

MVA 在使用过程中也有一定的局限性。股票市场是否能真正评价公司的价值，一直是一个令人怀疑的问题，特别是在新兴股票市场上，投机性严重，股票价格严重偏离股票的实际价值，炒作时有些股价严重偏高，有些股票却被严重低估，因此使用 MVA 来评价公司价值的准确度被一些人怀疑。另外，只有公司上市之后才会有比较公平的市场价格，才能计算它的市场增加值。非上市公司的市价估计往往是不可靠的。即使是上市公司也只能计算它的整体市场增加值，对于下属部门和单位无法计算其市场增加值，也就不能用于内部业绩评价。

3. EVA 与 MVA 的相互关系

通过上面的分析我们知道，EVA 并不是一无是处，MVA 也并不是完美无缺，我们甚至可以得出这样一个结论：EVA 作用的充分发挥有赖于 MVA 的实施。这种依赖主要体现在市场价值的应用和 MVA 的基础作用上。因为投资者投资到该公司的资本的实际价值是当时的市场价值而不是经济价值，所以市场价值指标比 EVA 的计算更具有重要意义。同时从根源上说，MVA 是产生 EVA 的基础，公司每年创造的 EVA 都是在去年 MVA 的基础上进行的，如果没有以前财富的积累，就没有以后 EVA 的创造，更没有未来 EVA 的增加。

MVA 是一个以市场价值为基础的考核指标，可以直接视为公司给股东带来的收益，已成为国际上衡量公司价值变化的通用标准。通过最大化 MVA，公司的管理层可达到最大化股东财富的目的；而投资者及作为投资者代表的董事也可依据 MVA 来衡量管理绩效。MVA 也存在这样或那样的缺点，如公司规模的不同会影响公司之间的可对比性，MVA 的最大化并不表明公司价值的最大化。因为它是公司价值和投入资本的差额。但这都不是主要问题，现在要解决的关键问题是市场价值的确定，特别是非上市公司。

市场价值不仅对计算 MVA 非常重要，也是计算 EVA 的重要基础。随着资本市场的完善，确定市场价值这个问题正在逐步得到解决，如美国每年都公布上市公司的市值。由于我国资本市场正处于完善过程中，股权结构尚存在很大缺陷，具体运用 MVA 还需时日。

（四）托宾 Q 比率

托宾 Q 比率（Tobin Q Ratio）是以经济学家托宾（James Tobin）的姓名命名的，托宾是耶鲁大学（Yale University）的金融教授、1981 年诺贝尔经济学奖得主。托宾认为，如果资本是完全耐用的，即资本折旧率为 0，企业的投资水平将取决于新增资本的市场价值与重置成本之间的比例。托宾用 Q 来表示这个比例，如下式所示：

$$\text{企业市值}=\text{资产重置成本}+\text{增长机会价值}=Q\times\text{资产重置成本} \tag{5.53}$$

$$Q=\text{企业市值}/\text{资产重置成本} \tag{5.54}$$

Q 的经济含义非常直观：如果 $Q>1$，企业价值高于重置成本，相对企业市值而言，新的厂房和设备比较便宜，企业愿意通过购买资产来扩大投资；如果 $Q<1$，企业与其投资购买设备和创建新销售渠道，不如在市场上收购现有企业进行扩张，这就是成功的并购者常常在经济低潮时进行并购的原因；如果 $Q=1$，企业应当保持原有的资本存量。

托宾估值理论侧重于从多层面和动态角度对企业进行估值，能够较全面地反映企业潜在的价值水平，在新兴市场历史走势的实证分析中有较强的理论说服力，对指导A股市场IPO和二级市场运行具有较强的理论价值。它是衡量投资者对一家企业管理层信心的极好指标。Q 比率高表明投资者相信企业将迅速成长，Q 比率低意味着投资者对企业没有信心。通过这个衡量价值的指标，研究人员发现：平均而言，业务高度多元化的企业，其 Q 比率低于业务更专一的企业，这种倾向被称为“多元化的劣势(Diversification Discount)”。

Q 比率已成为经济学家观察实体经济与虚拟经济关系的一个重要视角。然而，关于这一指标的经验结果一般却是令人失望的（奇林科，2000）。尽管如此，由于 Q 比率背后无可辩驳的逻辑，经济学家们通常并不怀疑这一指标的有效性。关于 Q 比率的有效性问题，至少有以下三个理由：（1）可能涉及错误的衡量和测算，尤其是对重置成本的衡量。因为企业的重置与一项资产的重置具有明显的区别，完全有可能因为企业家能力供给不足而导致这一市场套利行为难以达到理想的状态。（2）因为资本市场具有精良的组织和很高的技术效率，从而使得资本市场对企业的估价灵敏又易变，因此，在资本市场上，市场估价与资产重置成本之间的差异及其持续时间有可能大于或长于普通的资产市场。（3）涉及市场的调整成本问题。从理论上说，市场可以进行快速调整，甚至可以设想瞬时调整，但现实中，对企业重置的调整成本显然是偏高的，因而也是缓慢的。由于调整周期较长，相对于资本市场价格的变动，通常会出现矫枉过正的现象，这也正是资本市场波动性的一个来源。

开心果：科学家与硬币

一位物理学家、一位化学家和一位数学家一起在夜晚散步。突然，他们注意到一盏路灯下有一枚硬币。

物理学家说：“让我们用物理的方法来分析这个问题。我们可以计算硬币的重量、质量和它掉落的轨迹。”

化学家接着说：“不，我们应该用化学的方法。我们可以分析硬币的成分，看看它是由什么金属制成的。”

数学家则说：“别麻烦了，我有一个更简单的方法：假设硬币不存在。”

讨论： 如果是你，你打算从哪个角度来分析硬币？对于一个公司是否值得投资，你认为应该从哪些方面进行分析才有意义？

五、财务报告分析应注意的问题

（一）财务报告的真实性、完整性和客观性

财务报告的真实性是指财务报告是否有虚假信息。上市公司为获得特殊的利益，通常采用七种方法欺骗投资者：虚增利润；账面资产与实际资产价格严重背离；管理层对公司经营情况的讨论与分析不够中肯，往往对公司的前景预测乐观，隐瞒公司发展的重大隐患；扭曲公司募集资金的使用状况，或虚报募集资金投资回报；利用有失公允的关联交易粉饰报表；注册会计师对存在虚假记载的定期报告出具“标准无保留意见”；利

用八项计提调节报告期间的利润，隐瞒客观真实的利润状况。

财务报告的完整性是指财务报告是否有重大遗漏。只要上市公司在披露信息时有重大遗漏，即使已披露的各个信息具有个别的真实性，也会造成整体的虚假性。信息披露的完整性不足主要表现在以下几个方面：隐瞒大股东占用、挪用上市公司资金；隐瞒对大股东的贷款担保；以保护商业秘密为借口，隐瞒公司投资项目亏损、失败的情况；隐瞒对公司不利的重大诉讼、行政处罚、重大损失等。

财务报告的客观性是指财务报告是否准确地反映实际情况。财务报表的编制合乎规范，但不一定反映该公司的客观实际。例如：报表数据未按通货膨胀或物价水平调整；非流动资产余额，按历史成本计提折旧或摊销计算，不代表现行成本或变现价值；许多项目（如研发支出、广告支出），理论上是资本支出，但发生时已列作当期费用；有些数据（如无形资产摊销、开办费摊销）基本上是估计的，估计未必正确；发生非常或偶然事项（如财产盘盈或坏账损失），可能歪曲本期净收益。

这里要特别提一下盈余管理。盈余管理是指公司在有选择会计政策和变更会计估计的自由时，选择有利于自身效用最大化或是公司市场价值最大化的会计政策。盈余管理行为可分为两类：一类是合理的盈余管理行为，它是指公司管理者在一般会计原则允许的范围内，通过会计政策的选择等获取合理利益的理性行为；另一类是投机性的盈余管理行为，误导会计信息使用者对公司经营状况的判断，这种盈余管理行为更多的是过度利用会计准则与制度规定，钻法规空子的一种投机行为，是不值得提倡的。

盈余管理的手段主要有以下三种：(1) 利用会计准则允许的变通。现行会计是以权责发生制为基础的，这就产生了很多待摊项目和应计项目，公司可以通过提前确认收入和递延确认费用来调高利润，也可以采用相反的方法来调低利润。会计准则存在多种备选方案，管理人员可根据自己的利益来进行选择，如存货可用先进先出法、加权平均法等，不同方法计算出的会计盈余是不一样的。(2) 利用对公司生产经营活动的调节。这是一种非会计的盈余管理方法。比如公司为了提高报告收益，可以推迟固定资产的购入以减少折旧费用，或在年终时大量赊销以增加应计收入。这种做法会对收益的真实性产生一定的影响，从而不利于报表使用者作出正确的决策。(3) 利用关联交易。关联方之间由于存在控制关系，往往不以公平价格进行交易，这也为盈余管理提供了一种有效的手段，这在我国的上市公司与其母公司或子公司的交易中表现尤为明显。有时公司通过秘密控制某个公司进行关联交易，但该公司在法律形式上并不具备成为其子公司的条件，因而不必纳入合并报表，此时隐蔽性就更强。

对财务报告进行真实性、完整性和客观性分析时，要充分考虑注册会计师发表的审计意见。注册会计师按独立审计准则提供的审计报告，已替投资者就年报中财务报告的质量作出了专业的评判。会计师提出的审计意见有四种，即：无保留意见、保留意见、否定意见、拒绝表示意见，其中无保留意见又分为标准无保留意见和带说明段的无保留意见。投资者在看财务报告之前要特别重视对审计报告的分析，特别是非标准无保留意见的审计报告。审计报告中的意见类型有助于投资者鉴别财务报告中的数据、指标是否真实、可信。

案例分析

财务造假——华道生物

华道生物曾因财务造假行为受到了中国证监会的严厉处罚。这家生物制药企业在2019年至2021年累计虚增销售收入超过8 000万元，虚增利润约3 776万元。这种财务造假行为不仅严重违反了财务报告准则，还损害了广大投资者的利益。

证监会对此进行了深入调查，并依法对华道生物及其相关责任人员进行了处罚，罚款金额高达1 150万元。这一处罚体现了监管部门对财务造假行为的零容忍态度，以及维护市场秩序和保护投资者合法权益的坚定决心。

在华道生物的案例中，我们可以看到财务造假行为的严重性和危害性。它不仅会导致企业的财务报表失真，影响投资者的决策，还可能引发一系列连锁反应，如偷漏税、违规贷款、国有资产流失等。更为严重的是，这种行为还可能破坏资本市场的公平性和透明度，损害整个市场的健康发展。

因此，我们应该加强对企业财务行为的监管和约束，建立健全财务制度和内部控制机制，确保企业的财务报表真实、准确、完整。同时，对于发现的财务造假行为，应该依法严惩，以儆效尤。

思考题：如何识别财务造假？

（二）会计处理方法的变化

对同一会计事项的账务处理，会计准则允许使用几种不同的规则和程序，公司可以自行选择。虽然财务报表附注对会计政策的选择有一定的表述，但报表使用人未必能完成可比性的调整工作。例如，成本费用分摊、投资性房地产的后续计量、无形资产的摊销和银行的拨备制度等。

在公司成本计算中，制造费用与非制造费用之间的划分、各期制造费用的划分、各种产品对共同消耗制造费用的划分以及各种产品完工产品成本与期末在产品制造费用的划分等方面均具有较强的主观性。公司对产品制造成本计算方法的不同选择，对公司的利润构成有一定的影响。公司的管理费用、销售费用的使用对象也不是很明确，有很多共同分摊的地方，对这些费用的分摊标准不同，对公司的利润也有影响。在公司资产中，长期待摊费用是一项非营利性的资产。长期待摊费用的收益期限以及一项长期待摊费用是否使以后各期获得收益需要由公司会计人员进行估计，由此导致摊销额度不同，以及公司财务成果弹性化。

（三）财务指标的可比性

在比较分析时，要注意财务指标的可比性。可比性原则要求公司的会计核算应当按照规定的会计处理方法进行，会计指标应当口径一致、相互可比。会计处理方法的统一是保证会计信息可比性的基础，不同的公司可能处于不同行业、不同地区，经济业务发生于不同时点，为了保证会计信息能够满足决策的需要，便于比较不同公司的财务状况、经营成果和现金流量，公司的会计核算方法要前后各期保持一致，不得随意变更。

如果变更，应当将变更的内容和理由、变更的累积影响数或者累积影响数不能合理确定的理由等，在会计报表附注中予以说明。

除了注意会计处理方法的一致性之外，还要分析公司内部个别因素的影响。比如，一家公司的业务由批发转为零售，那么其应收账款就会下降，因为批发业务中赊销的比例会比较大，而零售业务中现销的比例会比较大，在进行财务分析中，就要注意这个影响因素，而不能单纯地从应收账款下降就得出其资产管理能力上升的结论。又比如，某公司本年度后期进行增资扩股，就会使本公司的资产净利率、净资产收益率指标下降，但这并不表示公司经营真正滑坡，而只是由资本变动而非经营带来的。所以在对公司进行财务分析时，要考虑公司自身经营管理的变化，不能简单地与同行业直接比较。

在考虑公司个别因素影响的同时，还不能忽视行业背景、宏观经济等外部因素。比如，在分析某一家有色金属上市公司 2023 年度的财务报告时，发现其业绩大幅度增长，不能简单地得出公司经营管理能力大幅提高的结论。如果与同行业的公司进行比较，发现整个行业的业绩普遍提高，那么该公司业绩的增长主要不是由于公司内部因素的变化，而很可能是由于有色金属价格的大幅度上升。因此，投资者在进行分析时，必须注意财务指标的历史可比性。

（四）重视经营状况的分析

投资者除了对公司的财务、会计信息进行分析之外，还要重视对公司经营状况的分析。投资者可以从上市公司年报的“管理层讨论与分析”中获得需要的信息。“管理层讨论与分析”是上市公司财务报告的重要组成部分，它通过对公司财务报表的相关财务数据的文字解读，对公司经营中固有的风险和不确定性的提示，向投资者揭示公司管理层对于公司过去（报告期内及临近期间）经营状况的评价分析以及对公司未来发展趋势和发展前景的前瞻性判断和预期。

中国证监会发布的《公开发行证券的公司信息披露内容与格式准则第 2 号——年度报告的内容与格式（2012 年修订）》要求公司“管理层讨论与分析”的披露内容分两个部分进行讨论与分析，即对报告期内经营情况进行回顾和对未来发展进行展望。报告期内经营情况的回顾应当从公司外部环境和所处行业的现状、主营业务及经营状况、公司资产和利润构成变动情况、现金流量情况、非财务信息的揭示、主要控股和参股公司的经营情况等方面进行分析。公司未来发展的展望应当从所处行业发展趋势、公司未来发展机遇、发展战略和经营计划、资金需求和使用计划、公司面临的风险因素等方面进行分析。

“管理层讨论与分析”将有效地帮助投资者更好地理解上市公司的历史及发展前景。财务报告反映的主要是历史信息，而决定股票价值的主要是公司未来的发展预期，而且目前上市公司提供的三张报表主要反映的是定量信息，“管理层讨论与分析”能够提供定性信息，且由上市公司自己来判断，既有其便利之处，也是对公司诚信的考验。这些定性信息包括行业分析、风险分析、战略规划等，能够帮助投资者判断公司未来发展态势。

显然，“管理层讨论与分析”通过将散布在年报各章节中的主要内容综合起来，站在管理层的角度，为投资者展示了一个立体、丰满的公司动态形象，使投资者有机会了解公司的经济实质。这也如同借给投资者的一双“慧眼”，通过这双“慧眼”，投资者可以了解管理层对重大历史事项的理解、对重大风险的评价以及对未来重大事项的预测。

同步检测（单项选择题）

1. 关于流动比率，以下表述正确的是（　　）。

A. 有了速动比率，就没有必要再看流动比率了

B. 流动比率越高越好

C. 企业的流动比率反映了流动资产与流动负债的对比程度

D. 流动比率高的企业肯定不会陷入流动性危机

2. 以下关于市盈率的表述，错误的有（　　）。

A. 市盈率是指普通股每股市价除以每股收益的倍数

B. 投资者应该投资市盈率高的上市公司

C. 市盈率反映投资者对每元净利润所愿支付的股票价格，相当于净收益的倍数

D. 市盈率可以用来估计股票的投资报酬和风险

3. 关于财务报告分析应注意的问题，下列说法错误的是（　　）。

A. 财务报告分析难以揭示企业经营存在的问题

B. 投资者除了对公司的财务、会计信息进行分析之外，还要重视对公司经营状况的分析

C. 在比较分析时，要注意财务指标的可比性

D. 对财务报告进行真实性、完整性和客观性分析时，要充分考虑注册会计师发表的审计意见

任务三 公司重大事项分析

某些重大事项会对公司的经营业绩和经营状况产生重大影响，需要专门进行分析。

一、利润分配

公司的利润分配有广义和狭义两种。广义的利润分配是指对公司收入和利润进行分配的过程；狭义的利润分配则是指对公司净利润的分配。这里讲的利润分配是指狭义的利润分配，是指股利分配率的高低和股利分配的形式，也就是股利政策。股利分配在公司理财决策中占有重要地位。因为股利的发放既关系到公司股东的经济利益，又关系到公司的未来发展。通常较高的股利，一方面可使股东获取可观的投资收益，另一方面还会引起公司股价上涨，从而使股东除股利收入外还获得了资本利得。但是过高的股利必将使公司留存收益大量减少，可能影响公司未来发展，进而降低股东权益，而较低的股

利，虽然使公司有较多的发展资金，但与公司股东的愿望相背离，股票市价可能下降，公司形象将受到损害。因此，对公司管理层而言，如何均衡股利发放与公司的未来发展的关系，便成为公司经营管理层孜孜以求的目标。

（一）股利分配的类型

从股利分配数量的角度，股利分配可分为以下几种类型。

1. 剩余股利政策

剩余股利政策主张，公司未来有良好的投资机会时，根据公司设定的最佳资本结构，确定未来投资所需的权益资金，先最大限度地使用利润来满足投资方案所需的权益资本，然后将剩余部分作为股利发放给股东。

剩余股利政策的优点是：可以最大限度地满足公司对再投资的权益资金需要，保持理想的资本结构，并能使综合资本成本最低；它的缺点是：忽略了不同股东对资本利得与股利的偏好，损害了那些偏好现金股利的股东的利益，从而有可能影响股东对公司的信心。此外，公司采用剩余股利政策是以投资能够获得未来收益为前提的，由于公司管理层与股东之间存在信息不对称，股东不一定了解公司投资未来收益水平，因而也会影响股东对公司的信心。

2. 固定股利政策

固定股利政策的基本特征是，不论经济情况如何，也不论公司经营好坏，不降低股利的发放额，将公司每年的每股股利支付额稳定在某一特定水平上保持不变，只有公司管理者认为公司的盈利确已增加，而且未来的盈利足以支付更多的股利时，公司才会提高每股股利支付额。

固定股利政策的实行比较广泛。如果公司的盈利下降，而股利并未减少，那么，投资者会认为公司未来的经济情况会有好转。因此，一般的投资者都比较喜欢投资于实行稳定的股利支付政策的公司。稳定的股利政策有助于消除投资者心中的不确定感，那些期望每期有固定数额收入的投资者，则更喜欢比较稳定的股利政策。因此，许多公司都在努力维持其股利的稳定性。固定股利政策的缺点主要在于，股利的支付与盈利相脱节，当盈利较低时仍要支付固定股利，这可能会出现资金短缺、财务状况恶化，影响公司的长远发展。这种股利政策适用于盈利稳定或处于成长期的公司。

3. 固定股利支付率政策

固定股利支付率政策，是将每年盈利的某一固定百分比作为股利分配给股东。实行这一政策的公司认为，只有维持固定股利支付率，才能使股利与公司盈利紧密结合，体现多盈多分、少盈少分、不盈不分的原则，这样才算真正做到公平对待每一位股东。这一政策的问题在于，如果公司的各年盈利波动不定，则其股利也随之波动。由于股利随盈利而波动，会影响股东对公司未来经营的信心，不利于公司股价的稳定与上涨。

4. 正常股利加额外股利政策

正常股利加额外股利政策是介于固定股利与固定股利支付率之间的一种股利政策。其特征是：公司一般每年都支付较低的固定股利，当盈利增长较多时，再根据实际情况加付额外股利。即当公司盈余较低或现金投资较多时，可维持较低的固定股利，而当公司盈利有较大幅度增加时，则加付额外股利。这种政策既能保证股利的稳定性，使依靠股利度日的股东有比较稳定的收入，从而吸引住这部分股东，又能做到使股利和盈利有较好的配合，使公司具有较大的灵活性。这种股利政策适用于盈利与现金流量波动不够稳定的公司。

（二）股利的形式

公司可以多种形式发放股利，一般有现金股利、股票股利、财产股利和债权股利等，最常见的是现金股利和股票股利。我国上市公司的股利分配只有现金股利和股票股利两种形式。

1. 现金股利

现金股利是指公司以现金的方式向股东支付股利，也称红利。现金股利是公司最常见、最易被投资者接受的股利支付方式。公司支付现金股利，除了要有累计的未分配利润外，还要有足够的现金。因此，公司在支付现金前，必须做好财务上的安排，以便有充足的现金支付股利。因为，公司一旦向股东宣告发放股利，就对股东承担了支付的责任，必须如期履约，否则将承担违约责任并影响公司信誉。

2. 股票股利

股票股利是指应分给股东的股利以额外增发股票形式来发放。以股票作为股利，一般都是按在册股东持有股份的一定比例来发放，对于不满一股的股利仍采用现金发放。股票股利最大的优点就是节约现金支出，因而常被现金短缺的公司所采用。

发放股票股利时，在公司账面上，只需在减少未分配利润项目金额的同时，增加股本项目金额，并通过中央清算登记系统增加股东持股数量。显然，发放股票股利是一种增资行为，需经股东大会同意，并按法定程序办理增资手续。但发放股票股利与其他增资行为不同的是，它不增加股东财富，公司的财产价值和股东的股权结构也不会改变，改变的只是股东权益内部各项目的金额。

尽管股票股利不直接增加股东的财富，也不增加公司的价值，但对股东和公司都有好处。对股东的意义在于：如果公司在发放股票股利后同时发放现金股利，股东会因为持股数的增加而得到更多的现金；有时公司发行股票股利后，股价并不会同比例下降，这样便增加了股东的财富。因为股票股利通常为成长中的公司所采用，投资者可能会认为，公司的盈余将会有大幅度增长，并能抵消增发股票所带来的消极影响，从而使股价稳定不变或略有上升；在股东需要现金时，可以将分得的股票股利出售，从中获得纳税上的好处。

发放股票股利对公司的意义在于能达到节约现金的目的，并扩大股本。公司采用股票股利或股票股利与现金股利相互配合的政策，既能使股东满意，又能使公司留存一定现金，便于进行再投资，有利于公司长期发展；在盈余和现金股利不变的情况下，发放股票股利可以降低每股价值，从而吸引更多的投资者。

（三）影响股利政策的因素

一般认为，公司股利政策的影响因素主要有制度因素、公司因素、股东意愿等几个方面。

1. 制度因素

为了保护债权人和投资者的利益，有关法律、法规对公司的股利分配有如下的限制：(1) 资本保全限制，公司不能用资本发放股利。(2) 公司积累限制，公司必须按税后利润的一定比例和基数提取法定公积金，公司出现亏损时，一般不得给投资者分配股利。(3) 偿债能力限制，如果公司已经无力偿付到期债务或因支付股利将使其失去偿债能力，则公司不能支付现金股利。

2. 公司因素

公司资金的灵活周转，是公司生产经营得以正常进行的必要条件，因此公司长期发展和短期经营活动对现金的需求便成为股利政策的最重要限制因素。具体的相关因素主要有：(1) 公司现金股利的分配，应以一定的资产流动性为前提。公司资产的流动性越好，说明其变现能力越强，股利支付能力也就越强。高速成长的盈利性公司，其资产可能缺乏流动性，因为它们的大部分资金投资在固定资产和永久性流动资产上，这类公司当期利润虽然多但资产变现能力差，公司的股利支付能力就会削弱。(2) 有着良好投资机会的公司需要有强大的资金支持，因而往往倾向于少发放现金股利，将大部分盈余留存下来进行再投资；缺乏良好投资机会的公司，保留大量盈余的结果必然是大量资金闲置，于是倾向于支付较高的现金股利。所以，处于成长中的公司，因具有较多的良好投资机会而倾向于采取低股利政策，许多处于经营收缩期的公司，则因缺少良好的投资机会而倾向于采取高股利政策。(3) 如果公司规模大、经营好、利润丰厚，其筹资能力一般很强，那么在决定股利支付数额时，有较大选择余地。但对那些规模小、新创办、风险大的公司，其筹资能力有限，这类公司应尽量减少现金股利支付，而将利润更多地留存在公司，作为内部筹资来源。(4) 盈利相对稳定的公司，有可能支付较高股利，而盈利不稳定的公司，一般采用低股利政策。这是因为，对于盈利不稳定的公司，低股利政策可以减少因盈利下降而造成的股利无法支付、公司形象受损、股价急剧下降的风险，还可以将更多的盈利用于再投资，以提高公司的权益资本比重，减少财务风险。(5) 留存利润是公司内部筹资的一种重要方式，同发行新股或举借债务相比，不但筹资成本较低，而且具有很强的隐蔽性。公司如果一方面大量发放股利，而另一方面又以支付高额成本为代价筹集资金，那么这种做法是不明智的，并且有损股东利益。因此，从资本成本考虑，如果公司拟扩大规模，需要增加权益资本，不妨采取低股利政策。

我国上市公司股利低分配或不分配的现象比较普遍，并热衷于从股票市场“圈钱”，在现金股利与股票股利之间比较倾向于股票股利，因为用股票分配股利上市公司无须支付现金，当然用股票分配股利上市公司会因业绩被稀释而有压力感。个别情况下，上市公司高比例分配现金股利，此时可能大股东的持股比例特别高；或者高比例分配股票股利，此时，可能公司股票的市价近期有显著的上升或者公司希望通过扩大总股本来提高股票融资的能力。

3. 股东意愿

股东在避税、规避风险、稳定收入和股份稀释等方面的意愿，也会对公司的股利政策产生影响，具体包括：(1) 股利政策受到股利所得税的影响。在我国，取得现金股利和股票股利收入一般都需要缴纳所得税，而取得股票投资的资本利得不需缴纳所得税。因此，低股利支付政策，可以给股东带来更多的资本利得收入，达到避税目的。（2）“两鸟在林不如一鸟在手”，在一部分投资者看来，股利的风险小于资本利得的风险，当期股利的支付解除了投资者心中的不确定性。因此，他们往往会要求公司支付较多的股利，从而减少股东投资风险。（3）公司必须认识到高股利支付率会导致现有股东股权和盈利的稀释，如果公司支付大量现金股利，然后再发行新的普通股以融通所需资金，现有股东的控制权就有可能被稀释。另外，随着新普通股的发行，流通在外的普通股股数增加，最终将导致普通股的每股盈利下降。（4）如果一个公司拥有很大比例的富有股东，这些股东多半不会依赖公司发放的现金股利维持生活，他们对定期支付现金股利的要求不会显得十分迫切。相反，如果一个公司绝大部分股东属于低收入阶层以及养老基金等机构投资者，这些投资者需要公司发放的现金股利来维持生活或用于发放养老金等，那么，这部分股东特别关注现金股利，尤其是稳定的现金股利发放。

我国股票市场的投资者，包括机构投资者，偏向于短线的投资，希望上市公司能够多分配股利。在股价比较高时，投资者希望上市公司用股票分配股利；在股价比较低时，投资者希望上市公司用现金分配股利。证监会出于保护投资者利益的考虑，对上市公司的现金股利分配有强制性的规定。

4. 其他因素

影响股利政策的其他因素主要包括债务合同约束、机构投资者的要求以及因通货膨胀带来的公司对重置实物资产的特殊考虑等，具体包括：（1）公司的债务合同特别是长期债务合同，往往有限制公司现金股利支付的条款，这使得公司只能采用低股利政策。（2）养老基金、储蓄银行、信托基金、保险公司等机构投资者对投资股票种类的选择，往往与股利特别是稳定股利的支付有关。如果某种股票连续几年不支付股利或所支付的股利金额起伏较大，则该股票一般不能成为机构投资者的投资对象。因此，如果某公司想吸引更多的机构投资者，则应采用较高而且稳定的股利政策。（3）在存在通货膨胀的情况下，公司固定资产的购买力水平会下降，导致没有足够的资金来源重置固定资产。这时较多的留存利润就会被当作弥补固定资产购买力水平下降的资金来源，因此，在通货膨胀时期，公司股利政策往往偏紧。

二、投资项目

投资是上市公司的一种资本经营行为，良好的投资项目会给上市公司带来新的利润增长点和经营创新点。新上市的公司和新近配股的公司，一般都拥有较大数额的资金，因此选择什么投资项目，不仅影响公司的资金使用效益，也涉及每股的利润水平。

上市公司在作出重大投资决策以后，一般都会公开其信息，并配以专门的分析报告，以供投资者参考。上市公司发行股票融资，在招股说明书上会说明募集资金的用途，列出具体的投资项目以及投资项目的一些财务指标，包括投资回收期、投资报酬率、内部收益率等。上市公司为了顺利地通过证监会的审批，以及建立比较好的市场形象，进而顺利地完成融资，会把投资项目的财务评估指标都做得比较漂亮。因此，对于募集资金的这些投资项目，我们要重视它、分析它，并要独立判断其可信度。

在对公司的投资项目进行分析时，对于一般投资者而言，可以着重考虑以下几个问题：（1）投资项目与公司目前产品的关联度，体现了公司实行何种经营战略，例如，是进一步扩大生产规模，降低生产成本，还是进行技术创新，提高产品竞争力，是延长产品线，向上游或下游延伸，还是进行产业转移，逐步从现有的处于衰退的产业中退出，进入新的产业。同时，投资者还应注意分析这种经营战略与公司的市场地位是否吻合。

（2）如果投资项目是一种全新的产品，投资者就必须对这种产品的市场前景进行分析，这种分析可以从产品的技术含量、进入壁垒等方面出发，进行大致的估计。

（3）分析投资项目在其建设期和回收期的现金流量状况，并了解该项目投资的回收期、会计收益率等。就投资分析来说，投资收益率是一个很重要的参考分析数值，此外，投资的产出和收益时间相当重要，投资者虽不都是急功近利者，但盼望投资回收期短一些也是一种正常的心态。所以，收益好、周期短的投资项目很受市场的欢迎。

三、资产重组

资产重组是指企业资产的拥有者、控制者与企业外部的经济主体进行的，对企业资产的分布状态进行重新组合、调整、配置的过程，或对设在企业资产上的权利进行重新配置的过程。资产重组一般可分为两种情况：一种不会发生股权的变动，是投资主体在自己所属的公司内部或者公司之间所进行的资产重组；另一种会发生股权的变动，是投资主体在所属公司外部之间或者在投资主体之间所进行的资产重组，是资产和股权的交互重组。上市公司的资产重组主要有股权转让、兼并收购、资产置换、资产剥离等方式。

（一）资产重组的类型

证券分析师更关注资本市场上的公司扩张、公司调整、公司所有权和控制权转移这三大类既不相同但又相互关联的资产重组行为。在具体实践中，这三类不同的重组行为基于不同的重组目的，组合成不同的重组方式。有些重组是原大股东进行的，有些则是控制权发生变更后新的大股东进行的，新的大股东被称为重组方。

1. 扩张型重组

扩张型重组主要有购买资产、收购公司、收购股份、合资或联营组建子公司和公司合并这几种方式。购买资产是指购买房地产、债券、业务部门、生产线、商标等有形或无形的资产，其特点是收购方不必承担与该部分资产有关联的债务和义务。收购公司是指获取目标公司全部（大部分）股权使其成为全资子公司，或取得绝对或相对控股地位的重组行为。收购公司是所有因契约而产生的权利和义务的转让，因此不仅可获得目标公司某些专有权利，更能快速获得公司特有组织资本产生的核心能力。收购股份是指获取参股地位而非控制权的股权收购行为，通常是试探性多元化经营的开始和策略性投资，或是为强化与上下游公司间的协作关联。合资或联营组建子公司是合作战略最基本的手段，适合缺少某些特定能力或资源的公司，可以将公司与具有互补技能和资源的公司联系起来获取共同竞争优势。公司合并是指通过吸收合并、新设合并使两家以上的公司结合成一家公司，原有公司的资产、负债、权利和义务由新设或存续公司承继。

2. 调整型重组

调整型重组主要有股权置换、股权资产置换、资产置换、资产出售或剥离、公司分立和资产配负债剥离这几种方式。股权置换的目的是引入战略投资者或合作伙伴，实现公司控股股东与战略伙伴间交叉持股，建立利益关联。股权资产置换是指由公司原股东以出让部分股权（或增发新股）为代价，使公司获得其他公司或股东的优质资产，其最大优点是公司不用支付现金便可获得优质资产。股权置换和股权资产置换不改变控制权。资产置换是为使资产处于最佳配置状态或出于其他目的对资产进行交换，获得与自己核心能力相协调、相匹配的资产，资产置换不改变公司资产规模。资产出售或剥离是公司将拥有的某些资产出售给其他市场主体，某种意义上资产剥离只是公司资产形式的转化，从实物资产转化到货币资产。公司分立是指并股、拆股，其结果是母公司以子公司股权向母公司股东回购母公司股份，子公司成为由母公司原股东控股的与母公司没有关联的独立公司。资产配负债剥离是将公司资产配上等额负债一并剥离出公司母体，接受主体一般为其控股母公司。资产配负债剥离能甩掉劣质资产，同时能迅速减小公司总资产规模，降低负债率，公司净资产不会发生改变。资产出售或剥离、公司分立和资产配负债剥离会使公司的规模缩小。

3. 控制权变更型重组

控制权变更有时是资产重组的前提。控制权变更型重组主要有股权无偿划拨、股权协议转让、公司股权托管与公司托管、表决权信托与委托书、股份回购和交叉控股这几种。股权无偿划拨是指国有股无偿划拨，国有股受让方一定为国有独资公司，其实质是公司控制权转移和管理层重组，目的是调整、理顺国有资本运营体系，利用优势公司管理经验重振处于困境中的上市公司。股权协议转让是场外交易，场外协议转让产生的主要原因是处于控股地位的大量非流通股存在。公司股权托管与公司托管是指公司大股东将其持有的股权以契约的形式，在一定条件下和一定期限内委托给其他法人或自然人，由其代为行使表决权和控制权。表决权信托是指许多分散股东集合设定信托，受托人通过集中原本分散的表决权实现对公司的控制。表决权委托书是指中小股东通过征集其他股东委托书来召集临时股东大会，改组公司董事会以控制公司。股份回购是指公司用现金或债权换股权，或以优先股换普通股的方式，购回流通在外的普通股。股份回购会导致公司股权结构发生变化，我国《公司法》对此有严格限制，只有在注销股本或公司合并时方能回购本公司股份。交叉控股是指母、子公司之间互相持有绝对或相对控股权，可互相控制运作。

（二）资产重组的影响

公司开展资本运作，无疑是为了实现某种战略发展目标。对于公司而言，其从事生产经营的目标是实现利润最大化，或者从公司创造价值的角度看，是实现净现值最大化。公司资本运作活动正是这种资产净现值最大化理念的具体展开。开展资本运作的公司能够得到诸多利益，如兼并、收购活动的完成使得该公司能够获得管理协同效应、财务协同效应和经营协同效应等，使得公司的未来现金流得到较大的增长，而通过资本运作实现的经营业务多样化，则使得公司未来现金流的稳定性得到更好的保证。

不同类型的重组对公司业绩和经营的影响是不一样的。对于扩张型资产重组而言，通过收购、兼并以及对外进行股权投资，公司可以拓展产品市场份额，或者进入其他经营领域。但这种重组方式的特点之一就是其效果受被收购兼并方生产及经营现状的影响较大，磨合期较长，因而见效可能较慢。对于调整型资产重组而言，首先需鉴别“报表性重组”和“实质性重组”，关键是看有没有进行大规模的资产置换或合并。实质性重组一般要将被并购公司50%以上的资产与并购公司资产进行置换，或双方资产合并；报表性重组一般都不进行大规模的资产置换或合并。对于控制权变更型重组，控制权变更后必须进行相应的经营重组，才会对公司经营和业绩产生显著影响。

（三）资产重组中存在的问题

我国上市公司资产重组中存在的主要问题是虚假重组盛行，短期“炒作”特征和“年末效应”明显。一些上市公司重组的目的不是改善公司的经营效率，提高上市公司整体实力，而是将操纵利润和股价放在首位。这种上市公司进行虚假重组的行为不仅浪费社会资源，使得上市公司普遍质量不高，不利于上市公司法人治理结构的优化改善，不利于产业结构的调整，不利于形成清晰的优势主导产业。同时，这种虚假资产重组将会极大地破坏市场的信用。

资产重组本是通过资产置换和股权置换来优化公司资本结构、调整业务结构和实现战略转移的一种方法，但因资产重组需要将公司某些以历史成本记账的资产转换为现时价值，所以给原资产升值留下了想象空间，导致资产重组被滥用。近年来，不少公司通过资产重组，将原以历史成本法记账的资产转化为现时价值，从而产生巨额利润。其典型做法是：凭借关联交易，将上市公司的劣质或闲置资产以大大高于账面值的金额与其国有控股母公司的优质资产相交换，或者直接出售，从而获取巨额利润。识别这种操纵利润的方法并不难，可从利润表的营业外收入、投资收益、其他业务利润等项目及其明细表中查出虚增的利润金额，也可以从资产负债表有关长期资产项目及其明细表中查出其置换资产的性质和金额，还可以从财务报表附注的说明中了解资产置换的其他情况。掌握了这些信息，就可调减这部分人为虚增的利润和相应的净资产。

课堂讨论： 资产重组为何成为财务造假的“重灾区”？

四、债务重组

债务重组，是指在债务人发生财务困难的情况下，债权人按照其与债务人达成的协议或者法院的裁定作出让步的事项。债务重组和资产重组是密切相关的，实际上不少上市公司进行资产重组的前提条件是先进行债务重组。一般陷入困境的上市公司，往往会有很多债务，负债率很高，很高的负债率使得上市公司需要支付很高的利息，以至于陷入财务困境。所以重组方要重组上市公司，首先会提出债务重组的计划，要求上市公司的债权人（通常是银行）减免或者豁免一部分债务，只有在债务降低的情况下，重组方才愿意重组上市公司。

（一）债务重组的方式

1. 以资产清偿债务

以资产清偿债务就是债务人转让其资产给债权人以清偿债务。债务人常用于偿债的资产主要有存货、短期投资、固定资产、长期投资、无形资产等。

2. 债务转为资本

债务转为资本是站在债务人的角度看的，如从债权人的角度看，则为债权转为股权。债务转为资本实质上是增加债务人的资本。债务人以债务转为资本方式进行债务重组时，必须严格遵照国家有关法律的规定。债务转为资本时，对股份有限公司而言，即将债务转为股本；对其他公司而言，即将债务转为实收资本。债务转为资本的结果是，债务人因此而增加股本（或实收资本），债权人因此而增加长期股权投资。

3. 修改其他债务条件

修改其他债务条件包括：减少债务本金、减少债务利息、延长债务偿还期限、延长债务偿还期限并加收利息、延长债务偿还期限并减少债务本金或债务利息等。其中对债务的减免最为重要，因为陷入财务困境的公司，减少其债务才会使重组顺利进行，债务重组是资产重组的前提条件。

4. 混合重组方式

混合重组方式就是指以上两种或两种以上方式的组合。例如，以转让资产、债务转为资本等方式的组合清偿某项债务。再如，以转让资产清偿某项债务的一部分，并对该项债务的另一部分以修改其他债务条件进行债务重组。

（二）债务重组的影响

债务重组对公司的影响主要有两个方面：一方面债务负担减轻以后，公司的资产由负变正；另一方面上市公司负债减少，利息支出减少，那么利润也就由负变正，使上市公司保住上市资格。

开心果：债务重组与大象减肥

一位企业家在一次聚会上遇到了一位金融顾问，他抱怨说："我最近一直在考虑债务重组，但这真的让我头疼。"

金融顾问微笑着回答："哦，债务重组确实挺复杂的。不过，你知道吗？债务重组就像是给大象做减肥手术。"

企业家疑惑地问："为什么这么说？"

金融顾问继续解释："因为不管你怎么努力，大象还是一头大象，只是身上的脂肪少了一些而已。"

企业家苦笑着说："那我是不是也可以理解为，不管怎么重组，债务还是债务，只是看起来好一些而已？"

金融顾问点了点头，笑着说："没错，债务重组就是让债务看起来更顺眼一些，但本质上的问题还需要时间去解决。"

讨论：债务重组对企业的意义是什么？

五、关联交易

随着经济的不断发展，我国公司经营逐步由单一的产品经营向资本经营转化，通过收购兼并、参股、控股、重组等形式，快速扩展经营规模和经营领域，提高抗风险能力，与此同时也产生了大量的关联交易。关联交易即企业与关联方之间的交易。

（一）关联方

一方控制、共同控制另一方或对另一方施加重大影响，以及两方或两方以上同受一方控制、共同控制或重大影响的，构成关联方。控制，是指有权决定一个公司的财务和经营政策，并能据以从该公司的经营活动中获取利益。共同控制，是指按照合同约定对某项经济活动所共有的控制，仅在与该项经济活动相关的重要财务和经营决策需要分享控制权的投资方一致同意时存在。重大影响，是指对一个公司的财务和经营政策有参与决策的权力，但并不能够控制或者与其他方一起共同控制这些政策的制定。

下列各方构成企业的关联方：（1）该公司的母公司。（2）该公司的子公司。（3）与该公司受同一母公司控制的其他公司。（4）对该公司实施共同控制的投资方。（5）对该公司施加重大影响的投资方。（6）该企业的合营企业。（7）该企业的联营企业。（8）该企业的主要投资者个人及与其关系密切的家庭成员。主要投资者个人，是指能够控制、共同控制一个企业或者对一个企业施加重大影响的个人投资者。（9）该企业或其母公司的关键管理人员及与其关系密切的家庭成员。关键管理人员，是指有权力并负责计划、指挥和控制企业活动的人员。与主要投资者个人或关键管理人员关系密切的家庭成员，是指在处理与企业的交易时可能影响该个人或受该个人影响的家庭成员。（10）该企业主要投资者个人、关键管理人员或与其关系密切的家庭成员控制、共同控制或施加重大影响的其他企业。

（二）关联交易的形式

关联交易是指关联方之间转移资源、劳务或义务的行为，而不论是否收取价款。判断关联交易是否存在应当遵循实质重于形式的原则。会计准则列举的关联交易的形式有：（1）购买或销售商品。购买或销售商品是关联交易中较常见的交易事项，例如，企业集团成员之间互相购买或销售商品，从而形成了关联交易。（2）购买或销售除商品以外的其他资产。购买或销售除商品以外的其他资产也是关联交易的主要形式，例如，母公司出售给其子公司的设备或建筑物等。（3）提供或接受劳务。例如，A 企业为 B 企业的联营企业，A 企业专门从事设备维修服务，B 企业的所有设备均由 A 企业负责维修，B 企业每年支付设备维修费用 20 万元。（4）担保。担保包括在借贷、买卖、货物运输、加工承揽等经济活动中，为了保障其债权实现而实行的保证、抵押等。当存在关联方关系时，一方往往为另一方提供担保，上市公司的母公司经常让上市公司为其银行贷款提供担保。（5）提供资金。关联方之间提供资金包括以现金或实物形式提供的贷款或股权投资。上市公司的母公司经常用这种方式占用上市公司的资金。（6）租赁。租赁通常包括经营租赁和融资租赁等，关联方之间的租赁合同也是主要的交易事项。（7）代理。代理主要是依据合同条款，一方可为另一方代理某些事务，如代理销售货物，或一方代另一方签订合同等。(8) 管理合同。管理合同通常指企业与某一企业或个人签订管理企业或某一项目的合同，按照管理合同约定，由一方管理另一方的财务和日常经营。(9) 研究与开发项目的转移。在存在关联方关系时，有时某一企业所研究与开发的项目会由于另一方的要求而放弃或转移给其他企业。例如，B公司是A公司的子公司，A公司要求B公司停止对某一新产品的研究和试制，并将B公司研究的现有成果转给A公司最近购买的、研究和开发能力超过B公司的C公司继续研制。(10) 许可协议。当存在关联方关系时，可能关联方之间达成某项协议，允许一方使用另一方的商标等，从而形成了关联方之间的交易。(11) 债务结算。另一方代表企业或由企业代表另一方进行债务结算，也是一种关联交易。(12) 管理人员报酬。企业支付给关键管理人员报酬，也是一种关联交易。

(三) 关联交易的影响

关联双方通过明确的产供销关系，可以优化资本结构和内部资源配置，提高资产盈利能力。通过相互拆借资金和担保等及时筹措资金，可以有效地把握投资机会，降低机会成本，提高资金运营效率。但是，关联交易毕竟是关联方之间的交易，受利益的驱动，在交易中难免存在不公平。

在我国，由于对关联交易的监管制度还不完善，上市公司中出现了许多不公平关联交易的情况，并借此恶意操纵利润，造成严重的后果。现有的法律法规对关联交易只重披露（事实上，这种披露也是不完整的），而对其交易的公允性不作评判，也不予干预，这使得滥用关联交易的情况不断发展，妨碍了证券市场和上市公司的健康发展。

利用关联交易将关联交易一方的利润转移至另一方，从而使其利润增加。这种操纵利润的情况常见于国有企业改制而成的上市公司，其目的在于利用上市公司的壳资源从股市上筹措资金。利用关联交易虚增利润的方式多种多样，既可利用产品和原材料的转移价格调节收入和成本，也可利用资产重组定价获取资产增值收益，利用高回报率的委托经营方式虚增业绩，利用利率差异降低财务费用，利用管理费收支、共同费用分摊等方式调节利润等。上述调节利润的方法，除转移价格和管理（共同）费用分摊之外，其余所产生的利润基本上都体现在“其他业务利润”“投资收益”“营业外收入”“财务费用”等具体项目之中，其识别相对容易：首先，要计算各项目中关联交易产生的盈利分别占项目总额的百分比和这些项目占利润总额的百分比，判断公司盈利能力对关联公司的依赖程度；其次，要分析这些关联交易的必要性和公正性；最后，将非必要和欠公正的关联交易所产生的利润，从公司利润总额中剔除，以反映这些项目的正常状况。

> **课堂讨论：** 如何识别以关联交易为幌子的财务造假行为？

如果说资产重组和债务重组是大股东或潜在大股东利用关联交易给上市公司“输血”，那么担保、资金占用和产品购销等关联交易往往是大股东掏空上市公司的手段。因此，财务信息使用者必须对企业关联及其交易给予足够的重视。当然，在关联交易中，也有相当一部分属于正常交易。关联交易是否正常，应当通过公司在报表附注中披露的交易内容，特别是定价政策等信息来判断。

六、控制权变更

控制权变更是指控股股东和管理人员的变更。通常用来界定公司是否发生了控制权变更的标准有以下几个方面：（1）公司的投票权是否发生了变化，如某一股东获取了某一比例的投票权。（2）公司是否发生了并购、合并和重组行为。（3）是否更换了董事会的大多数成员。（4）是否出售了公司的全部或者相当大部分资产。（5）公司是否清算或者解散。上述标准中的最后三项是控制权变更安排中普遍采用的标准，前两项标准的采用及其具体比例的设定则因公司而异。

出现控制权变更的原因有很多，如由于大股东对上市公司发展前景和定位的不同规划而出现的控制权争夺；在公司内部控制上，由于存在内部人员控制问题，股东和高管层在利益上存在不相容性，股东为保证投资者最大利益，有积极性和能力对上市公司的代理人即高管层进行监督，当公司绩效与同行业相比较差时，管理层就面临控制权变更问题。

公司之间的并购和重组使得公司控制权变更这一现象越来越频繁，这对于资源的有效整合和有效配置，尤其是对于股东价值的创造，具有重要意义。但是，如果管理层的利益处理不恰当，或者在大股东变更时出现了损害小股东利益的情况，就会对公司的发展很不利，投资者要关注这一问题。

在公司发生控制权变更时，公司可以通过各种各样的方式来为其经理人和关键雇员提供控制权变更保护，归纳起来主要有下述三种方式：单个的个人雇佣协议；统一的公司政策；通过股权激励计划提供的控制权变更保护。具体采用上述哪种方式，或者是它们的某种组合，要根据公司的具体目的来决定。控制权变更中的高级经理人保护要把握一个“合适的度”。如果没有“合适的度”，在实际中导致的结果将是两个极端：一个极端是弱股东意志下在位经理人通过掌控公司运营而获取私人收益，不仅不去发掘，而且会阻碍一些对公司有巨大价值的并购和重组活动，这在国有或国有控股公司中比较普遍；另一个极端就是强股东意志下的公司很容易发生控制权变更，经理人的收益和预期没有保障，难以吸引优秀的职业经理人加盟公司，这在民营和家族企业中比较普遍。

关于如何保证大股东换人是为了转制而不是套现，如何保证上市公司在控制权发生变更以后规范地使用募集资金，如何保证中小股东的利益不受到侵害，这些问题也要关注。投资者利益保护问题是公司治理的核心问题之一，它源于代理问题，核心内容是防止内部人员（管理层和控股股东）对外部投资者（中小股东和债权人）的“掠夺”，在公司股份比较分散的情况下，主要表现为管理层机会主义；在股权集中于控股股东的情况下，体现为管理层和控股股东对中小股东和债权人的双重侵害。所以应建立防止权利被内部人员剥夺的机制，防止公司大股东和控股股东利用控制权变更使其他相关利益者遭受损失。

对于上市公司控股股东或者管理当局在报告期内是否发生了变更，上市公司必须在年报的“重大事项”中加以阐述，投资者可以通过阅读年报来掌握相关信息。

同步检测（多项选择题）

1. 以下关于资产重组的描述，正确的有（　　）。

A. 资产重组是指企业通过收购、合并、出售等方式，对企业的资产进行重新配置和组合，以优化资产结构和提高资产效率

B. 资产重组通常分为内部重组和外部重组两种类型

C. 内部重组是指企业内部对资产进行重新配置，如将部分资产划转至全资子公司

D. 外部重组是指企业通过与其他企业进行资产交易，如收购其他企业的部分或全部资产

2. 以下选项属于常见债务重组方法的是（　　）。

A. 以资产清偿债务　　B. 将债务转为资本

C. 减少债务本金　　D. 以新债务替换旧债务

3. 以下属于关联交易的特征的是（　　）。

A. 交易双方存在直接或间接的股权关系　　B. 交易双方存在长期的合作关系

C. 交易双方存在直接或间接的亲属关系　　D. 交易价格明显偏离市场价格

基础知识
考核与技能实训

项目六 技术分析

知识目标

1. 熟悉趋势的定义、方向与类型、突破的内涵及其判断标准、道氏理论
2. 理解趋势线与轨道线的作用与技术意义
3. 能识别单根 K 线和 K 线组合、研判 K 线图反映出来的多空双方力量对比情况
4. 掌握波浪理论的要点和各种波浪的形态
5. 掌握形态分析的原理，熟悉主要的反转形态和常见的持续形态

能力目标

1. 能熟练运用趋势分析方法对大盘和单个证券价格走势进行分析，研判大盘和单个证券的买卖时机
2. 能准确表达对大盘和单个证券 K 线图的研判结论、熟练地研判 K 线图
3. 利用波浪理论对市场的可能走势进行大致的判断和描述
4. 能准确表达对大盘和单个证券形态分析的研判结论
5. 能熟练运用指标分析方法对大盘和单个证券价格走势进行分析，准确研判大盘和单个证券的买卖时机

素养目标

1. 引导学生充分认识技术分析，提升职业素养
2. 引导学生树立价值投资的理念

案例导入

道-琼斯公司的传奇历史

1882 年，两位年轻的记者查尔斯 · 道（Charles Dow）、爱德华 · 琼斯（Edward Jones）创立了道-琼斯公司。查尔斯 · 博格斯特莱斯（Charles Bergstresser）在公司成立三个月后加入，所以公司名称中没有他的名字。

他们在位于纽约证券交易所附近的地下室里手工编写了名为“flimsies”的简讯，通过市内快递送到华尔街每一位订阅者手中。那时没有经费，他们便手工抄写。

1889年，随着业务的发展，公司职员增加到了50位，于是决定将原来的仅编写“致读者下午信”的小规模经营改变为出版报纸，并给该报取名为“华尔街日报”。就这样，《华尔街日报》于1889年7月8日问世，它有四个版面，当时每份售价为2美分。报纸越办越兴隆，这时，道-琼斯公司意识到要用更快的方式传递信息。不久以后，公司便开始以电报的形式提供道-琼斯新闻服务。

1902年，已在道-琼斯公司工作多年，并曾经是第一位驻外记者的克莱伦斯·巴伦（Clarence W. Barron）在查尔斯·道过世后买下了公司的控制权。当时的《华尔街日报》发行量为7 000份。到了1920年，报刊的发行量增至18 750份。随后，巴伦又引进了全套现代化的印刷设备，拓展了新闻收集业务。到了20世纪20年代末期，《华尔街日报》的日发行量已达5万份之多。

巴伦创办的《国家商业与财经周刊》于1921年问世，当时的售价为每份10美分。巴伦本人就是它的第一位编辑。这份貌不惊人的小杂志很快就得到了丰厚的投资回报，在它出版后的第六个年头，发行量已达3万份。

克莱伦斯·巴伦去世13年后，伯纳德·基尔格（Bernard Kilgore）于1941年成为《华尔街日报》的执行总编，1945年他又被任命为道-琼斯公司的首席执行官。基尔格奠定了今天《华尔街日报》的版面设计风格，并将涵盖的内容也扩展到商业、经济以及消费者等与商业息息相关的各个生活领域。

20世纪60年代，《华尔街日报》的发行量超过了100万份，增加了对社会问题、科技、教育和外交方面的内容，与此同时，对商业新闻的报道也有所改进。

20世纪70年代，道-琼斯公司跨入了电子出版的新领域，收购奥特维报系大大提高了其在美国出版界的声誉。除此以外，公司还十分注重拓展美国以外的市场，首先投资出版了《远东经济评论》杂志，又于1976年出版了《亚洲华尔街日报》。《亚洲华尔街日报》是第一份面向广大亚洲读者的、以商业经济新闻为主的综合性日报。

20世纪80年代，《华尔街日报》的发行量超过了200万份，接着通过购买德励财经着力推出了数据库、电视报道和实时市场数据传递等一系列服务。此外，《华尔街日报（欧洲版）》于1983年在布鲁塞尔创刊。1999年6月，道-琼斯公司和Von Holtzbrinck集团就《华尔街日报（欧洲版）》和德国商业报刊《Handelsblatt》换股事宜达成协议。所有这一切都成为公司全球化发行计划的重要举措。

在整个20世纪90年代里，道-琼斯公司继续并更注重发挥在内容方面的实力及竞争优势，从战略的高度将工作重心放在出版全球最权威的财经新闻和信息上。为此作出的重要举措包括：1998年将德励财经出售给桥讯通讯；1992年与赫斯特集团合作出版《财智月刊》——《华尔街日报》的个人理财杂志；1994年出版《华尔街日报专刊》，1996年启动《华尔街日报（网络版）》。

另外，公司还做了一系列的努力，致力于成为全球一流的、生产制作高质量的商业电视节目的供应商，其中包括：《亚洲商业新闻》于1993年首播；《欧洲商业新闻》于1995年首播。在此基础上，道-琼斯公司和NBC于1997年建立全球商业电视联盟，为众多的美国、亚洲和欧洲的电视观众提供一流的商业新闻。

1999年9月，着重转载《华尔街日报》有关个人投资理财及职业生涯文章的《华尔街日报（周日版）》开始在美国各大城市发行。1999年秋天，道-琼斯还出版了一份名为《俄罗斯商业日报》的商业报刊。该报是俄罗斯唯一的一份独立发行的俄文商业日报，每星期二至星期六出版。

思考题：

1. 道-琼斯公司的发展历程说明什么？
2. 你了解道-琼斯指数吗？

任务一 技术分析的总体认知

一、技术分析的基本假设与要素

证券投资的基础分析是以证券的“内在价值”为基础，以稳固基础理论为依托来进行讨论的，它主要适合长期的大规模投资者。但在证券市场上，除了长期投资者外，还存在利用证券波动赚取价差的投机者，甚至长期投资者在一定情况下也会转化为投机者。无论是对于投资者，还是对于投机者来说，证券投资技术分析都是其作出买卖决策的主要手段之一。

技术分析是证券投资分析中常用的一种分析方法，各种理论和技术指标都经过几十年甚至上百年的实践检验，在今天看来仍然具有指导和参考意义。但技术分析并非万能，它以三大假设为理论依据、以历史数据为信息基础、以经验总结而非缜密逻辑为分析思路，这些特点导致其具有一定的局限性，在实际运用中存在技术骗线等现象，需加以甄别。

（一）技术分析的含义

技术分析是以证券市场过去和现在的市场行为为分析对象，应用数学和逻辑的方法，探索出一些典型变化规律，并据此预测证券市场未来变化趋势的技术方法。由于技术分析运用了广泛的数据材料，并采用了各种不同的数据处理方法，因此受到投资者的重视和青睐。技术分析法不但应用于证券市场，还广泛应用于外汇、期货和其他金融市场。

（二）技术分析的基本假设

作为一种投资分析工具，技术分析是以一定的假设条件为前提的。这些假设是：市场涵盖一切信息、证券价格沿趋势移动、历史会重演。

1. 市场行为涵盖一切信息

这个假设是技术分析的基础。其主要思想是：任何一个影响证券市场的因素，最终都必然体现在证券价格变动上。外在的、内在的、基础的、政策的和心理的因素，以及其他影响证券价格的所有因素，都已经在市场行为中得到了反映。技术分析人员只需关心这些因素对市场行为的影响效果，而不必关心具体导致这些变化的原因究竟是什么。这一假设有一定的合理性，因为任何因素对证券市场的影响都必然体现在证券价格的变动上，所以它是技术分析的基础。

2. 证券价格沿趋势移动

这一假设是技术分析最根本、最核心的条件。其主要思想是：证券价格的变动是有一定规律的，即保持原来运动方向的惯性，而证券价格的运动方向是由供求关系决定的，证券价格的运动反映了一定时期内供求的变化。供求关系一旦确定，证券价格的变化趋势就会一直持续下去。只要供求关系不发生根本改变，证券价格的走势就不会发生反转。这一假设也有一定的合理性，因为供求关系决定价格在市场经济中是普遍存在的。只有承认证券价格遵循一定的规律变动，运用各种方法发现、揭示这些规律并对证券投资活动进行指导的技术分析法才有存在的价值。

3. 历史会重演

这个假设是从人的心理因素方面考虑的。市场中进行具体买卖的是人，由人决定最终的操作。这一行为必然要受到人类心理中某些规律的制约。在证券市场上，如果一个人在某种情况下按一种方法进行操作取得成功，那么以后遇到相同或相似的情况，就会按同一方法进行操作。如果失败了，以后就不会按前一次的方法操作。证券市场的某种市场行为给投资者留下的阴影或快乐是会长期存在的。因此，在这一假设下，根据历史资料概括出来的规律已经包含了未来证券市场的一切变动趋势，所以可以根据历史预测未来。这一假设也有一定的合理性，因为投资者的心理因素会影响投资行为，进而影响证券价格。

技术分析的三个假设既有合理的一面，也有不尽合理的一面。例如，第一个假设是市场行为包括了一切信息，但市场行为反映的信息同原始信息毕竟有一些差异，信息损失是必然的，正因为如此，在进行技术分析的同时还应该适当进行一些基本分析和其他方面的分析，以弥补不足。又如，一些基本因素的确是通过供求关系来影响证券价格和成交量，但证券价格最终要受到其内在价值的影响。再如，第三个假设为历史会重演，但证券市场行为是千变万化的，不可能有完全相同的情况重复出现，差异总是或多或少存在。

（三）技术分析的要素

证券市场中，价格、成交量、时间和空间是技术分析的要素，也即“价”“量”“时”“空”。技术分析循环架构如图 6－1 所示。在各种分析理论中，无不是针对这四个因素的某一个或某几个要素进行阐述。这四个因素的具体情况和相互关系是证券分析的基础。

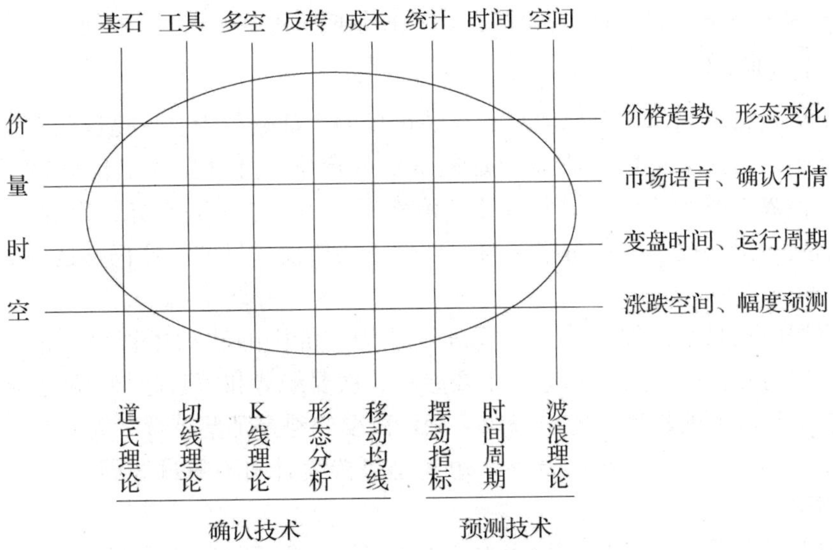

图6-1 技术分析循环架构图

市场行为最基本的表现是成交价和成交量。过去和现在的成交价、成交量涵盖了过去和现在的市场行为。技术分析就是利用过去和现在的成交量、成交价资料，以图形和指标分析工具来分析、预测未来的市场走势。在某一时点上的价和量反映的是买卖双方在这一时点上共同的市场行为，是双方的暂时均势点。随着时间的变化，均势会不断变化，这就是价量关系的变化。一般来说，买卖双方对价格的认同程度通过成交量的大小得到确认。认同程度小，分歧大，成交量小；认同程度大，分歧小，成交量大。双方的这种市场行为反映在价、量上就出现这样一种趋势规律：价升量增，价跌量减。根据这一趋势规律，当价格上升时，成交量不再增加，意味着价格得不到买方确认，价格的上升趋势将会改变；反之，当价格下跌时，成交量萎缩到一定程度就不再萎缩，意味着卖方不再认同价格继续往下降了，价格下跌趋势将会改变。成交价、成交量的这种规律关系是技术分析的合理性所在，因此，价、量是技术分析的基本要素，一切技术分析方法都是以价、量关系为研究对象的，目的就是分析、预测未来价格趋势，为投资决策提供服务。

在进行行情判断时，时间有着重要的作用。一个已经形成的趋势在短时间内不会发生根本改变，中途出现的反方向波动，对原来趋势不会产生大的影响。一个形成了的趋势又不可能永远不变，经过了一定时间又会有新的趋势出现。循环周期理论着重关注的就是时间因素，它强调了时间的重要性。从某种意义上讲，波动空间可以认为是价格的一方面，是价格波动能够达到的极限。

想一想： 历史会简单重演吗？为什么？

二、技术分析的理论基础——道氏理论

（一）理论创立

道氏理论是各种技术分析方法的理论基础，许多技术分析方法的基本思想都来自道

氏理论。该理论是美国道-琼斯公司的创始人查尔斯·道在19世纪末创立的。

（二）主要原理

（1）市场价格平均指数可以解释和反映市场的大部分行为。这是道氏理论对证券市场的重大贡献。道氏理论认为收盘价是最重要的价格，并利用收盘价计算平均价格指数。目前，世界上所有的证券交易所计算价格指数的方法大同小异，都源于道氏理论。此外，查尔斯·道还提出平均价格涵盖一切信息的假设。目前，这仍是技术分析的一个基本假设。

（2）市场波动具有某种趋势。道氏理论认为，价格的波动尽管表现形式不同，但是，最终可以将它们分为三种趋势：主要趋势、次要趋势和短暂趋势。主要趋势是那些持续1年或1年以上的趋势，看起来像大潮；次要趋势是那些持续3周～3个月的趋势，看起来像波浪，是对主要趋势的调整；短暂趋势持续时间不超过3周，看起来像波纹，其波动幅度更小。

（3）主要趋势有三个阶段（以上升趋势为例）。第一阶段为累积阶段。该阶段中，价格处于横向盘整时期。在这一阶段，聪明的投资者在得到信息并进行分析的基础上开始买入证券。第二阶段为上涨阶段。在这一阶段，更多的投资者根据财经信息并加以分析，开始参与市场交易。尽管趋势是上升的，但也存在价格修正和回落。第三阶段为市场价格达到顶峰后出现的又一个累积期。在这一阶段，市场信息变得更加为众人所知，市场活动更为频繁。第三个阶段结束的标志是下降趋势，并又回到累积阶段。

（4）两种平均价格指数必须相互加强。道氏理论认为，工业平均指数和运输业平均指数必须在同一方向上运行才可确认某一市场趋势的形成。

（5）趋势必须得到交易量的确认。在确定趋势时，交易量是重要的附加信息，交易量应在主要趋势的方向上放大。

（6）一个趋势形成后将持续，直到趋势出现明显的反转信号。这是趋势分析的基础。然而，确定趋势的反转并不容易。

（三）道氏理论应用及应注意的问题

道氏理论对大趋势的判断较为有效，但对于每日每时都在发生的小波动则无能为力，甚至对于次要趋势判断的作用也不大。

道氏理论的另一个不足是它的可操作性差。一方面，道氏理论的结论落后于价格变化，信号滞后；另一方面，运用该理论会得到一些不明确的信号，进而让人产生困惑。

虽然道氏理论存在缺陷，但它仍是许多技术分析的理论基础。继道氏理论之后，出现了很多新的技术，有相当部分是道氏理论的延伸，一定程度上弥补了道氏理论的不足。

想一想： 道氏理论有哪些缺陷？

三、技术分析方法的分类

在价、量历史资料基础上进行的统计、数学计算、绘制图表的方法是技术分析方法的主要手段。一般说来，技术分析方法可分为以下几类：K线类、指标类、切线类、形态类、波浪类等。

（一）K线类

K线类是根据若干交易日的K线组合情况，推测证券市场中多空双方力量的对比，进而判断证券市场行情的方法。K线图是进行各种技术分析的最重要的图表。

（二）指标类

指标类是根据价、量的历史资料，通过建立一个数学模型，给出数学上的计算公式，得到一个体现证券市场的某个方面内在实质的指标值。指标反映的内容大多是无法从行情报表中直接看到的，它可以为投资者的操作提供方向。常见的指标有相对强弱指标（RSI）、随机指标（KDJ）、趋向指标（DMI）、平滑异同移动平均线（MACD）、能量潮（OBV）、心理线（PSY）、乖离率（BIAS）等。

（三）切线类

切线类是按一定方法和原则在根据证券价格的数据所绘制的图表中画出一些直线，然后根据直线的情况推测证券价格的未来趋势，为投资者的操作提供参考，这些直线称为切线。常见的切线有趋势线、轨道线、黄金分割线、甘氏线、角度线等。

（四）形态类

形态类是根据价格图表中过去一段时间走过的轨迹形态来预测证券价格未来趋势的方法，主要的形态有M头、W底、头肩顶（底）等。

（五）波浪类

波浪类是把价格的上下变动和不同时期的持续上涨、下跌看成波浪的上下起伏，认为证券的价格运动遵循波浪起伏的规律，数清楚了各个浪就能准确地预见到跌势已接近尾声，牛市即将来临；或是牛市已到了强弩之末，熊市即将来到。波浪类较其他的技术分析流派的最大区别是能提前很长时间预计到行情的顶和底，而应用别的流派要等到新的趋势已经确立之后才能看到。

上述五类技术分析流派从不同的方面理解和考虑证券市场，有的有相当坚实的理论基础，有的就没有很明确的理论基础；在操作指导方面，有的注重长线，有的注重短线；有的注重价格的相对位置，有的注重绝对位置；有的注重时间，有的注重价格。但各流派的分析目的是相同的，彼此并不排斥，在使用上可相互借鉴。本项目介绍的仅仅是比较常用和实用的一些技术分析方法，技术分析方法很多，同时也在不断发展，究竟适用哪种技术分析方法，因人因时而异。

想一想： 技术分析有哪些流派？各流派的主要观点是什么？

四、应用技术分析方法时应注意的问题

技术分析是市场经验的总结，一方面，它的理论和方法种类多，但由于它建立在一系列的假设和假定上，不具备严格的科学性，只是市场行为的一种规律性的总结；另一方面，作为一种证券投资分析工具，它是行之有效的，切实能为投资者和投机者提供决策依据。在实际应用技术分析方法时，应该注意以下问题。

（一）原则性与灵活性相结合

技术分析预测成功的关键在于不能机械地使用技术分析方法，除了在实践中不断修正技术分析参数外，技术分析必须与基本分析结合起来使用，才能提高其准确度，否则单纯的技术分析是不全面的。在实践中，技术分析与基本分析各有侧重，要注意以下几点。

（1）技术分析是对证券价格变动趋势的分析，其目的是预测证券变动的方向和幅度；基本分析是对证券价值的分析，其目的是判断证券价格相对于价值的高低。

（2）技术分析是根据历史资料分析证券价格的未来变化；基本分析是根据预期现金流和贴现率决定证券的价值。

（3）技术分析侧重于短期分析和单个证券分析；基本分析侧重于长期分析和大势分析。

（二）运用相互验证原则，提高投资决策的可靠性

每种技术分析方法都有它的优点和缺点，其适用的环境也各不相同，要注意多种技术分析方法的综合研判，切忌片面地使用某一种技术分析方法。实践证明，单独使用一种技术分析方法有相当大的局限性和盲目性。

（三）要善于总结，根据自身特点，运用适合自身的技术分析方法

技术分析方法的种类较多，在实际运用中，没有必要穷尽各种方法，只要深入研究以趋势为核心的几种方法就足够，有人可能习惯使用 K 线，有人可能擅长使用切线，还有人可能钟情于形态理论，只要能达到分析预测的目的，适合自身特点即可。

想一想： 技术分析方法是万能的吗？

同步检测（单选题）

1. 在进行证券投资技术分析的假设中，最根本、最核心的条件是（　　）。

A. 市场行为涵盖一切信息　　B. 证券价格沿趋势移动

C. 历史会重演　　D. 投资者都是理性的

2. 进行证券投资技术分析的假设中，从人的心理因素方面考虑的假设是（　　）。

A. 市场行为涵盖一切信息　　B. 证券价格沿趋势移动

C. 历史会重演　　D. 投资者都是理性的

3. 下列指标中，属于相对强弱指标的是（　　）。

A. KDJ　　B. MACD

C. RSI　　D. OBV

任务二
证券投资技术分析主要理论

一、K线理论

（一）K线的起源与形状

1. K线的起源

K线又称日本线，起源于200多年前的日本。当时日本没有证券市场，K线只是用于米市交易。经过长期的运用和变更，目前已经形成了一整套K线分析理论，广泛运用于证券、外汇及期货等各类金融市场中。

2. K线的绘制方法

学习K线分析方法之前必须了解K线图的绘制方法。价格的变动主要体现在四个价格上，即开盘价、收盘价、最高价、最低价。首先找到该日或某一周期（周、月等）的最高价和最低价，垂直地连成一条直线；然后再找出该日或某一周期（周、月等）的开盘价和收盘价，把这两个价位连成一条狭长的长方柱体。假如收盘价高于开盘价，便以红色或者空心柱体表示，这种柱体称为“阳线”。假如收盘价低于开盘价，则以绿色或者黑色柱体表示，这种柱体称为“阴线”。

在图6-2中，中间的矩形长条称作实体，上下伸出的两条细线称作影线，上方为上影线，下方为下影线。将每个交易日的K线连接在一起，就构成反映证券价格变动的日K线图。

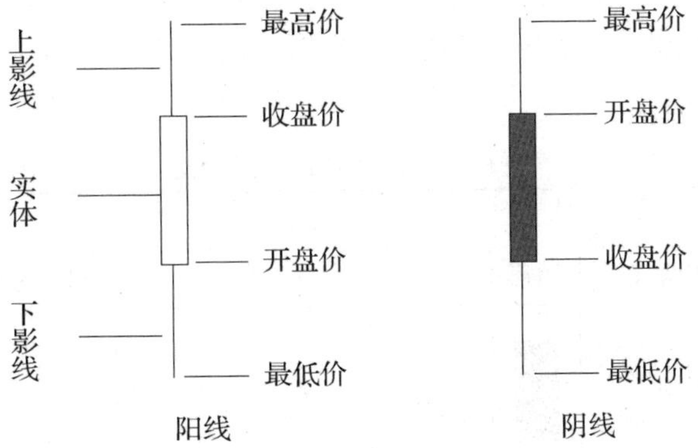

图6-2　K线的绘制方法

3. K线的分类

（1）根据K线的计算周期的不同可将K线分为日K线、周K线、月K线、年K线。

周K线是指以每周第一个交易日的开盘价，最后一个交易日的收盘价，全周最高价和全周最低价来画的K线图。月K线则是以一个月的第一个交易日的开盘价，最后一个交易日的收盘价和全月最高价与全月最低价来画的K线图，同理可以推得年K线的定义。周K线、月K线常用于研判中期行情，年K线则是用于研判长期趋势。对于短线操作者来说，东方财富、通达信、同花顺等分析软件中提供的有5分钟K线、15分钟K线、30分钟K线和60分钟K线，对研判短期走势有一定的参考价值。

（2）根据开盘价与收盘价波动范围的不同，K线可分为极阴、极阳，小阴、小阳，中阴、中阳和大阴、大阳等类型。

（3）一般K线有实体、有上下影线，但由于开盘价、收盘价、最高价和最低价四个价位的不同取值，会产生其他不同形状的K线，主要有以下几种：

①光头阳线和光头阴线。这种K线没有上影线，即最高价与收盘价或开盘价相等。

②光脚阳线和光脚阴线。这种K线没有下影线，即最低价与开盘价或收盘价相等。

③光头光脚的阳线和阴线。这种K线既没有上影线也没有下影线。当收盘价和开盘价分别与最高价和最低价中的一个相等时，就会出现这种K线。

④十字线。当收盘价与开盘价相同时，就会出现这种K线。因为收盘价与开盘价相同，所以这种K线没有实体。

⑤T字线和倒T字线。当收盘价、开盘价和最高价相等时，就会出现T字线；当收盘价、开盘价和最低价相等时，就会出现倒T字线。它们没有实体，T字线没有上影线，倒T字线没有下影线。

⑥一字线。当收盘价、开盘价、最高价、最低价相等时，就会出现这种K线。在实际运用中，这种K线一般出现在涨跌停制度下，一开盘就封死在涨跌停板上，而且一天都不打开，一字线也没有实体。

（二）K线的运用

1. 单根K线的含义与运用

K线涵盖了开盘价、收盘价、最高价和最低价以及相对位置等诸多信息，单根K线所代表的意义也因其实体大小、影线长短有所不同，表6-1概括了常见的单根K线的应用意义。

表6-1 常见的K线及含义

阳线			阴线			十字线		
图形	名称	应用含义	图形	名称	应用含义	图形	名称	应用含义
	大阳线	涨势强烈		大阴线	大跌		大十字线	多空势均力敌，争斗激烈
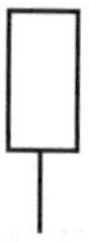	大阳下影线	低档超强		大阴下影线	多空交战，跌后若有支撑，可能反弹		长下影十字线	多方较有利

续表

阳线			阴线			十字线		
图形	名称	应用含义	图形	名称	应用含义	图形	名称	应用含义
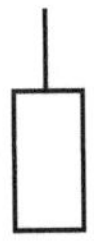	大阳上影线	高档换手		大阴上影线	多空交战，空方较强		长上影十字线	空方较有利
	小阳线	方向不明，多方稍强		小阴线	方向不定，空方稍强		小十字线	窄幅盘整，交投清淡
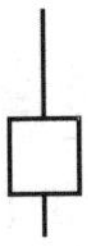	长上影阳线	多方主导，但需谨慎		长上影阴线	空方主导，但极弱线		T 字线	多方的有利转机
	长下影阳线	多方强势线		长下影阴线	多方弱势线		倒 T 字线	空方有利，势衰
	阳线铁锤线	高档差、低档佳		阴线铁锤线	高档差、低档佳		一字线	飙涨或暴跌

2. 两根 K 线组合的运用

K 线理论的出发点是根据连续若干个交易日的 K 线组合状况，推断价格的走势，从 K 线组合中归纳总结，找出未来走势的变化。K 线组合有两根 K 线组合、三根 K 线组合以及多根 K 线组合，现先介绍两根 K 线组合。

(1) 穿头破脚（见图 6－3）。

穿头破脚形态是两根 K 线组合中转势最强烈的判断信号之一，在实践中也是经常出现的。此形态有两种形态，在顶部出现，而与之相类似的破脚穿头，则是在底部出现。穿头破脚的形成有以下几个条件：

第一，市场具有明显的上升或者下跌趋势，短期的上升或下跌趋势也可能出现。

第二，第二根 K 线实体的长度必须足以将第一根 K 线实体部分包含在内。

第三，上升中，一根阳线后，必须是一根较长的阴线，形成顶部形态的穿头破脚形态。

第四，下跌中，一根阴线后，必须出现一根较长的阳线，形成底部形态的穿头破脚形态。

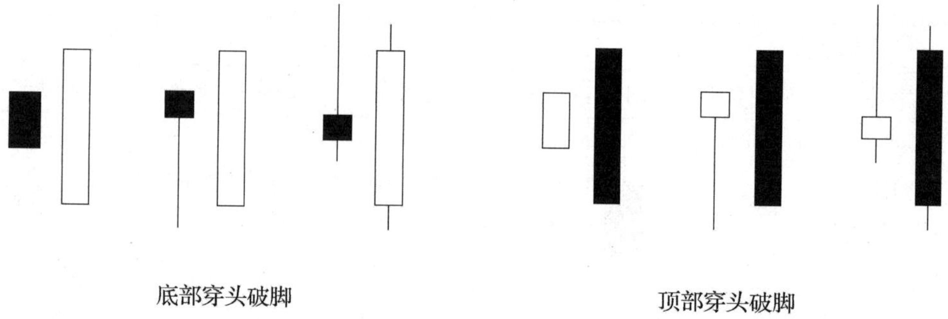

图 6－3　穿头破脚

无论是顶部形态还是底部形态的穿头破脚都是指实体的吞并，与上下影线无关。

（2）乌云盖顶和曙光初现。

①乌云盖顶（见图 6－4）。

该形态由一根阳线和一根阴线组合而成，其形态特征主要是：经过一段上涨之后，当日以阳线收盘，次日跳空高开，试图向上攻击未果，并迅速向下回落，最终收盘价在头一日阳线实体 1/2 以下。

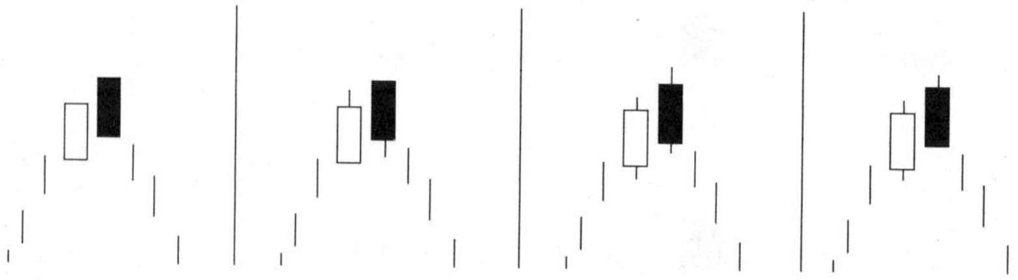

图 6－4　乌云盖顶

②曙光初现（见图 6－5）。

该形态与乌云盖顶相反，即前面一根是阴线，后面一根是阳线，其形态特征是：经过连续下跌以后，出现一根低开高走的阳线，并且阳线的收盘价超过前一日阴线实体的 1/2 以上，但并未将阴线实体全部吞并。

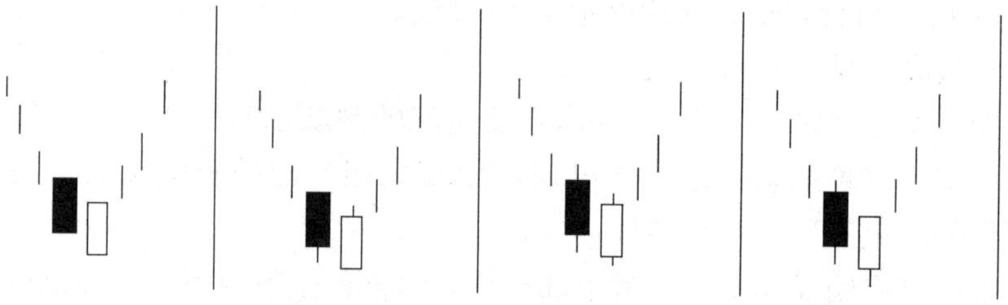

图 6－5　曙光初现

（3）平顶和平底（见图 6－6）。

平顶和平底也是由两根 K 线组合而成，平顶是指连续两个交易日最高点相同，而平底是指连续两根 K 线的最低价相同，其形态特征如下：

第一，平顶显示在最高点即这个相同的价位上存在一定的压力，尤其是随后在这个价位附近出现多次平顶形态，应当暂避风险，出局观望。

第二，平底的产生则显示在下方相同的价位上存在一定的支撑，可作为适量介入的信号。

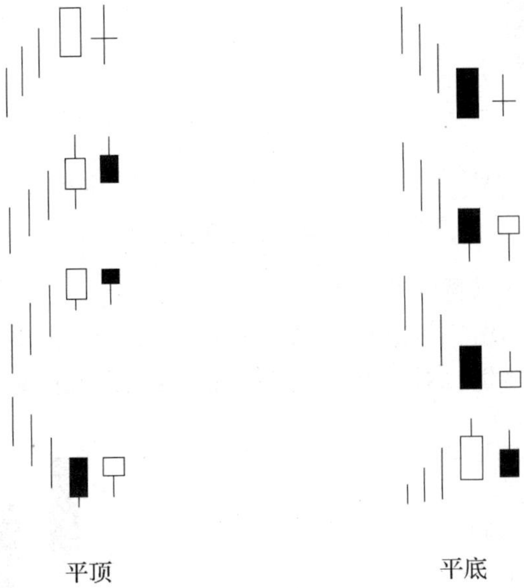

图 6-6　平顶和平底

两根 K 线组合还有多种形态，如十字胎、身怀六甲、覆盖线、分手线、约会线等，其判断依据也主要是 K 线位置和实体大小。

3. 三根 K 线的组合

(1) 早晨之星和黄昏之星（见图 6-7）。

①早晨之星。

早晨之星也称晨星，它的出现表示黑暗已经过去，光明已经来临，是底部看涨形态之一，其形态特征有：

第一，在下跌中，出现一根实体较长的阴线。

第二，次日股价跳空低开形成十字星，或裂口下跌，形成类似于十字星状的小 K 线，既可以是小阴星也可以是小阳星。

第三，第三个交易日又出现一根跳空高开的阳线，且阳线收盘价格回升至第一根阴线实体范围之内，一般要超过阴线实体的 2/3 或 1/2。

②黄昏之星。

黄昏之星也称暮星，其形态及形态意义正好与早晨之星相反，是顶部看跌的形态之一，其形态特征有：

第一，价格继续上升，并且出现一根实体较长阳线。

第二，次日跳空高开后展开震荡，构成星的部分。

第三，第三个交易日，跳空低开，价格下跌至第一根阳线实体一半以下。

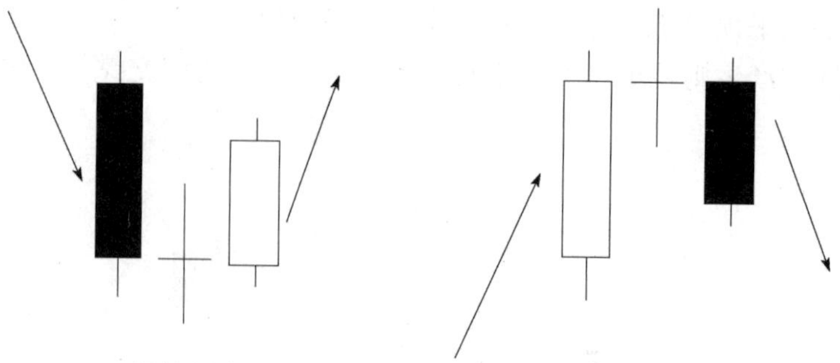

早晨之星　　　　黄昏之星

图 6-7　早晨之星和黄昏之星

（2）红三兵和黑三兵（见图 6-8）。

红三兵和黑三兵都是由三根颜色相同的 K 线构成，当市场连续出现三根阳线或三根阴线时，要进行仔细辨别，对后市行情发展有很强的参考意义。

红三兵　　　　黑三兵

图 6-8　红三兵和黑三兵

①红三兵。

红三兵由三根逐步攀升的小阳线构成，是一种上升形态，其形态特征如下：

第一，在市场运行过程中连续出现三根阳线，每根阳线的收盘价都高于前一根阳线的收盘价。

第二，每个交易日的开盘价都会在前一个交易日的阳线实体之内开盘（即低开）。

第三，每个交易日的收盘价都会在当天的最高点或接近最高点处报收，即三根阳线都没有上影线或上影线很短。

第四，红三兵如果发生在下降趋势之后，是市场强烈的反转信号。每个交易日开盘价较低，收盘价却不断创出新高，显示多头力量推动价格向上攀升。

第五，红三兵如果出现在较长时间的横盘后，并且伴随成交量的逐渐放大，则是价格突破在即，即将启动的前奏，之后将展开一轮上升攻势，应当引起投资者的注意。

②黑三兵。

黑三兵正好与红三兵相反，由三根下跌阴线构成，三根阴线的收盘价都向下跌，也称三只乌鸦，其形态特征如下：

第一，连续三根阴线实体大小类似。

第二，每根 K 线收盘价都向下跌，并创出前一个交易日的新低。

第三，三根 K 线都是在接近每个交易日的最低价收盘。

第四，每根 K 线的开盘价都在上一个交易日 K 线的实体之内。

第五，第一根阴线的实体部分，最好低于上一个交易日的最高价位。

第六，黑三兵出现在高位或横盘震荡过程中，是市场即将破位下行的征兆，其体现的是空方步步为营，向下不断推进。

（3）川字组合（见图 6－9）。

在三根 K 线组合中，川字组合也是经常出现的。所谓川字组合，是指两阳夹一阴或者两阴夹一阳的形态，因其形态结构如同汉字“川”而得名。川字组合出现在上升或下降途中的时候居多，一般判定为行情中继形态。

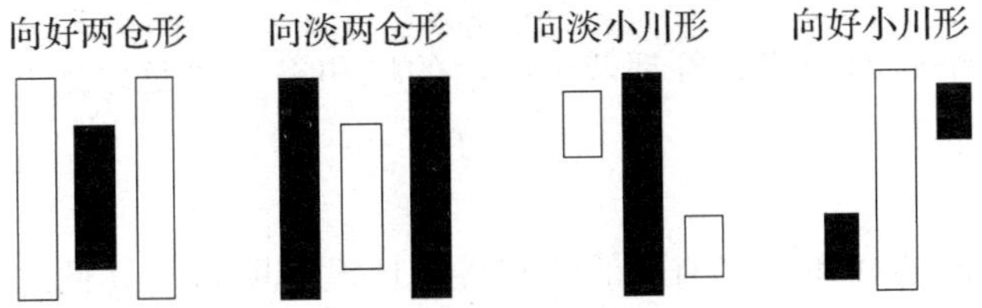

图 6－9　川字形态

（三）应用 K 线组合应注意的问题

K 线组合无论多复杂，考虑问题的方式是相同的，都是由最后一根 K 线相对于前面 K 线的位置来判断多空双方实力的大小。由于三根 K 线组合比两根 K 线组合多了一根 K 线，获得的信息就多些，得出的结论相对于两根 K 线组合来说要准确一些，可信度更大些。

无论是一根 K 线，还是两根、三根 K 线以至多根 K 线，都是对多空双方的争斗作出的一个描述，由它们的组合得到的结论都是相对的，不是绝对的。对具体进行证券买卖的投资者而言，结论只是起一种建议作用。

在应用时，有时会发现运用不同种类的组合会得到不同的结论。有时应用一种组合得到次交易日会下跌的结论，但是次交易日股价没有下跌，而是出现与预测相反的结果。这个时候的一个重要原则是尽量使用根数多的 K 线组合的结论，将新的 K 线加进来重新进行分析判断。一般说来，多根 K 线组合得到的结果不大容易与事实相反。

想一想： K 线形态对分析股票走势是否有用？

二、切线理论

（一）趋势分析

市场变动有一定的趋势，在长期上涨或下跌的趋势中，会有短暂的盘旋或调整，投资者应把握长期趋势，不为暂时的回调和反弹所迷惑，同时也应及时把握大势的反转。切线理论就是帮助投资者识别大势变动方向较为实用的方法。

1. 趋势的含义

趋势是指证券价格的变动方向。若确定了一段上升或下降的趋势，则价格的波动必然朝着这个方向运动。上升的行情中，虽然也时有下降，但不影响上升的大方向；同样，下降行情中也可能上升，但不断出现的新低使下降趋势不变。

2. 趋势的方向

趋势的方向有三类（见图 6－10）。

（1）上升趋势。

如果图形中每个后面的峰和谷都高于前面的峰和谷，则趋势是上升方向，是底部抬高的过程。

（2）下降趋势。

如果图形中每个后面的峰和谷都低于前面的峰和谷，则趋势是下降方向，是顶部下移的过程。

（3）水平趋势。

如果图形中后面的峰和谷与前面的峰和谷相比没有明显的高低之分，几乎呈水平延伸状态，这时的趋势就是水平方向。水平方向趋势是被大多数人忽视的一种方向，这种方向在市场上出现的机会比较多。

图 6－10　趋势的方向

3. 趋势的类型

按道氏理论，趋势分为以下三种类型：

（1）主要趋势。主要趋势是趋势的主要方向，这是投资者极力要弄清楚的。了解了主要趋势才能做到顺势而为，主要趋势是市场波动的大方向，一般持续的时间比较长。

（2）次要趋势。次要趋势主要是在主要趋势过程中进行的调整。由于趋势不可能总是上涨或总是下跌，需要对主要趋势进行回抽或回撤，次要趋势正好完成对主要趋势的确认。

（3）短暂趋势。短暂趋势是在次要趋势中进行的调整。短暂趋势与次要趋势的关系如同次要趋势与主要趋势的关系。

这三种趋势的最大区别在于时间的长短和波动幅度的大小，实际应用中的大部分行情可以用这三种趋势进行解释。

（二）支撑线和压力线

1. 支撑线和压力线的含义

（1）支撑线又称为抵抗线，当市场跌至某个价位附近时，停止下跌或者下跌趋缓，甚至有可能止跌回升。支撑线起到阻止市场继续下跌的作用，这个起着阻止继续下跌的价格就是支撑线所在的位置。

（2）压力线又称阻力线，与支撑线恰好相反，当市场上涨至某个价位附近时，会出现停止上涨或者上涨趋缓，甚至遇阻回落。压力线起着阻止市场继续上升的作用，这个起着阻止市场继续上升的价位就是压力线所在的位置。

需要说明的是，支撑线和压力线并不是固定的一个价位，而是多个价位的一条连线，随着市场的发展，其价位会发生变化，具体如图 6－11 所示。

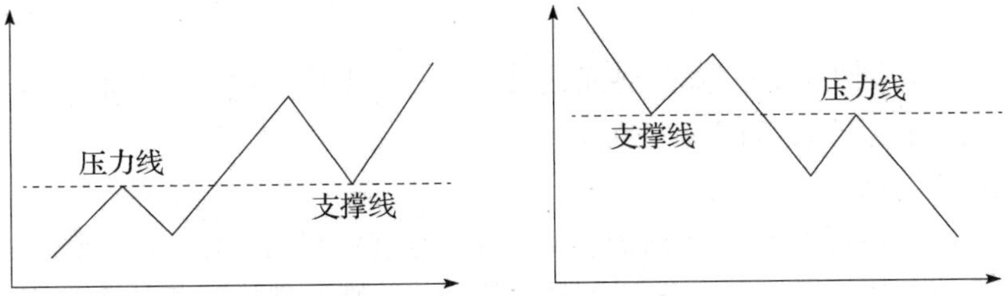

图 6－11　支撑线和压力线

2. 支撑线和压力线的作用

支撑线和压力线的作用是阻止或者暂时阻止市场朝一个方向继续运动，尤其是长期形成的支撑线或压力线，其阻止下跌或上涨的作用更为明显，投资者可以在支撑线或压力线附近进行买入或卖出的操作，可以获得不错的收益。

3. 支撑线和压力线的相互转换

支撑线和压力线并非一成不变，在一定条件下，它们可以相互转换。

证券市场中存在三类人：多头、空头和旁观者。旁观者又分为持有证券者和持币者。假设市场在一个区域停留一段时间后突破压力区域开始上涨，在此区域买入的多头肯定认为自己买对了，并对自己没有多买而后悔。在该区域卖出的空头们也会认为自己卖错了，他们希望择机买回卖出的部分，而旁观者中持有证券者的心情与多头的相似，持币者的心情与空头相似。这样，市场一旦再次回落到原先的压力线位置，会有更多的多头参与买入，原先的压力线就转换成了支撑线。

同理，对支撑线转换为压力线也同样适用。

由此，对于重要支撑线和压力线的有效突破，其意义重大，也是趋势改变的标志之一，投资者应及时调整自己的策略，顺势而为，既不“套牢”，也不因踏空而遗憾。

4. 支撑线和压力线的确认和修正

支撑线和压力线因人而异，同样的走势，不同的人会画出不同的支撑线和压力线，所以，对支撑线和压力线的确认与修正有很多人为因素。一般来讲，支撑线和压力线对当前影响的重要性有以下三方面的考虑：

（1）市场在该区域停留时间的长短。

（2）市场在该区域成交量的大小。

（3）该区域支撑或压力发生的时间距离当前这个时期的远近。

对于支撑线和压力线的修正过程，其实就是对现有各条支撑线和压力线重要性的确认。

（三）趋势线和轨道线

1. 趋势线

（1）趋势线的含义。

证券价格变动的趋势是有方向的，因而可以用直线将这种趋势表示出来，这样的直线就是趋势线。反映价格向上波动发展的趋势线称为上升趋势线；反映价格向下波动发展的趋势线则称为下降趋势线。由于证券价格的波动可以分为长期趋势、中期趋势和短期趋势三种，因此证券价格变动趋势线也可以分为长期趋势线、中期趋势线和短期趋势线三种。

无论是上升趋势线还是下降趋势线，只是一段时期内的趋势，并非一成不变，重要趋势线的突破可能意味着行情发生逆转。

（2）趋势线的画法。

连接一定时期内证券价格波动的高点或者低点就可以画出一条趋势线。上升趋势中，将两个低点连成一条直线，得到上升趋势线；下降趋势中，将两个高点连成一条直线，得到下降趋势线（见图 6－12）。标准的趋势线必须由两个或两个以上的高点或低点连接而成。

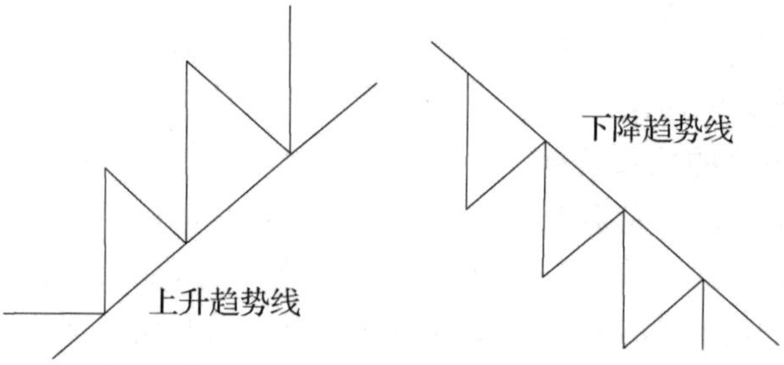

图 6－12　上升趋势线和下降趋势线

上升趋势线起支撑作用，是支撑线的一种；下降趋势线起压力作用，是压力线的一种。

（3）趋势线的确认及作用。

趋势线有多条，而一条真正起作用的趋势线，要经过多方面的验证才能最终确认。一般情况下，所画的趋势线被触及的次数越多，其作为趋势线的有效性越能得到确认，用它进行预测越有效。趋势线有支撑和压力作用，一旦形成，这种作用必将在后期的走势中发挥出来，但一旦被有效突破，其支撑将变为压力，或者压力变为支撑。如图 6－13 所示，上证指数 2024 年 5 月 20 日高点 3 174.27 点，2024 年 7 月 19 日低点 2 986.24 点，根据两点画出下降趋势线，在 2024 年 8 月 1 日、8 月 19 日、8 月 20 日和 8 月 30 日多次触及受到考验，证明是有效的下降趋势线。

2. 轨道线

轨道线又称通道线或管道线，是基于趋势线的一种工具。得到趋势线后，通过第一个峰和谷可以得到这条趋势线的平行线，这条平行线就是轨道线（见图 6－14）。

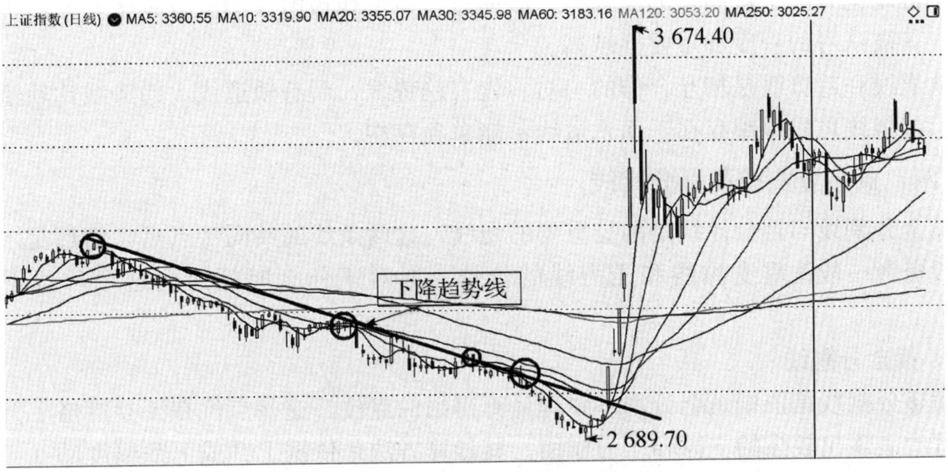

图 6－13　上证指数的下降趋势线

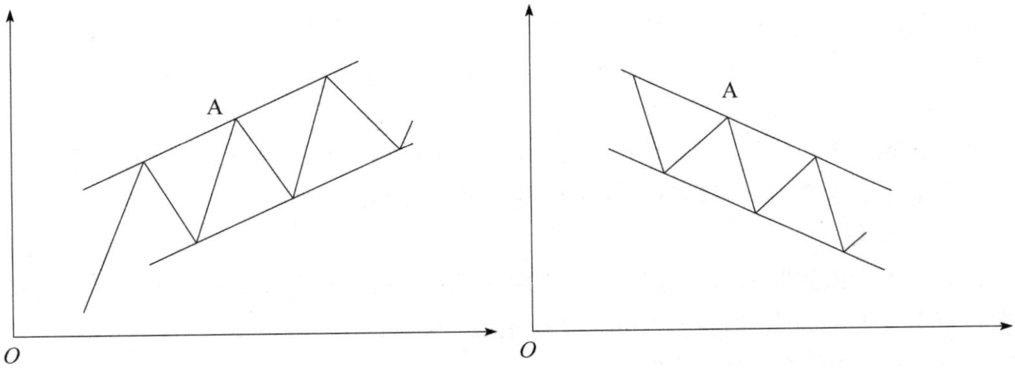

图 6－14　轨道线

与突破趋势线不同，对轨道线的突破并不是趋势反转的开始，而是趋势加速的开始，即原来的趋势线的斜率将会增大，趋势线将会更加陡峭，如图 6－15 所示。

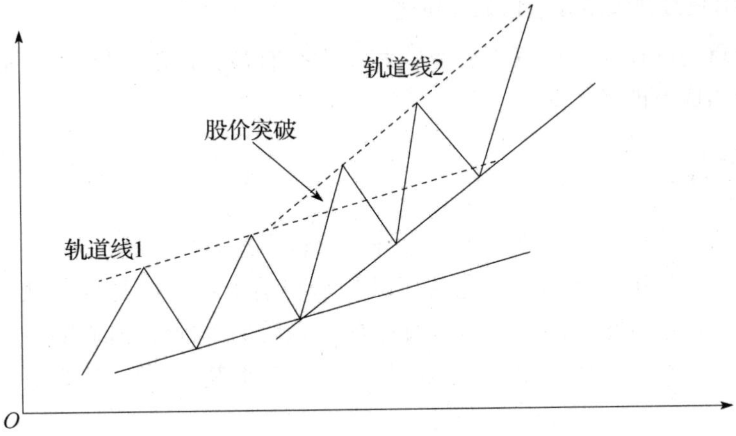

图 6－15　轨道线的突破

轨道线也有一个被确认的问题。一般而言，轨道线被触及的次数越多，延续的时间越长，其被认可的程度和重要性越高。

轨道线和趋势线是相互合作的一对。先有趋势线，后有轨道线。趋势线比轨道线更重要。趋势线可以单独存在，而轨道线不能单独存在。

（四）黄金分割线和百分比线

黄金分割线与百分比线是两类重要的切线，这两条线的共同特点是它们都是水平直线。投资者一般注重支撑线和压力线的价位，而对于什么时间达到这个价位不过多关心。

1. 黄金分割线

黄金分割线是依据黄金分割率原理计算得出的点位，这些点位在证券价格上升和下跌过程中表现出较强的支撑和压力作用。其计算方法是依据上升或下跌幅度的 0.618 及其黄金比率的倍率来确定支撑和压力点位。其应用步骤为：

（1）记住以下特殊的数字：

0.191　0.382　0.618　0.809

1.191　1.382　1.618　1.809

2.000　2.382　2.618　4.236

（2）找到一个点，以便画出黄金分割线。这个点是上升行情的结束点，或者是下降行情的结束点。这个点一经确定，就可以画出黄金分割线了。

2. 百分比线

百分比线考虑问题的出发点是投资者的心理因素和一些整数位的分界点，它是将上一次行情中重要的高点和低点之间的涨跌幅按 1/8、2/8、1/3、3/8、4/8、5/8、2/3、6/8、7/8、8/8 的比率生成百分比线。

在各比率中，以 4/8、1/3、2/3 三条线最重要。在很大程度上，回撤到 4/8、1/3、2/3 三条线是投资者的一种心理倾向。如果没有回撤到 1/3 以下，投资者会觉得回撤幅度不够；如果已经回撤了 2/3，投资者自然会认为已经回撤到位。

（五）应用切线理论应该注意的问题

切线有着重要的作用，但其中支撑线和压力线有被突破的可能，它们的价位只是一种参考，不能当成万能的工具。

三、形态理论

根据对趋势变化产生的作用，形态可分为反转形态和持续整理形态两种。反转形态意味着趋势正在发生重要反转，原先的下跌趋势可能上涨，原先的上涨趋势可能下跌；持续整理形态显示市场很可能仅仅是暂时休整，之后仍将延续当前趋势。

反转形态主要有头肩底（顶）、双重底（顶）、三重底（顶）、V 形底（顶）、圆弧底（顶）等。

持续整理形态主要有三角形、矩形、旗形、楔形等。

(一) 反转形态

1. 反转形态包含的基本要素

(1) 在市场上事先确有趋势存在，是所有反转形态存在的前提。

(2) 现行趋势即将反转的第一个信号，经常是重要的趋势线被突破。

(3) 形态的规模越大，则随之而来的市场动作越大。

(4) 顶部形态所经历的时间通常短于底部形态，但其波动性较强。

(5) 底部形态的价格范围通常较小，但其酝酿的时间较长。

(6) 交易量在验证向上突破信号的可靠性方面更有参考价值。

2. 头肩形态

头肩形态（见图 6－16）是最可靠的反转突破形态。该形态是由三个高点或三个低点组成的图形模式，分为头肩顶和头肩底。以头肩顶为例，它是价格在一个最高点两侧各有一个次高点，整体看上去就像一个正立的人，最高点就是这个人的头，在头的两侧各有一个近乎等高的次高位，像是人的左肩和右肩。头肩底就像一个倒立的人。

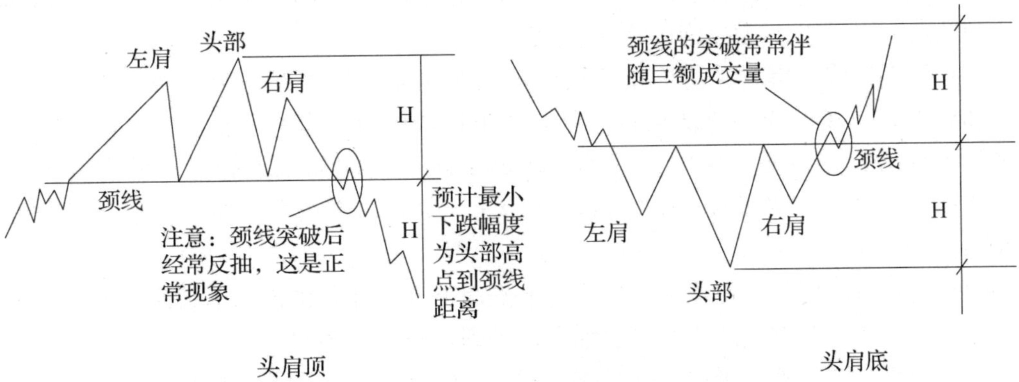

图 6－16　头肩形态

头肩顶和头肩底同属头肩形态，头肩顶的反向形态就是头肩底，这里以头肩顶为例进行说明。

头肩顶形态有如下特征：

(1) 形态构成：有明显的颈线；左右肩高点大致相等，一般右肩低于左肩。

(2) 成交量：一般来讲，左肩、头和右肩所对应的成交量依次减少。

(3) 颈线及其突破：左肩下跌形成的低点与头下跌形成的低点连接成为颈线形态。价格在此颈线之上，颈线起到支撑作用，一旦有效跌破颈线，颈线由支撑转为压力。

(4) 卖点：头部、右肩、跌破颈线处和回抽颈线处。

(5) 理论跌幅：一旦有效跌破颈线，价格下跌的幅度理论上为头和颈线之间的垂直距离，也即价格至少跌到这个幅度才有可能获得较好的支撑。

头肩底形态正好与头肩顶相反，尤其值得注意的是，对于头肩底来讲，左肩、头和右肩所对应的成交量没有明显的规律，但存在低位放量抗跌迹象，向上突破颈线时需要大成交量的配合。

3. 双重顶和双重底

双重顶和双重底（见图 6－17）即 M 头和 W 底，这种形态在实际中出现得最频繁。

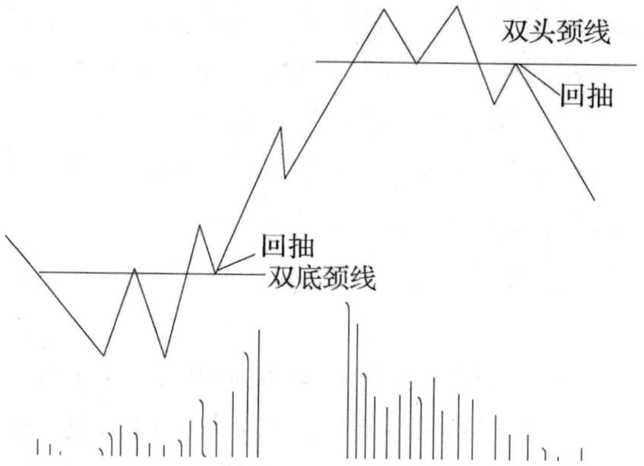

图 6－17　W 底和 M 头形态

从图形中可以看出，双重顶（底）一共出现两个顶（底），也就是两个高度相同的高点和低点。下面以 W 底为例说明双重底。

（1）形态构成：市场经历连续下跌后，先知先觉的投资者开始吸纳，伴随成交量的温和放大，市场形成一个低点；但此时的市场依然被熊市的阴影所笼罩，一部分投资者见市场反弹开始卖出手中的筹码，市场重新回到前期低点附近，但没有再创新低；前期介入的投资者继续买入，价格开始向上攀升，市场在前期低点附近形成第二个底部。

（2）成交量的变化：量能随着价格的上涨而上升，随着价格的下跌而回落，但整个形态突破颈线一定要有大的成交量的配合，否则，极易出现假突破。

（3）颈线及其突破：价格在做完第一个底之后向上推进的高点处，做一条水平直线，此线便是双底形态的颈线位，在大成交量的配合下，价格站在颈线之上，形成有效突破，标志双底形态构建完成。

（4）买入点：右边的底部、颈线向上突破的位置、回踩颈线的位置。

（5）理论涨幅：双底突破颈线位后，价格上涨的幅度等于底部与颈线之间的垂直距离，此时，价格上升才有可能遇到像样的阻力。

双重顶是双重底的反向形态，一般来讲，最有效力的双重顶至少应持续一个月。需要说明的是，双重底形态是中期到长期的反转形态，两个底部之间最好相距 4 周以上，有的甚至可能达到两三个月之久。底部的形成一般比头部的形成需要更长的时间。

4. 三重底（顶）

三重底（顶）（见图 6－18）是头肩形态的变体，从严格意义上讲，它由三个一样低或一样高的底或顶组成。在三重顶中，交易量往往随着相继的峰而递减，而在向下突破时则相应增加。三重底是三重顶的反向形态，需要注意的是，向上突破颈线位，必须有大成交量的配合。

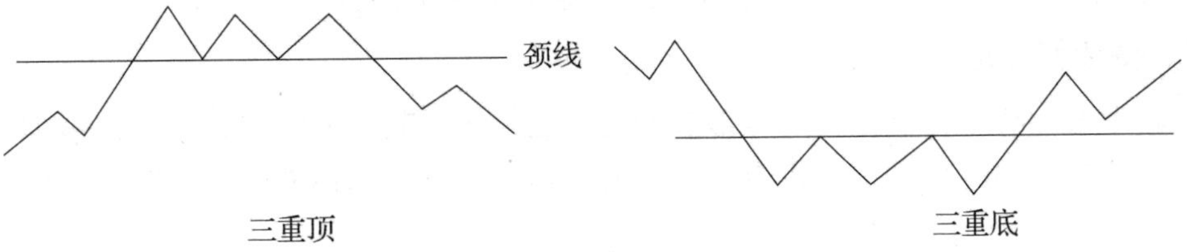

图 6－18　三重底（顶）

5. 圆弧形态

圆弧形态（见图 6－19）比其他形态要少见一些，将价格在一段时间的顶部高点用折线连起来，得到一条类似于圆弧的弧线，盖在价格之上，此为圆弧顶；将每个局部低点连在一起也能得到一条弧线，托在价格之下，此为圆弧底。下面以圆弧顶为例进行说明。

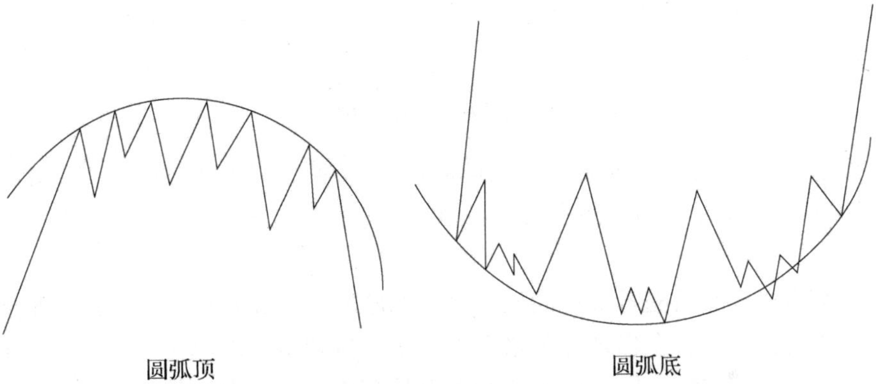

图 6－19　圆弧形态

（1）形态构成：连接每次反弹高点，股价呈现圆弧形下降。

（2）成交量：呈弧线形状，伴随价格左弧的上涨成交量由小渐大向上递增，伴随右弧的下跌又由大渐小递减。

（3）锅柄：当价格大约回落到圆弧形态的起始价位附近时会出现一个短暂的整理，整理后的样子很像锅柄，其实质是下跌之势遭遇短暂抵抗，锅柄可以理解为圆弧形态的颈线。

（4）突破：价格有效向下突破锅柄，圆弧顶形态完成。

（5）卖点：下破锅柄及下破锅柄后的反抽。

（6）理论跌幅：下跌幅度比较大，难以度量。

圆弧底是圆弧顶的反向形态，值得注意的是，圆弧底形成初期并不能马上被发觉，价格在成交量温和放大的情况下逐步攀升，最早可以在形成锅柄时积极关注，一旦放量突破锅柄应立即买入。

圆弧形态出现的频率较少，也不具备精确的测试规则，但是，一旦出现则是绝好的机会。总的来说，未来涨跌幅度与圆弧形态形成时间成正比，即圆弧形态形成的时间越长，其未来的涨跌幅度越大，反之越小。

反转突破形态还有V形、喇叭形等形态，这里不作赘述。

（二）持续整理形态

与反转形态相比，持续整理形态形成的时间比较短，其形成的过程中，价格震荡幅度应当逐步收敛，同时，成交量也应逐步萎缩。最好价格在选择方向突破时，有成交量的配合。

1. 矩形整理

矩形整理（见图6－20）也称箱体整理，是典型的整理形态。价格在两条横着的水平直线之间上下波动，做横向延伸的运动。

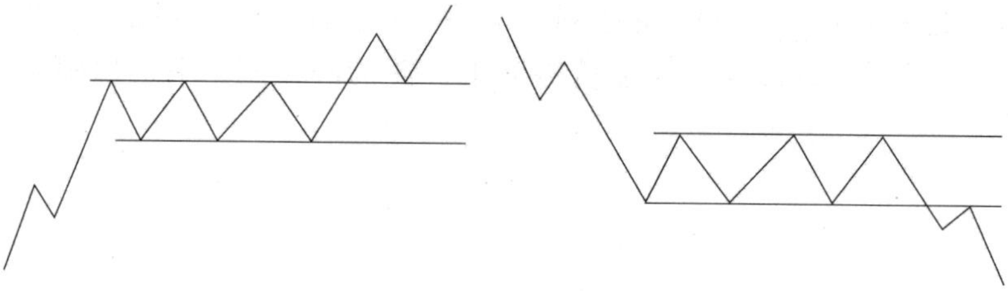

图6－20　矩形整理

（1）形态特征：连接两个以上的反弹高点与连续两个以上的下跌低点呈水平状，或者略微上下倾斜。存在上轨（箱体上沿）和下轨（箱体下沿），价格在箱体内部上下震荡。

（2）成交量：成交量随着形态的发展呈现相应的放大和缩小，或者随着形态发展出现整体缩小的情况。前者多出现在价格上涨中途，后者多半出现在下跌趋势当中。

（3）平衡点及其突破：矩形的上轨和下轨是多空双方分出胜负的平衡点。向矩形上方突破必须有大成交量的配合，向下突破则不一定需要成交量的配合。

（4）买卖原则：在矩形内部可进行短线操作，价格跌至箱体下沿会遇到下沿的支撑，可短期买入；反弹至箱体上沿会遇到上沿的压力，需短期卖出。有效突破箱体上沿，应顺势做多；有效跌破箱体下沿，应及时做空。

（5）涨跌幅度：一旦有效突破箱体，涨跌幅度至少是箱顶至箱底的垂直距离。

2. 三角形形态

依据形态特征，三角形形态（见图6－21）主要分为三种：对称三角形、上升三角形和下降三角形，现以对称三角形为例进行说明。

对称三角形又称收敛三角形，也是一种常见的整理形态，它具有两条逐渐聚拢的趋势线，大多发生在一个大趋势进行的途中，表示原有趋势暂时处于休整状态，随后还会随着原来的趋势继续进行。它持续的时间不会太长，持续时间过长，保持原有趋势的概率就会降低。

（1）形态构成：形态有明显的两个高点和低点，两个高点不断降低，两个低点不断抬高，呈现向右收敛压缩状态，用直线将高点和高点、低点和低点相连，就形成了一个对称三角形。高点与高点的连线称为三角形上轨，低点与低点的连线称为三角形下轨。

（2）成交量：随着价格波动幅度越来越小，成交量也随之逐渐减少。价格突破上轨时需要成交量配合，突破下轨时，成交量没有要求。

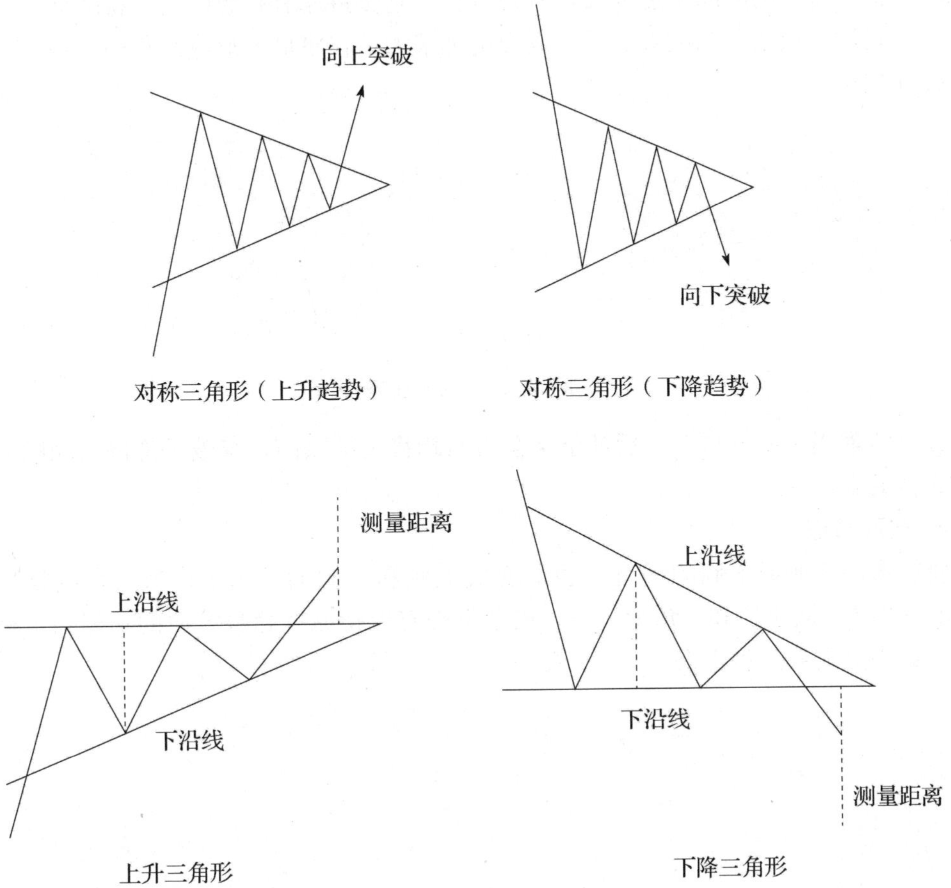

图 6－21　三角形形态

（3）平衡点及其突破：三角形的上轨与下轨是多空平衡点，突破的位置一般在三角形横向宽度的 1/2 和 3/4 位置。

（4）买卖原则：突破三角形上轨买入，突破下轨卖出。

（5）涨跌幅度：价格变动的最小幅度为突破的价格加上或减去三角形顶点至下轨的垂直距离。

与对称三角形相比，上升三角形表达更强烈的上升意愿，通常以三角形的向上突破作为这个持续过程终止的标志。如果价格原来是上升趋势，则遇到上升三角形后，几乎可以肯定后市是向上突破。下降三角形同上升三角形正好相反，是看跌的形态。

3. 旗形整理

旗形整理（见图 6－22）是由矩形、三角形等较大规模的整理形态演变而来，其形态构成主要有以下特点：

（1）旗杆：价格连续、快速地拉升或下跌，由于上涨或下跌急速陡峭，近乎直立，如一根竖立的杆子。

（2）旗面：价格经历连续、快速的走势之后，会出现一段时间的窄幅整理，但整理的时间较短，之后会继续沿原来的趋势运行。

（3）旗形持续的时间不能太长，时间过长，它保持原有趋势的概率将降低。

（4）旗形形成之前和突破之后，成交量都很大。在旗形的形成过程中，成交量从左到右逐渐减少。

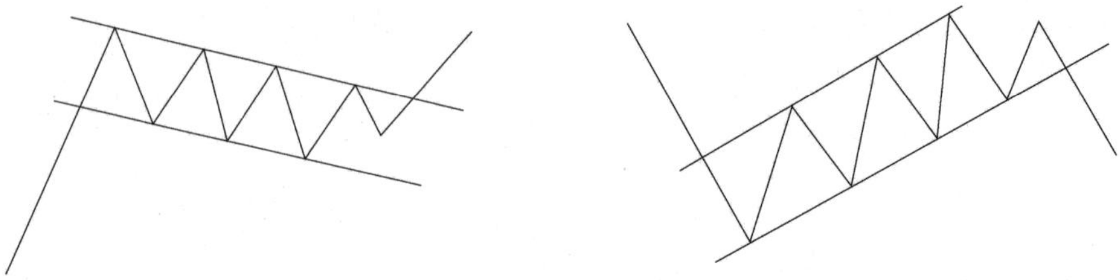

图 6－22　旗形整理

旗形整理属于中继形态，后期价格会沿原趋势突破旗面，突破后价格的涨跌幅度至少是旗杆的高度。

4. 楔形整理

将旗形中上倾或下倾的平行四边形变成上倾和下倾的三角形，就会得到楔形整理（见图 6－23）。同旗形和三角形一样，楔形整理有保持原有趋势方向的功能。价格运动趋势的途中会遇到这种形态。

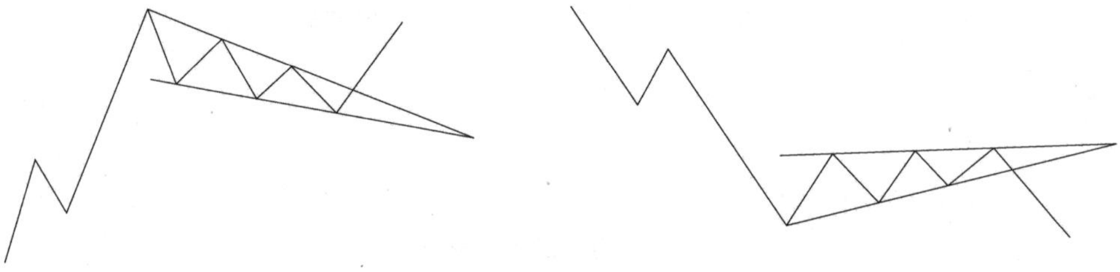

图 6－23　楔形整理

楔形整理形态有以下特点：

（1）形态构成：由不断收敛的三个高点和两个低点构成，连接三个高点和两个低点形成两条相互聚拢的趋势线。就形态整体而言，楔形与三角形类似，最大的区别在于楔形具有明显倾斜向上或向下的角度。

（2）成交量：伴随上升楔形成交量逐渐减少，直到突破下轨也未能放大；下降楔形形成过程中，一般成交量也是逐步萎缩，但是向上突破上轨时，成交量必须放大。

（3）买卖点：上升楔形突破下轨卖出，下降楔形突破上轨买入。

（4）涨跌幅度：难以度量。

值得注意的是，楔形偶尔也出现在顶部或底部作为反转形态。这种情况一般发生在一个趋势经过了很长时间且接近尾声的时候。可以借助多种技术分析方法，从时间上判断趋势是否可能接近尾声。尽管如此，当看到一个楔形后，首先还是把它当成中途的持续形态。在形成楔形的过程中，成交量是逐渐减少的。形成之前和突破之后，成交量都很大。

(三) 缺口形态

缺口通常又称“跳空”，它是指证券价格在快速大幅波动中没有留下任何交易的一段真空区域。缺口的出现往往伴随着向着某一方向的较强动能的产生，它的宽度反映了这种动能的强弱。

1. 缺口类型

缺口类型如图 6－24 所示。

（1）普通缺口。

普通缺口一般是指在横盘整理中偶然出现的跳空，并且很快（一般是在 3 个交易日内）就会被补回来，对趋势研判作用不大。

（2）突破缺口。

突破缺口是当一个密集的反转或整理形态完成后突破盘局时产生的缺口。当价格以一个很大的缺口跳空远离形态时，这表示真正的突破已经形成了，突破缺口越大表示未来的变动越强烈。

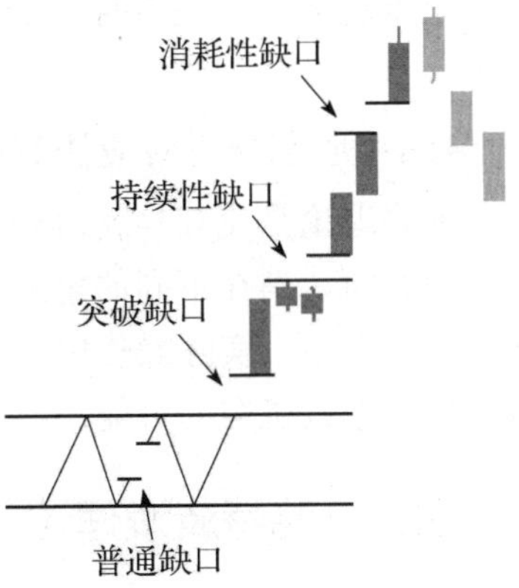

图 6－24　缺口类型

（3）持续性缺口。

在上升或下跌途中出现缺口，可能是持续性缺口。这种缺口不会和突破缺口混淆。任何离开形态或密集交易区域后的急速上升或下跌，所出现的缺口大多是持续性缺口。

（4）消耗性缺口（竭尽缺口、衰竭缺口）。

和持续性缺口一样，消耗性缺口伴随快速、大幅的价格波动而出现。在急速的上升或下跌中，价格的波动并非渐渐出现阻力，而是越来越急。这时价格的跳升（或跳空下跌）可能发生，此缺口就是消耗性缺口。通常消耗性缺口大多在恐慌性抛售或消耗性上升的末段出现，所以也称竭尽缺口或衰竭缺口。

2. 缺口分析时的注意事项

一般缺口都会回补。因为缺口是一段没有成交的真空区域，反映出投资者当时的冲动行为，当投资情绪平静下来时，投资者会反省过去行为有些过分，于是缺口便会回补。其实并非所有类型的缺口都会回补，其中突破缺口、持续性缺口未必会回补，至少不会立即回补。只有消耗性缺口和普通缺口才可能在短期内回补。

突破缺口出现后会不会立即回补，可以从成交量的变化中观察出来。如果突破缺口出现之前有大量成交，而缺口出现后成交相对减少，那么短期回补缺口的概率存在；但假如缺口形成之后成交大量增加，价格在继续移动远离形态时仍保持大量的成交，那么缺口短期回补的概率就较低了。

价格在突破其区域时急速上升，成交量在初期量大，然后在上升中不断减少，当价格停止到原来的趋势时成交量又迅速增加，这是双方激烈争持的结果。其中一方得到压倒性胜利之后，便形成一个巨大的缺口，这时候成交量又开始减少了，这就是持续性缺口形成时的成交量变化情形。

消耗性缺口通常是形成缺口的交易日成交量最高（但也有可能在成交量最高的次交易日出现），接着成交量减少，显示市场购买力（或沽售力）已经消耗殆尽，于是价格很快回落（或回升）。

在一次上升或下跌的过程里，缺口出现越多，显示其趋势越接近终结。一般来说，当升市出现第三个缺口时，暗示升市快告终结，当第四个缺口出现时，短期下跌的概率加大。

（四）形态分析时应注意的问题

形态理论是比较早就得到应用的方法，相对比较成熟，尽管如此，也需要正确使用。一方面，站在不同的角度，对同一形态可能产生不同的解释，得出的结论也就不一样；另一方面，实际操作中，形态理论要求形态完全明朗时才能行动，从某种意义上讲，这有错过机会的可能。

四、艾略特波浪理论

波浪理论是R. N. 艾略特（R. N. Elliott）所发现的一种价格趋势分析工具，它是一套靠观察得来的规律，可用以分析股市指数、价格的走势。艾略特认为，不管是股票还是商品价格的波动，都与大自然的潮汐、波浪一样，一浪跟着一浪，周而复始，具有相当程度的规律性，展现出周期循环的特点，任何波动均有迹可循。因此，投资者可以根据这些规律性的波动预测价格未来的走势，制定买卖策略。

（一）波浪理论的原理

波浪理论考虑三个重要方面，即形态、比例和时间。所谓形态，是指波浪的形状或构造。比例分析是通过测算各个波浪之间的相互关系，来确定回撤点和价格目标。各波浪之间在时间上也相互关联，可以利用这种关系来验证波浪形态和比例。

波浪理论以周期为基础，并把大的运动周期分成时间长短不同的各种周期，每个周期无论时间长短，都以一种模式运行，即由上升（或下降）的5浪和下降（或上升）的3浪组成（见图6-25）。因此，波浪理论认为市场的发展遵循5浪上升（或下降）、3浪调整的基本形态，从而形成8浪的完整周期。前5浪是市场价格运行的主要方向，后3浪是市场价格运行的次要方向。

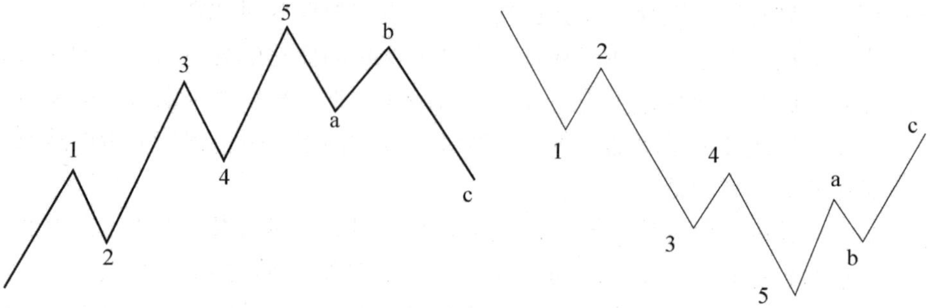

图6-25　波浪理论基本图形

（二）斐波那契数列和价格回撤

波浪理论的数学基础是斐波那契发现的一组数列，斐波那契数列是黄金分割、黄金矩形等的数学基础。

斐波那契数列为：1，2，3，5，8，13，21，34，55，89，144……

波浪理论中，基本的波浪结构是按照斐波那契数列组织起来的。一个完整的周期（上升趋势）包含8浪，其中5浪上升，3浪下降——这些都是斐波那契数列中的数字。再往以下两层次细分，分别得到34浪和144浪——它们也是斐波那契数列中的数字。在各浪之间，还有比例问题，下面以上升趋势为例进行说明。

（1）3个主浪中只有1个浪延长，另外两浪的时间和幅度相等。如果5浪延长，那么，1浪和3浪大致相等；如果3浪延长，那么1浪和5浪大致相等。

（2）把1浪乘以1.618，然后加到2浪的底点上，可以得出3浪的最小目标。

（3）把1浪乘以3.236（$=2\times1.618$），然后分别加到1浪的顶点和底点上，大致就是5浪的最大和最小目标。

（4）如果1浪和3浪大致相等，就预期5浪延长。其价格目标的估算方法是，先计算1浪底点到3浪顶点的距离，再乘以1.618，最后，把结果加到4浪的底点上。

另外，斐波那契时间关系是存在的，斐波那契时间目标是通过往后数数，计算显著的顶和底的位置。在日线图上，投资者从重要的转折点出发，向后数到第5、第8、第13、第21、第34、第55、第89、第144个交易日，预期未来的顶或底就出现在这些神奇的斐波那契日上。

（三）波浪理论在应用中要注意的问题

艾略特的波浪理论是一套主观分析工具，无客观准则。市场运行却是受情绪影响而并非机械运行的，同时，波浪理论家对现象的看法并不统一。怎样才算是一个完整的浪，也无明确定义，数浪比较随意主观，同一种走势，不同的人会数出不同的波浪。因此，机械、教条地应用波浪理论，可能会遭受损失。

五、量价关系理论

在技术分析中，量与价的关系占据极其重要的地位。成交量是推动价格上涨的原动力，市场价格的有效变动必须有成交量的配合，在反转突破形态中，一般情况下，向上突破需要有成交量的配合，可以说，量是价的先行指标，是测量证券行情变化的“温度计”，通过其增加或减少的幅度可以推断多空双方的规模大小和价格的涨跌幅度。

（一）古典量价关系理论——逆时钟曲线法

逆时钟曲线法是通过观测市场供需力量的强弱，来研判未来走势方向的方法。在图表上绘出一逆时钟方向的线图，称为逆时钟曲线（见图6-26）。

1. 应用法则

（1）阳转信号。价格经过一段跌势后，下跌幅度缩小，止跌趋稳；同时在低位盘旋时，成交量明显由萎缩转而递增，表示低档承接力转强，此为阳转信号。

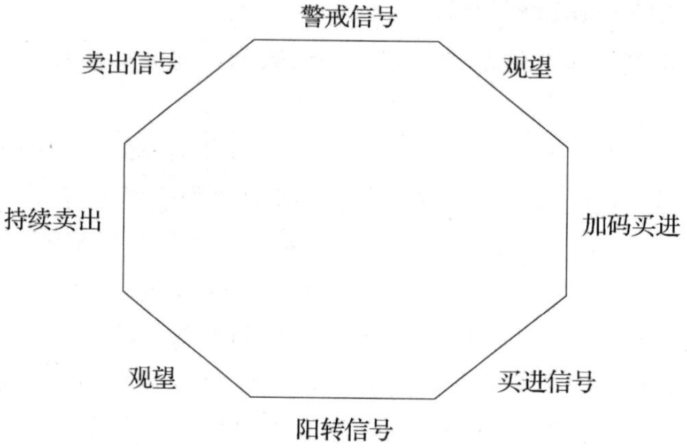

图 6-26　逆时钟曲线

（2）买进信号。成交量持续增加，价格回升，逆时钟曲线由平向上时，为最佳买入时机。

（3）加码买进。当成交量增至某一高水准时，不再急剧增加，但价格仍继续上升，此时逢价格回档时，宜加码买进。

（4）观望。价格继续上涨，但涨势趋缓，成交量未能跟上，走势开始有减退的迹象，此时价格已高，不宜再追高抢涨。

（5）警戒信号。价格在高位盘整，已难创新高，成交量明显减少，此为警戒信号。此时投资者应做好卖出准备，宜抛出部分筹码。

（6）卖出信号。价格从高位滑落，成交量持续减少，逆时钟曲线的走势由平转下时，进入空头市场，此时应卖出手中筹码，甚至融券放空。

（7）持续卖出。价格跌势加剧，呈跳水状，同时成交量均匀分布，未见萎缩，此为出货行情，投资者应果断清仓。

（8）观望。成交量开始放大，价格虽然继续下跌，但跌幅已小，表示谷底已近，此时多头不宜继续杀跌，空头不宜继续打压，应伺机回补。

2. 逆时钟曲线的不足

（1）尽管逆时钟曲线简单易懂，但对于复杂的 K 线量价关系无法作出有效诠释。

（2）价格剧烈波动，时常发生单日反转，若刻板地应用，会有慢半拍之感，不易掌握良好的买卖点。

（3）高位时价跌量增、量价背离形态未能呈现出来，无法掌握绝佳卖点；低位时价稳量缩也无法呈现出来，不易抓住绝佳买点。

（4）观望阶段，极易与高位价跌量增、杀盘沉重观念相互混淆。

（二）涨跌停板制度下量价关系分析

在目前我国的证券市场上，一般品种都实行涨跌停制度，因此，涨跌停位置上对应的成交量是分析价格走势的重要依据，量价关系基本判断如下：

（1）涨停对应的成交量小，价格将继续上扬；跌停对应的成交量小，价格将继续下跌。

（2）涨停中途被打开次数越多、时间越久、成交量越大，反转下跌的可能性越大；同样，跌停中途被打开的次数越多、时间越久、成交量越大，则反转上升的可能性越大。

（3）涨停封板时间越早，次日涨势可能性越大；跌停封板时间越早，次日跌势可能性越大。

（4）封住涨停板的买盘数量大小和封住跌停板的卖盘数量大小说明买卖盘力量大小。这个数量越大，继续当前走势的概率越大，后续涨跌幅度也越大。

六、其他技术分析理论

（一）相反理论

相反理论的基本要点是：投资者买卖决定全部基于市场大众的行为。它认为，资本市场中当所有人都看好时，意味着牛市即将到顶，当人人都看淡时，熊市已经见底。只要投资者和市场大众意见相反，就存在盈利机会。相反理论的主要思想包括以下方面：

（1）并非大部分人看好，相反理论者就要看淡，或大众看淡时便要看好。相反理论会考虑这些看好看淡比例的趋势，这是一个动态的概念。

（2）相反理论并不是说大众一定是错的。市场大众通常都在主要趋势上看得对。大部分人看好，价格也会因这些看好情绪变成实质购买力而上升。这个现象有可能维持很久，直至所有人的看好情绪趋于一致时，将发生质的变化——供求失衡。

（3）相反理论从实际市场研究中发现，赚大钱的人只占少数，大多数人都是输家。要做赢家只可以和市场大众的想法相反，切不可随大流。

（4）相反理论的论据就是在市场行情将转势，由牛市转入熊市前一刻，每一个人都看好，都会觉得价位会再上升，市场大众都有这个共识的时候，大家会尽量买入，直到想买入的人都已经买入，而后来资金却无以为继，牛市就会在所有人的看好中完结。相反，在熊市转入牛市时，所有看淡的人士都想卖出，直到他们全部都出货，市场已经再无看淡的人采取行动，市场就会在所有人都出完货时到达底部。

（5）在牛市最疯狂，媒体如互联网、报纸、电视、杂志等都宣传市场的看好情绪，人人热情高涨时，就是市场暴跌的先兆。相反，市场已经没有人去理会，新闻全部都是坏消息时，就是市场黎明前最沉寂、最黑暗时候，曙光就在前面。

（二）随机漫步理论

随机漫步理论认为，证券价格的波动是随机的，像一个大广场上行走的人一样，价格的下一步将走向哪里，是没有规律的。

证券市场中，价格的走向受到多方面因素的影响，一件不起眼的小事也可能对市场产生巨大的影响。从长时间的价格走势图上也可以看出，价格上下起伏的机会差不多是均等的。从某种意义上说，价格的走向是随机的，此结论有一定的基础。

当然，证券价格的波动肯定不完全是随机的，在一定场合肯定有规律可遵循。

（三）循环周期理论

循环周期理论认为，事物的发展有一个从小到大和从大到小的过程，这种循环发展的规律在证券市场也存在。该理论认为，无论什么样的价格活动，都不会向一个方向永远走下去。价格的波动过程必然产生局部的高点和低点，这些高低点的出现，在时间上有一定的规律，这种规律性就构成了证券价格的周期。证券的循环周期可以分为低迷期、初涨期、反抽期、主升期、末升期、初跌期、中间反弹期、主跌期、末跌期等几个阶段。投资者可以选择低点出现的时点入市，高点出现的时点离市。

想一想： 技术分析时，是否运用尽量多的技术理论，才能提高决策的准确率？

同步检测（单选题）

1. 在K线理论的四个价格中，（　　）是最重要的。

A. 开盘价　　B. 收盘价

C. 最高价　　D. 最低价

2. K线图中出现十字线，表明（　　）。

A. 多方力量略比空方力量大一点

B. 空方力量略比多方力量大一点

C. 多空双方的力量不分上下

D. 行情将继续维持以前的趋势，不存在大势变盘的意义

3. 收盘价与最高价相等，且收盘价大于开盘价、开盘价大于最低价的K线被称为（　　）。

A. 光头阳线　　B. 光头阴线

C. 光脚阳线　　D. 光脚阴线

任务三 技术分析指标

一、技术指标分析

（一）技术指标总体认知

1. 技术指标产生的原因

影响证券价格的因素很多。按市场运行规律，证券的市场价格是由供需关系的平衡而产生的，多空双方的价格意愿、买盘卖盘的需求量导致了价格的波动。投资者的每一次行动都是社会经济环境的各种信息的心态反映。市场行为虽然具有很强的随机性，但又包含着一般的规律性。投资者从不同的角度经过对市场的动态观察，希望在略去随机

性的同时，将一般的规律性用数学方法定量地体现出来，于是构造出了若干证券分析的技术指标。

2. 技术指标体系

由于数学处理需要特定的限制条件，因此每一个技术指标都是从一个角度分析讨论的结果，不可能十全十美，往往在突出某一方面的同时却忽视了其他方面。为了综合不同的影响因素，为数众多的技术指标构成了一个庞大的指标体系。在实践中，人们经常使用以下几类指标（以通达信软件为例）：

（1）趋向指标：MA、MACD、DMI。

（2）反趋向指标：BIAS、CCI、KDJ、RSI。

（3）大盘指标：ADL、ADR、OBOS。

（4）量价指标：OBV、EMV、CHO。

（5）压力支撑指标：MIKE、BOLL、XS。

3. 技术指标的运用

对于技术指标数值大小的判断运用，应注意以下几个方面：

（1）极端值：每一个指标的极端值往往是在这方面最明显的信息体现，尽管出现的可能性极小。

（2）变动形态的认识：每一个指标的动态运行刻画为一条曲线，曲线的上升、下降、转折或平行移动具有什么意义、对后市有何影响，务必要十分清楚。

（3）与价格运行趋势的相关性：涉及趋势的背离、相互的交叉。

（4）局限性：分析每一个指标都可能出现盲点，要时刻警惕其发出的误导信息。

（二）技术指标体系的综合运用

虽然指标数据都是基于一段时间价格的动态统计的结果，但仅仅是从一个角度所做的数学抽象。每个指标只能反映一个方面，一个现象的变化有可能不是主要矛盾，即使是主要方面还有可能出现盲点。因此要辩证地看待，应当运用多个指标做综合评价。对于同一个环境下的同一个信息，不同指标数据的反映有些是一致的而有些可能是相悖的。按各个指标提供的信息，某些指标显示应买进，另有一些指标显示应卖出，这时就需要进行审慎分析。要明确这些指标的数学抽象是有条件限制的，千变万化的现象不可能满足这些条件，所以指标分析的结果不一定都真实，不能盲目地完全依赖它，若因此作出了错误的判断，可能损失是巨大的。应该在实战过程中总结经验，寻找适合自己的某一组指标的综合运用。

证券投资要紧跟行情大势，关注成交量和价格，把握好买卖时机。不同行情下，进出场的时机、证券种类的选择、价格选择、投入（撤出）量的多少都有不同的选择原则，所以应以趋势指标为首。趋势指标往往是一段时间数据的平均，为了弥补平均指标的缺陷，各项指标要综合运用。量在价先是证券投资的重要原则，短线的投机行为可以使价格虚高或受到打压，真实的价格必须有量的配合，所以对量价指标 OBV、反趋向指标 RSI 的运用很重要。MA、MACD、BIAS、RSI 和 KDJ 是最基本的指标组合，更深入细致的分析需要加入动能指标、人气指标等指标。

二、主要技术指标

（一）趋向指标

1. 移动平均线（MA）

（1）认识移动平均线。

移动平均线（Moving Average，MA）是由著名的美国投资专家格兰威尔（Joseph E. Granville）于20世纪中期提出来的，它是采取统计学中的“移动平均”原理，将一定时期内的证券价格平均值连成曲线，用来观察价格变动趋势的一种技术指标。中国船舶的MA如图6－27所示。

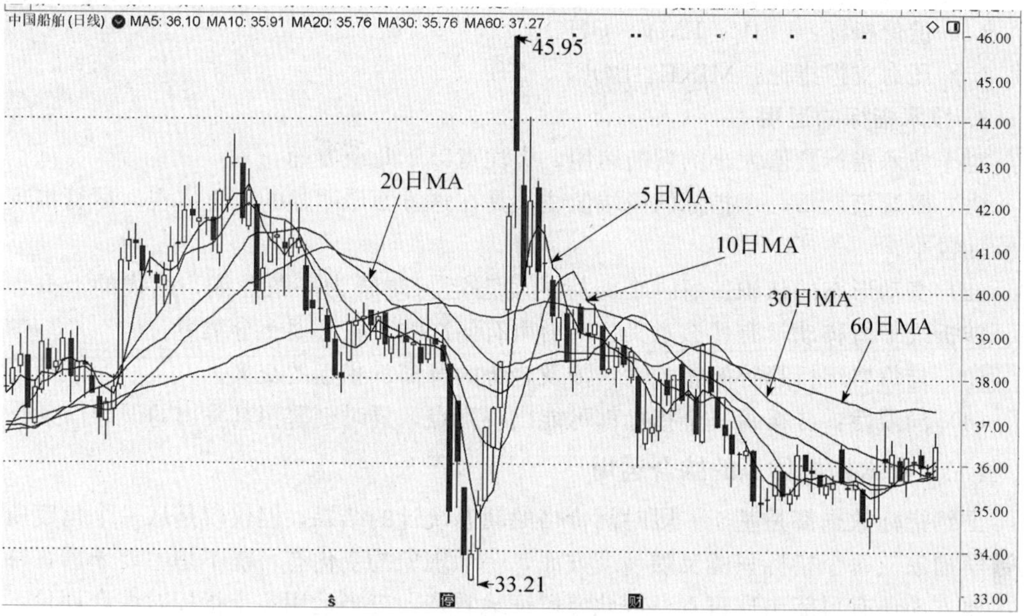

图6－27　中国船舶的MA

移动平均线的常用线有5日线、10日线、30日线、60日线、120日线和250日线。其中，5日线和10日线是短期移动平均线，30日线和60日线是中期均线指标，120日线、250日线是长期均线指标。

（2）MA的特点。

1）稳定性。MA是根据一段时期内股价的变动计算所得，其数值不会轻易改变，避免了像价格那样一天中有可能大幅变化。

2）趋势性。MA能够表示价格变动的方向，这种方向能与趋势保持一致，能消除价格在这个过程中出现的大起大落。

3）滞后性。这是MA的一个缺点，由于MA有稳定、反映趋势的特点，不宜轻易发生改变，一旦价格出现大幅变化，发生反转时，MA的变动则显得迟缓，改变方向的速度明显落后于大趋势，等MA发出趋势反转信号时，价格变化的程度可能已经很大了。

4）助涨助跌性。当价格突破了 MA 时，无论是向上突破还是向下突破，价格都有继续向突破方向发展的趋势，这就是 MA 的助涨助跌性，这种特性在价格走出盘整区域后表现得更为明显。

5）支撑和压力特性。MA 在价格走势中主要起支撑或压力作用，一旦被突破，其支撑或压力作用将会非常明显，尤其是半年线和年线，其被有效突破后，其支撑或压力作用具有很关键的意义。

（3）MA 的使用。

在 MA 的使用上，最常用的是格兰威尔八大法则（见图 6－28）。八大法则中有四条是买入法则，另外四条是卖出法则，其内容如下：

1）移动平均线从下降逐渐走平且略向上方抬头，而价格从移动平均线下方向上方突破，为买进信号。

2）价格在移动平均线之上运行，回档时未跌破移动平均线后再度上升时为买进时机。

3）价格在移动平均线之上运行，回档时跌破移动平均线，但短期移动平均线继续呈上升趋势，此时为买进时机。

4）价格在移动平均线之下运行，突然暴跌，距离移动平均线太远，极有可能向移动平均线靠近（物极必反，下跌反弹），此时为买进时机。

5）价格在移动平均线之上运行，连续数日大涨，离移动平均线越来越远，说明购买证券者获利丰厚，随时都会产生获利回吐的卖压，应暂时卖出所持证券。

6）移动平均线从上升逐渐走平，而价格从移动平均线上方向下跌破移动平均线时说明卖压渐重，应卖出所持证券。

7）价格在移动平均线下方运行，反弹时未突破移动平均线，且移动平均线跌势减缓，趋于水平后又出现下跌趋势，此时为卖出时机。

8）价格反弹后在移动平均线上方徘徊，而移动平均线却继续下跌，宜卖出所持证券。

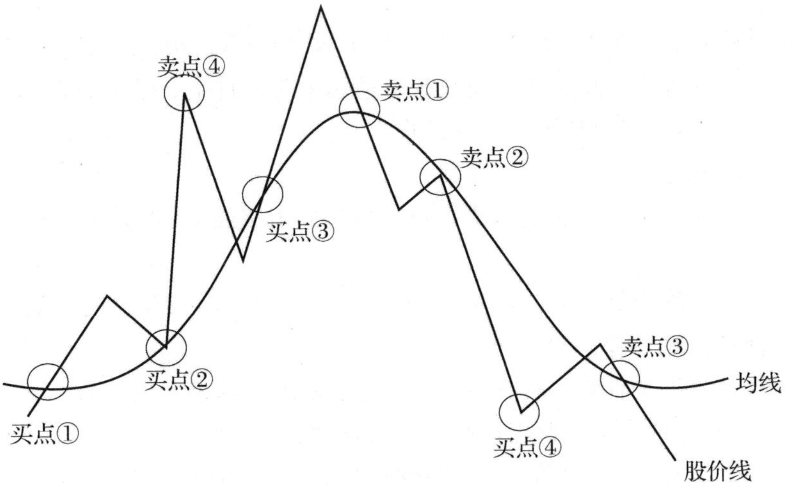

图 6－28　格兰威尔八大买卖法则

2. 指数平滑异同移动平均线（MACD）

（1）认识指数平滑异同移动平均线。

指数平滑异同移动平均线（Moving Average Convergence Divergence，MACD）是利用长短期的两条平滑平均线，计算两者之间的差离值，作为研判证券买卖时机、跟踪价格运行趋势的技术分析工具。中国船舶的 MACD 见图 6－29。

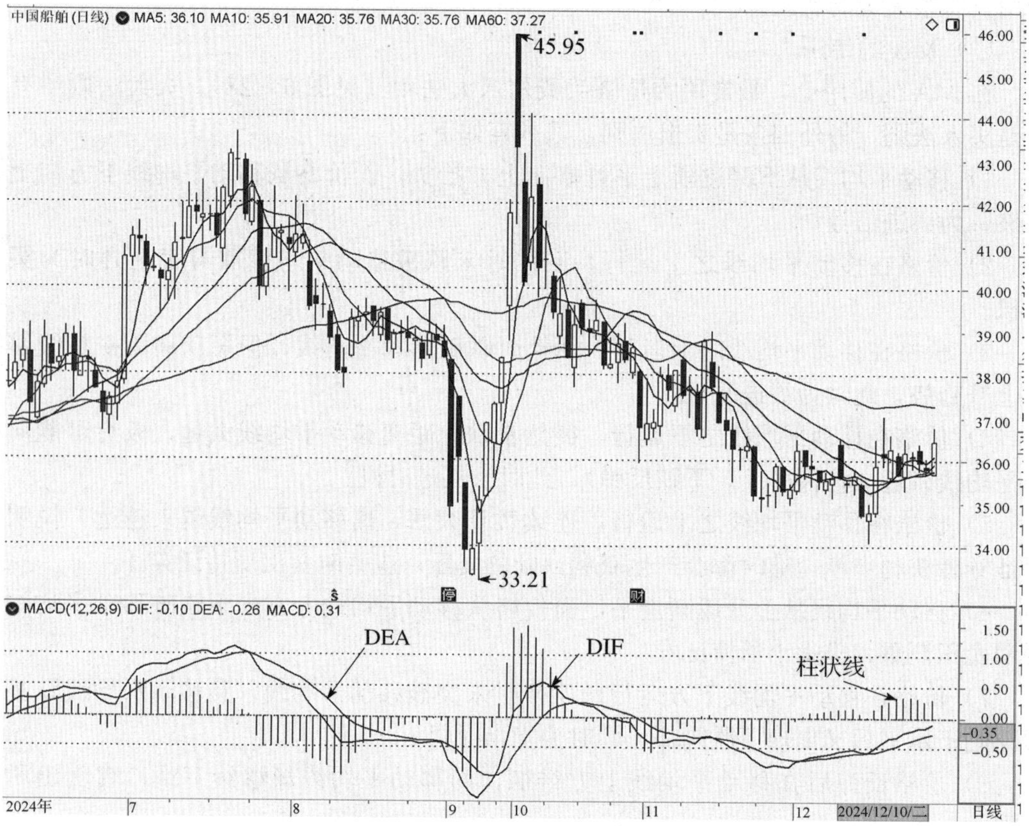

图 6－29　中国船舶的 MACD

MACD 指标由正负差（DIF）和异同平均数（DEA）组成，其中，DIF 是核心，DEA 是辅助。在目前的东方财富、同花顺、通达信等软件上，还有柱状线（BAR），它是 DIF 值减去 DEA 值的差再乘以 2 得到的。

（2）MACD 的使用。

1）DIF、DEA 均为正，属于多头市场。DIF 向上突破 DEA 是买入信号；DIF 向下跌破 DEA 是回落信号，获利了结。

2）DIF、DEA 均为负，属于空头市场。DIF 向下跌破 DEA 是卖出信号；DIF 向上穿破 DEA 只能认为是反弹，暂时补空。

3）DIF 向上穿破 0 轴是买入信号；DIF 向下跌破 0 轴是卖出信号。

4）DIF/DEA 与价格发生背离，行情反转概率大。

5）柱状线由负变正是买入信号；柱状线由正变负是卖出信号。

MACD 一定程度上减少了 MA 频繁发出的买卖信号，避免了部分假信号，用起来比 MA 更有把握。但使用 MACD 指标要先判断市场或者证券处于何种行情，即市场属性，在盘整行情中使用 MACD 失误较多，与其他指标结合使用效果更好。

（二）反趋向指标

1. 随机指标（KDJ）

（1）认识随机指标。

随机指标（KDJ）综合了动量观念、强弱指标及移动平均线的优点，用来度量价格脱离正常范围的变异程度。中国船舶的 KDJ 如图 6－30 所示。

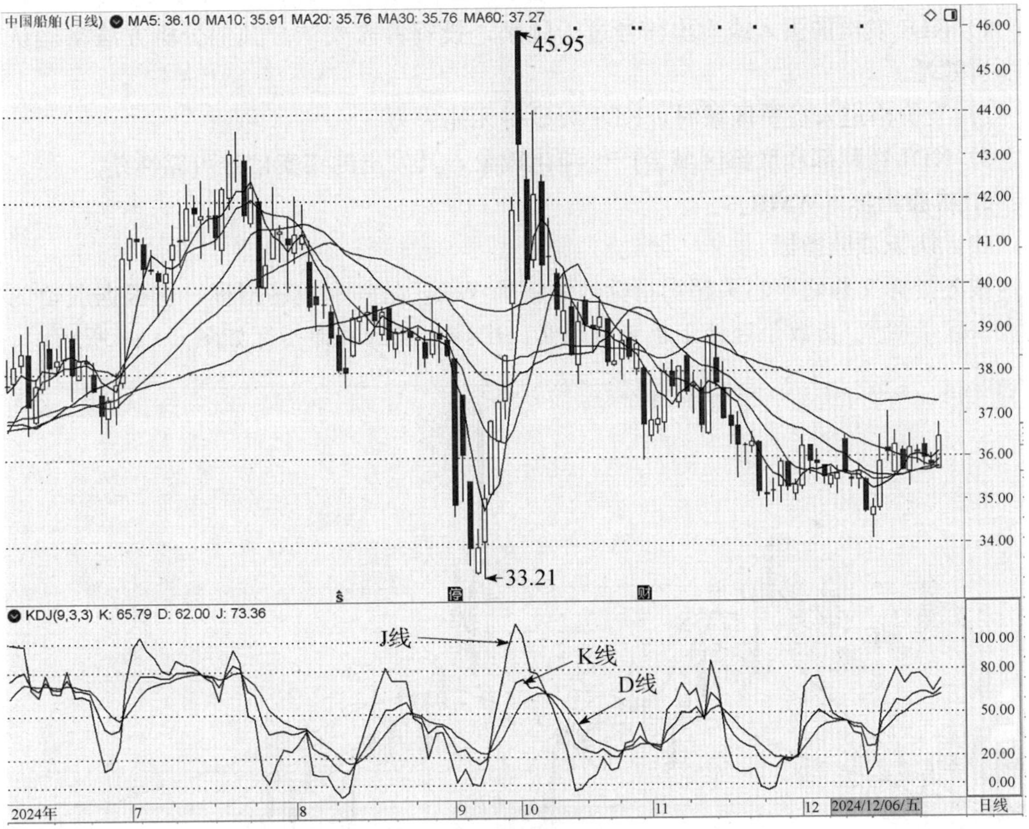

图 6－30 中国船舶的 KDJ

KDJ 考虑的不仅是收盘价，而且有近期的最高价和最低价，这避免了仅考虑收盘价而忽视真正波动幅度的弱点。

KDJ 由 K、D、J 三条线组成，通过三条曲线所构成的图形关系来分析市场上的超买超卖、形态分析、走势背离，以及 K 线、D 线和 J 线相互交叉突破等现象，从而预测价格中、短期及长期趋势。

（2）KDJ 的使用。

1）从 K、D 的取值方面考虑，K、D 的取值范围是 0～100，将其划分为几个区域：80 以上为超买区，20 以下为超卖区，其余为徘徊区。

2）K 线向上突破 D 线，买进信号；K 线向下跌破 D 线，卖出信号。

3）K 线与 D 线的交叉发生在 70 以上或 30 以下才有效。

4）在实际使用中，常使用 J 线指标。J 线指标的取值可以超过 100 或者低于 0，J 值大于 100 时，为超买，价格反转下跌概率大；J 值小于 0 时，价格反转上涨概率大。

5）K、D 值不适用于发行量小，交易不活跃的股票。

6）K、D 值对判断大盘和热门大盘股有极高的准确性。

（3）KDJ 的不足。

KDJ 作为常见的短线指标之一，能够敏锐地抓住价格上涨或下跌的信号，对于短线操作指导意义较大。但是 KDJ 也存在明显的不足，主要表现在以下几个方面：

1）KDJ 发出的买入或卖出信号过于频繁，投资者需要结合其他分析方法来确认信号的有效性。

2）当价格进入盘整区域时，KDJ 会显得无能为力。

3）KDJ 在顶部和底部区域会产生钝化现象，其发出的买卖信号可靠性差。

2. 威廉指标（WMR）

（1）认识威廉指标。

威廉指标又称威廉超买超卖指标，简记为 WR，是一个震荡指标，它根据股价的摆动点来度量股票/指数是否处于超买或超卖。中国船舶的威廉指标如图 6－31 所示。

图 6－31　中国船舶的威廉指标

（2）WR 的使用。

1）WR 波动于 0～100，100 置于顶部，0 置于底部。

2）该指标以 50 为中轴线，高于 50 视为价格转强，低于 50 视为价格转弱。

3）该指标高于 20 后再度向下跌破 20，卖出；低于 80 后再度向上突破 80，买进。

4）WR 连续触底 3～4 次，价格向下反转概率大；连续触顶 3～4 次，价格向上反转概率大。

3. 相对强弱指标（RSI）

（1）认识相对强弱指标。

相对强弱指标（Relative Strength Index，RSI）是一种通过特定时期内价格的变动情况计算市场买卖力量对比，以判断证券价格内部本质强弱、推测价格未来变动方向的技术指标。中国船舶的 RSI 如图 6－32 所示。

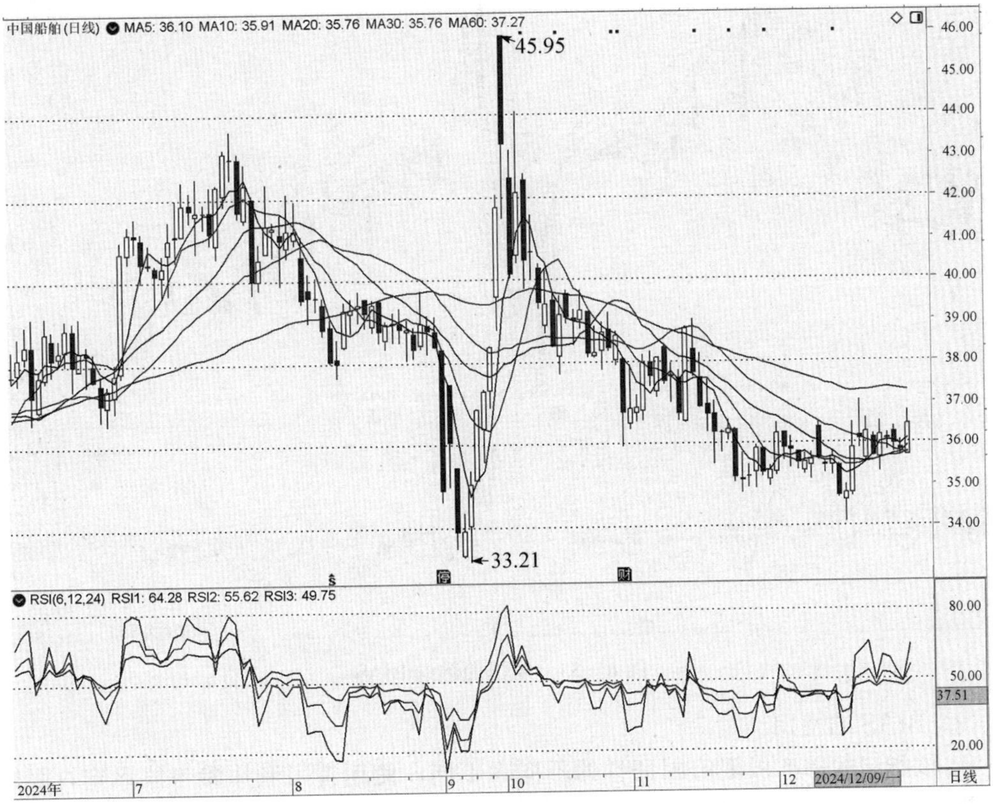

图 6－32　中国船舶的 RSI

（2）RSI 的使用。

RSI 在 50 以上准确性较高。

1）6 日 RSI 向上突破 85，超买；向下跌破 15，超卖。

2）盘整时，RSI 一底比一底高，多头势强，后市可能续涨；反之，是卖出信号。

3）价格尚在盘整阶段，而 RSI 已整理完成，价格将随之突破。

4）6 日 RSI 向上突破 12 日 RSI 是买进信号；反之，是卖出信号。

RSI 也存在不足，如 RSI 在第一次进入应该采取行动的区域而形成单峰或是单谷的时候，发出的信号不太可靠，需要结合其他技术分析方法加以确认。

4. 乖离率（BIAS）

（1）认识乖离率。

乖离率（BIAS）是反映价格在波动过程中与移动平均线偏离程度的技术指标。它的理论基础是：不论价格是在移动平均线之上还是之下，只要偏离距离过远，就会向移动平均线趋近，也即物极必反，投资者可据此来判断买卖时机。中国船舶的 BIAS 如图 6－33 所示。

图 6－33　中国船舶的 BIAS

（2）BIAS 的使用。

1）该指标的乖离极限值因证券的不同而不同，使用者可利用参考线设定，固定其乖离范围。

2）当价格的正乖离扩大到一定程度时，价格会产生向下拉回的作用力。

3）当价格的负乖离扩大到一定程度时，价格会产生向上拉升的作用力。

4）该指标可设参考线。

（三）压力支撑指标

1. 布林指标（BOLL）

（1）认识 BOLL。

BOLL 是根据统计学中的标准差原理设计出来的一种非常简单实用的技术分析指

标。中国船舶的 BOLL 如图 6－34 所示。

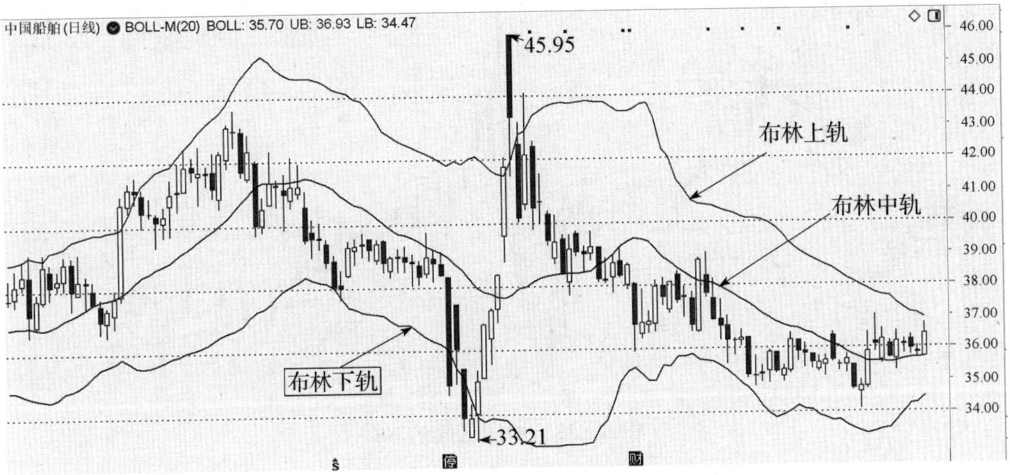

图 6－34 中国船舶的 BOLL

布林带由三条曲线构成，分别为上轨线、中轨线和下轨线。

（2）应用法则。

1）价格处于盘整状态时，价格下碰支撑线买入，上碰阻力线卖出。

2）价格连续上涨时，会沿着布林中轨线和阻力线形成的通道上升。当价格不能再触及阻力线时，则上涨趋势减弱，应卖出。

3）当价格连续下跌时，会沿着布林中轨线和支撑线形成的下降通道下跌，当价格不能再触及支撑线时，下跌趋势减弱，应买入。

2. 薛斯通道指标（XS）

（1）认识 XS。

薛斯通道理论是西方证券分析中应用较多、较为成熟的理论。薛斯通道建立于薛斯的循环理论的基础上，属于中短线指标。在薛斯通道中，包括两组通道指标，分别是长期大通道指标和短期小通道指标。薛斯通道有四条线：外上轨、外下轨、内上轨、内下轨。其中，外上轨和外下轨组成长期大通道，内上轨和内下轨组成短期小通道。大通道代表价格发展方向，小通道属于大趋势下的小波动。中国船舶的 XS 如图 6－35 所示。

（2）应用法则。

1）当价格运行到短周期通道的下轨时是短线买入时机，当价格运行到短周期通道的上轨时是短线卖出时机。

2）当价格运行到长周期的下轨时是中长线买入时机，而当价格运行到长周期的上轨时是中长线卖出时机。

3）当短周期运行到长周期的下轨时，从下向上突破长周期的下轨时是买入时机，而当短周期运行到长周期的上轨时，从上向下突破长周期的上轨时为卖出时机。

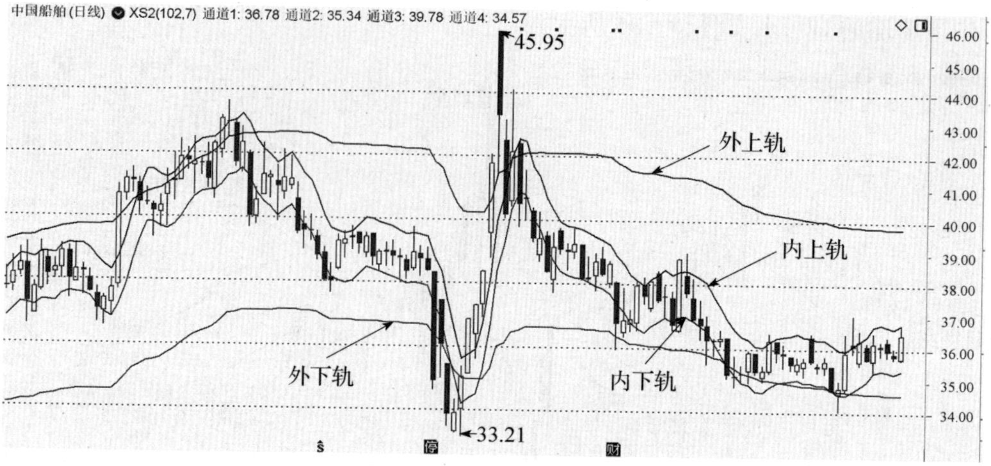

图 6－35　中国船舶的 XS

（四）能量指标

1. 成交量变异率指标（VR）

（1）认识 VR。

VR（Volume Ratio）的中文名称是容量比率指标，也称成交量变异率指标，其主要的作用在于以成交量的角度测量价格的热度，其理论基础是“量价同步”及“量须先于价”，以成交量的变化确认低价和高价，从而确定买卖时机。中国船舶的 VR 如图 6－36 所示。

图 6－36　中国船舶的 VR

（2）应用法则。

1）VR 的分布区域。低价区域：40～70，为可买进区域。安全区域：80～150，为正常分布区域。获利区域：160～450，应考虑获利了结。警戒区域：450 以上，此时价格已过高，不宜介入。

2）在低价区域中，VR 值止跌回升，可买进。

3）VR＞160 时，价格上扬，VR 值见顶，可卖出。

2. 心理线指标（PSY）

（1）认识 PSY。

心理线指标（Psychological Line，PSY）是通过研究某段时间内价格上涨天数和下跌天数的比率，来反映投资者是趋向多方还是空方的情况，作为买卖证券的参考。心理线指标有反映超买超卖的功能。中国船舶的 PSY 如图 6－37 所示。

图 6－37 中国船舶的 PSY

（2）应用法则。

1）PSY＞75，形成 M 头时，价格容易遭遇压力。

2）PSY＜25，形成 W 底时，价格容易获得支撑。

3）PSY 与 VR 指标属一组指标群，须互相搭配使用。

（五）量价指标

1. 能量潮指标（OBV）

（1）认识 OBV。

能量潮（On Balance Volume，OBV）通过统计成交量变动的趋势来推测价格趋势。中国船舶的 OBV 如图 6－38 所示。

图 6－38　中国船舶的 OBV

（2）应用法则。

1）价格一顶比一顶高，而 OBV 一顶比一顶低，暗示头部即将形成。

2）价格一底比一底低，而 OBV 一底比一底高，暗示底部即将形成。

3）OBV 突破其 N 字形波动的高点次数达 5 次时，为短线卖点。

4）OBV 跌破其 N 字形波动的低点次数达 5 次时，为短线买点。

2. 简易波动指标（EMV）

（1）认识 EMV。

简易波动指标（Ease of Movement Value，EMV）是根据等量图原理制作而成的，把价格与成交量的变化结合成一个指标，以此来观察市场在缺乏动力的情况下所产生的移动情况。中国船舶的 EMV 如图 6－39 所示。

（2）应用法则。

1）EMV 由下往上穿越 0 轴时，视为中期买进信号。

2）EMV 由上往下穿越 0 轴时，视为中期卖出信号。

3）EMV 的平均线穿越 0 轴，产生假信号的机会较少。

4）须长期使用 EMV 指标才能获得有效投资信息。

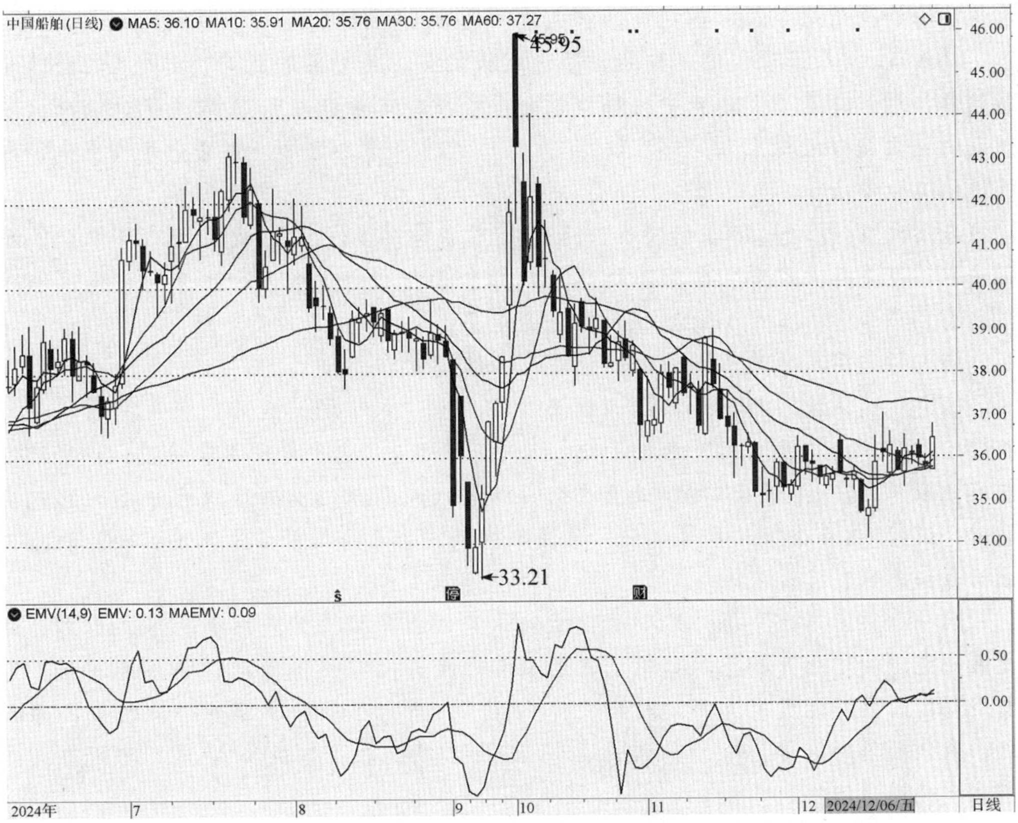

图 6－39　中国船舶的 EMV

想一想： 你觉得哪种技术指标最容易理解？哪种技术指标最难理解？

案例分析

股市投资三大陷阱

一位农夫进城去卖驴和山羊。山羊的脖子上系着一个小铃铛。三个小偷看见了，一个小偷说："我去偷羊，可以让农夫发现不了。"另一个小偷说："我要从农夫手里把驴偷走。"第三个小偷说："这都不难，我能把农夫身上的衣服全都给偷来。"

第一个小偷悄悄地走近山羊，把铃铛解了下来，拴到了驴尾巴上，然后把羊牵走了。农夫在拐弯处四处环顾了一下，发现山羊不见了，就开始寻找。

这时第二个小偷走到农夫面前，问他在找什么，农夫说他丢了一只山羊。小偷说："我见到你的山羊了，刚才有一个人牵着一只山羊向那片树林里走去了，你现在快点去追，还能抓到他。”农夫恳求小偷帮他牵着驴，自己去追丢失的山羊，而这第二个小偷，就乘机把驴给牵走了。

农夫从树林里回来一看，驴也不见了，就在路上一边走一边哭。走着走着，他看见池塘边坐着一个人，也在哭，农夫就问他发生了什么事。

那人说：“人家让我把一口袋金子送到城里去，我实在是太累了，就在池塘边坐着休息，结果睡着了，睡梦中把那口袋金子给推到池塘里去了。”农夫问他为什么不下到池塘里把口袋捞上来。那人说：“我不会游泳，谁要把这一口袋金子捞上来，我就送他二十锭金子。”

农夫大喜，心想：“我的羊和驴子可值不了这么多钱。”于是，他脱下衣服，潜到水里，可是他无论如何也找不到那一口袋金子。当他从水里爬上来时，发现衣服不见了。原来是第三个小偷把他的衣服偷走了。

农夫掉进了人生的三大陷阱：大意、轻信、贪婪。

有个人听说股票市场好赚钱，就满心欢喜地冲入市场，成为新股民。在嘈杂的市场中，有三个“无名氏”看见了他。其中一个说：“这个月我的零用钱，我要让他给我送来。”另一个说：“我家孩子这个月结婚，我要让他高兴地给我送个大红包。”第三个说：“这点小钱，算什么啊！年底，我们一家人去国外旅游购物，要让他高兴地为我去凑钱！”

第一个“无名氏”将一只小盘股票的走势作出了极为完美漂亮的双底形态。该股民一见，心中乐开了花，心想，这预示着让我开门红啊！于是，兴奋地买入。可没想到，股票非但没有上涨，而且又掉头往下，开始了新一次探底。此时股民才知道，原来股票的走势，除了有双底之外，还可以有三底、四底和 N 底。可现在又能怎么样呢？只能割肉！

此时，第二个“无名氏”出场了，他主动找到股民，免费给他讲课，分析他遇到的问题，指出他的不足，并特意让他看看自己公司研发的股票软件是如何可以神奇地显示出股票的买点与卖点。还诚恳地告诉他“工欲善其事，必先利其器”，然后说：“你看我们之所以可以在市场中大赚特赚，就是因为我们运用了公司研发的这款高科技的秘密武器。同时，我们还有个顶级的实战团队。有了我们这样的条件，你想不赚钱都难！”还悄悄告诉他，这几天，公司正好搞活动，买软件就可以免费参加专家团的电话实盘指导。咱们今天相识，那可是你的缘分。股民是打心眼里兴奋啊，由衷地感到相见恨晚，极为爽快地就购买了上万元的高科技股票分析软件。

团队的专家老师，起初倒是很热情地打来电话指导股民买卖，可这样的指导却总是与市场中股票的走势不合拍。经常是股票刚买就跌，按专家指导赶紧止损后，股票却开始大幅飙升。要不就是按专家的指导反复补仓，可结果却是买入，被套，再买入，再被套，直至被深深地套牢，此时再去寻求专家指导的时候才发现，那些专家竟然失踪了。询问公司，公司说，那人辞职了。你要想弥补损失，就必须再加钱，将这款普通版的软件升级为机构专用的钻石版，这样才可以得到一些内部的消息。此刻的股民，真的是无奈了。

第三个“无名氏”，看到这里，暗暗地笑了：真是雕虫小技。这样累不累啊！他悄悄地在一些场合编造舆论，宣称某上市公司有个新发明，用普通的水，加上其自主研发、高科技含量极高、又具有独家知识产权的一种溶剂，就可以轻松地将水转变成汽油，成本费用之低难以想象，而利润空间之大则难以估计。“无名氏”把这样天大的好消息，利用市场中的“好心人”，在市场中“悄悄地”传播着，“好心人”还热情地分析着，甭看现在股票涨了不少了，那是拉高建仓呢，该公司有这样巨大的利润空间，以后股票上涨的幅度，恐怕你想都不敢想啊。股民听后大喜，心想：老天这是看我可怜，给我机会赚钱啊。

于是，股民将家中仅有的一点积蓄一次性全部投入，又东拼西凑地从亲戚朋友那里借了不少钱，孤注一掷重仓杀入，就是为了不错过这一千载难逢的良机，期待着弥补自己前期的亏损并一夜暴富。

结果，一年过去了，该股民还站在高高的股价“山顶”上，内心煎熬地四处探寻着“下山”的路呢！

这就是股市投资的三大陷阱：大意、轻信、贪婪。

思考题：

1. 应如何看待通过技术分析得出的买卖点？
2. 投资股票要做好哪些准备？

同步检测（单选题）

1. 以下属于反趋向指标的是（　　）。

A. MA　　B. MACD　　C. DMI　　D. KDJ

2. 以下属于压力支撑指标的是（　　）。

A. XS　　B. OBV　　C. EMV　　D. CHO

3. 描述股价与股价移动平均线相距远近程度的指标是（　　）。

A. PSY　　B. BIAS　　C. RSI　　D. WMS

基础知识
考核与技能实训

参考文献

［1］赵锡军，魏建华. 证券投资分析［M］. 7版. 北京：中国人民大学出版社，2023.

［2］吴晓求. 证券投资学［M］. 6版. 北京：中国人民大学出版社，2024.

［3］李向科. 证券投资技术分析［M］. 7版. 北京：中国人民大学出版社，2024.

［4］李晓东. 现代证券投资策略与分析［M］. 北京：经济科学出版社，2015.

［5］王燕. 证券投资技术分析［M］. 北京：人民邮电出版社，2020.

［6］王小鲁. 投资组合管理：理论与实践［M］. 北京：北京大学出版社，2014.

［7］陈志武. 金融的逻辑［M］. 北京：中信出版社，2017.

［8］罗忠洲. 证券投资分析［M］. 上海：复旦大学出版社，2018.

［9］小罗伯特·R 普莱切特. 艾略特波浪理论：市场行为的关键［M］. 北京：机械工业出版社，2012.

［10］刘志远. 证券市场基础与实务［M］. 北京：高等教育出版社，2019.

［11］李晓东. 跨境证券投资策略与风险管理［M］. 北京：经济科学出版社，2024.

［12］李义龙，徐伟川，吕重犁. 证券投资分析［M］. 北京：清华大学出版社，2018.

［13］中国期货业协会. 期货投资分析［M］. 北京：中国财政经济出版社，2011.

［14］杨明龙. 技术指标精讲：从入门到精通［M］. 北京：化学工业出版社，2012.

［15］冯钢，祖良. 技术分析：精解与实战操作［M］. 海口：海南出版社，2007.

［16］王明涛. 证券投资分析［M］. 3版. 上海：上海财经大学出版社，2023.